Pensando a Política com Derrida

responsabilidade, tradução, porvir

EDITORA AFILIADA

Dados Internacionais de Catalogação na Publicação (CIP)
(Câmara Brasileira do Livro, SP, Brasil)

Pensando a política com Derrida : responsabilidade, tradução, porvir /
Alice Casimiro Lopes, Marcos Siscar (orgs). — São Paulo : Cortez, 2018.

Vários autores.
Bibliografia.
ISBN 978-85-249-2699-0

1. Ciência política - Filosofia 2. Democracia e educação 3. Derrida,
Jacques, 1930-2004 - Crítica e interpretação 4. Educação 5. Ensaios políticos
6. Foucault, Michel, 1926-1984 7. Política e educação - Brasil 8. Política social
I. Lopes, Alice Casimiro. II. Siscar, Marcos.

18-19771   CDD-320

Índices para catálogo sistemático:
1. Ensaios políticos   320

Iolanda Rodrigues Biode - Bibliotecária - CRB-8/10014

Alice Casimiro Lopes
Marcos Siscar [Orgs.]

Pensando a Política com Derrida

responsabilidade, tradução, porvir

PENSANDO A POLÍTICA COM DERRIDA – responsabilidade, tradução, porvir
Alice Casimiro Lopes e Marcos Siscar (Orgs.)

Capa: de Sign Arte Visual
Preparação de originais: Jaci Dantas
Revisão: Maria de Lourdes de Almeida
Projeto gráfico e diagramação: Linea Editora
Coordenação editorial: Danilo A. Q. Morales

Nenhuma parte desta obra pode ser reproduzida ou duplicada
sem autorização expressa dos autores e do editor.

© 2018 by Organizadores

Direitos para esta edição
CORTEZ EDITORA
Rua Monte Alegre, 1074 — Perdizes
05014-001 — São Paulo-SP
Tel.: +55 11 3864 0111 / 3803 4800
e-mail: cortez@cortezeditora.com.br
www.cortezeditora.com.br

Impresso no Brasil — novembro de 2018

Sumário

Apresentação — Pensando políticas com Jacques Derrida
Alice Casimiro Lopes e Marcos Siscar........................... 7

O debate Foucault e Derrida — Políticas da interpretação
Evando Nascimento... 13

Arquivo e política em Jacques Derrida: notas introdutórias
Paulo Cesar Duque-Estrada.. 39

Pensar como responder: o problema da responsabilidade política em Jacques Derrida
Marcos Siscar 61

Sobre a decisão política em terreno indecidível
Alice Casimiro Lopes... 83

Hospitalidade, amizade e os imperativos da ordem social
Joanildo Burity 117

A teoria do currículo e o futuro monstro

Elizabeth Macedo 153

Desconstrução, alteridade e tradução: percursos investigativos nas políticas de currículo

Érika Virgílio Rodrigues da Cunha,
Hugo Heleno Camilo Costa e Veronica Borges 179

A responsabilidade paradoxal do escritor: o testemunho na literatura brasileira contemporânea

Milena Magalhães 201

Julgamento inaugural, competência crítica e cultura democrática

Nabil Araújo 225

O corpo das mulheres em cenas de tradução e perdão na Comissão da Verdade na África do Sul

Viviane Veras 261

Tradução e o (ter) lugar da relação

Mauricio Mendonça Cardozo 285

Sobre os autores 323

Apresentação
Pensando políticas com Jacques Derrida

Alice Casimiro Lopes
Marcos Siscar

Os estudos derridianos, de forma associada ou não às discussões usualmente denominadas pós-estruturais, são muitas vezes questionados por se afastarem das questões de natureza política. A discussão cerrada de determinadas noções teóricas manteria aparentemente à margem situações políticas de fato, cedendo a uma prática do pensamento vinculada à interpretação infinita, à retórica literária, à instabilidade ou à indecidibilidade conceitual, sem propor alicerces efetivos para as decisões políticas sobre os problemas contemporâneos que necessitam de soluções urgentes. Assim, a ausência de projeto e de compromisso pré-determinados com dada visão de história, bem como a opção pelo "relativismo" são críticas que perpassaram, e continuando perpassando, ao longo do tempo, os debates em torno da obra de Derrida.

Este livro não tem a intenção de responder a essas velhas acusações. Não só porque muitos já se dedicaram a isso com profundidade, como porque julgamos que este caminho não é aquele ao qual atualmente possamos contribuir, com Derrida, de forma produtiva no campo do político. Defendemos que, não raro, a obra de Derrida serviu e vem servindo a desdobramentos que remetem às dimensões políticas da vida social, aprofundando, de certa forma, a própria centralidade da ideia de política. A leitura do discurso político mostra que, se os sentidos políticos não são necessariamente orientados por uma estrutura pré-existente, isto é, se há tradução, deslocamento, hierarquias identitárias colocadas em jogo, estamos sempre na iminência do indecidível em termos do espaço político. A política torna-se terreno de diálogo e de disputa que envolve a experiência do impossível e do necessário.

Apostamos, portanto, em certa desconstrução da política como programa, como projeção de um futuro determinado no presente, como controle e pura submissão à normatividade, como decisão no lugar do outro. Muitas vezes na história, e fortemente nos dias atuais, a política é associada a uma pragmática, supostamente voltada para finalidades consideradas urgentes. É preciso reconhecer, com Derrida (2004), que essa pragmática constitui uma espécie de devaneio metafísico, que espera poder se libertar das aporias, das contradições, dos problemas concebidos como insolúveis. Essa política reduzida ao programável e ao pragmático, quando não é francamente autoritária, envolve uma restrição do caráter político. Já que não há uma política propriamente desconstrucionista (Bennington e Derrida, 2004), investimos na ideia de compromisso e numa democracia por vir. Conectamos política e responsabilidade, deixando o porvir ao por vir.

Optamos também pelo debate dessas questões limítrofes para além de nossas áreas de atuação específicas, respectivamente Currículo e Teoria Literária. Buscamos uma reafirmação política do alcance dos estudos derridianos, convidando pesquisadores de Ciências Sociais e Ciência Política, de Educação, de Filosofia, de Literatura, Linguagem e de Sociologia, leitores da obra de Derrida e de autores usualmente denominados pós-estruturalistas e pós-fundacionais, com interesse pela questão política. Consideramos que a reflexão interdisciplinar é necessária à compreensão dos discursos, dos sentidos e dos processos que envolvem a formalização dos objetos particulares.

Todavia, não concebemos essa interdisciplinaridade como tentativa de superar algum "mal" disciplinar ou de produzir uma síntese epistemológica supostamente superior a uma disciplina específica. Pensamos a interdisciplinaridade como possibilidade de lidar com as margens tradicionais das disciplinas, na linha do que Derrida (2003) argumenta como tarefa desconstrutiva das Humanidades. É também uma forma de oferecer diferentes leituras e traduções do "texto" derridiano, produzindo a travessia de fronteiras entre comunidades disciplinares.

A partir desse entendimento, propusemos aos autores convidados dar destaque e visibilidade aos momentos em que a reflexão derridiana se associa a lógicas ou a dispositivos que têm em vista situações de ordem ética ou política. Os textos produzidos nessa perspectiva nos surpreenderam positivamente tanto pela qualidade quanto pela criatividade de argumentos e temáticas. São textos que abordam políticas em um sentido amplo e plural: políticas de interpretação, políticas de arquivo, políticas de currículo, a política como conflito, crítica e antagonismo, a política do traduzir, a poética como política, a política como escuta de um outro.

Evando Nascimento, em seu texto *O debate Foucault e Derrida: políticas da interpretação* começa por situar os conflitos em torno do *cogito* cartesiano, tratando-o como um recorte interpretativo do debate mais amplo entre esses dois titãs filosóficos mencionados em seu título. Por meio desse recorte, são focalizadas por Evando Nascimento as políticas interpretativas no cenário filosófico francês, das quais Derrida tira consequências em seu *Políticas da amizade*.

Em *Arquivo e política em Jacques Derrida: notas introdutórias*, Paulo Cesar Duque-Estrada parte de uma nota de Derrida incluída no livro *Mal de arquivo* para desenvolver uma discussão sobre a política de arquivo. O autor argumenta em defesa da posição derridiana de que o tratamento do arquivo é a questão política por excelência, envolvendo a dimensão da *res publica*.

Em *Pensar como responder: o problema da responsabilidade política em Jacques Derrida*, Marcos Siscar também explora a temática da responsabilidade, agora conectada à discussão do saber. Evocando determinada época da recepção de Derrida, o autor se propõe a discutir os impasses entre o direito de liberdade e criatividade das Humanidades e seu dever de resposta, a partir do modo pelo qual se concebe a própria ideia de resposta.

Alice Casimiro Lopes, em seu texto *Sobre a decisão política em terreno indecidível*, propõe um debate sobre as relações entre a teoria do discurso de Ernesto Laclau e a desconstrução de Jacques Derrida, defendendo que a primeira só é construída a partir da leitura da indecidibilidade. Explorando a política como decisão em terreno indecidível, a autora argumenta que a noção de deslocamento em Laclau é uma forma de aprofundar a articulação entre decisão e indecidibilidade, bem como refletir sobre o *como se* e o *talvez* derridianos.

Joanildo Burity, por sua vez, no texto *Hospitalidade, amizade e os imperativos da ordem social*, parte das controvérsias sobre Derrida no campo das Ciências Sociais e das Ciências Políticas para explorar dois temas caros ao pensamento derridiano: a hospitalidade e a amizade, em suas conexões com a responsabilidade. Nessa abordagem, o autor traz elementos de sua trajetória de pesquisa no campo das relações entre religião e política, com impacto para questões sociais hoje no Brasil.

Mais centralmente dirigidos ao campo da educação, com foco na teoria de currículo, vêm em seguida o texto de Elizabeth Macedo e o texto de Veronica Borges, em parceria com Hugo Heleno Camilo Costa e Érika Virgílio Rodrigues da Cunha.

No texto *A teoria do currículo e o futuro monstro*, Elizabeth Macedo dá seguimento a um projeto que busca desconstruir tradições curriculares que defendem a teoria como produção de regras visando a instituição de certa normatividade. Questionando tanto a possibilidade quanto a necessidade de uma teoria de currículo para pensar a educação de um outro singular por meio da noção de tempo, a autora argumenta contrariamente à ideia de uma teoria curricular que visa a projeção do futuro e desconsidera as dimensões do por vir.

No texto *Desconstrução, alteridade e tradução: percursos investigativos nas políticas de currículo*, Érika, Hugo e Veronica exploram de forma crítica o caráter teleológico no âmbito das políticas curriculares, e discutem, a partir das noções de nome e tradução em Derrida, particularmente em Torre de Babel, a normatividade nas políticas de currículo atuais e sua pretensão de se constituírem como políticas de reconhecimento.

Milena Magalhães e Nabil Araújo apresentam dois textos nos quais são exploradas significativamente as relações entre desconstrução, política e literatura. No primeiro texto, *A responsabilidade paradoxal do escritor: o testemunho na literatura brasileira contemporânea*, Milena parte da memorável afirmação de Derrida de que "não há democracia sem literatura, nem há literatura sem democracia" para tematizar as relações entre responsabilidade, assinatura e literatura, a partir da interpretação da polêmica instituída quando o escritor Bernardo Carvalho afirmou publicamente que não se interessa se há ou não leitura, só lhe interessa fazer literatura.

Nabil Araújo, por sua vez, com o texto *Julgamento inaugural, competência crítica e cultura democrática*, conecta a desconstrução, com debates sobre crítica literária, formação do professor de língua e literatura e valores democráticos. O autor defende a crítica literária como campo de antagonismo, na perspectiva de Chantal Mouffe, e associa o ato crítico ao *julgamento inaugural* com Jacques Derrida. Sua argumentação visa a uma formação em crítica literária capaz de possibilitar o desenvolvimento de uma competência crítica aporética.

Explorando significativamente a noção de tradução, foram concebidos os textos de Viviane Veras e Mauricio Mendonça Cardozo. Viviane Veras, com o texto *O corpo das mulheres em cenas de tradução e perdão na Comissão da Verdade na África do Sul*, conecta a discussão da tradução à do perdão por meio da abordagem sobre a não-tradução da palavra *apartheid* e sobre a relação entre tradutores e intérpretes, no trabalho da Comissão da Verdade na África do Sul, com foco nos relatos de mulheres.

Em *Tradução e o (ter) lugar da relação*, Mauricio Mendonça Cardozo desenvolve, com Derrida, e também com Lévinas, as noções de responsabilidade e tradução como espaço de relação com o outro. O autor procura problematizar o entendimento do que vem ser esse outro, explorando três enunciados da filosofia e da literatura: um de Guimarães Rosa, outro de Paul Celan e outro ainda de Martin Heidegger.

Em seu conjunto, tais textos são convites instigantes à leitura de Derrida, mostrando diversas possibilidades de apropriação de sua obra. Ainda que eventualmente o façam de formas imprevistas, não deixam de se debruçar com rigor sobre o autor, ousando levá-lo a outros lugares discursivos e a outras questões de interesse comum. Como organizadores, convidamos os leitores e as leitoras a serem tanto destinatários/as quanto signatários/as desses textos.

Referências

BENNINGTON, Geoffrey; DERRIDA, Jacques. Política e amizade: uma discussão com Jacques Derrida. In: DUQUE-ESTRADA, Paulo (Org.). *Desconstrução e ética*: ecos de Derrida. Rio de Janeiro: Loyola/PUC-Rio, 2004, p. 235-247.

DERRIDA, Jacques. *A universidade sem condição*. São Paulo: Liberdade, 2003.

_____. Como se fosse possível, *"within such limits"*. In: DERRIDA, Jacques. *Papel-Máquina*. São Paulo: Estação Liberdade, 2004, p. 257-290.

1
O debate Foucault e Derrida:
políticas da interpretação*

Evando Nascimento

> Ho! Ho! É esplêndido ser louco!
>
> Charles Dickens, *O Manuscrito de um louco*

> O que eles estão fazendo comigo! Jogam-me água fria na cabeça. Não me escutam, não me veem, não me ouvem. O que lhes fiz? Por que me atormentam? O que querem de mim, infelizes? O que lhes posso dar? Nada tenho.
>
> Nikolai Gogol, *O Diário de um louco*

Para Roberto Machado

---

* Inédita em livro, a versão inicial deste texto foi lida em 01 de dezembro de 2011, no Seminário "Michel Foucault e os 50 anos de *História da Loucura*: inflexões, ressonâncias", realizado no Museu de Arte Contemporânea (MAC) de Niterói, sob curadoria de André Queiroz, numa parceria entre a Universidade Federal Fluminense (UFF) e o Sesc.

Política e interpretação

O que acontece quando um jovem filósofo lê de forma elogiosa, mas também a contrapelo, o livro de seu próprio mestre? Jacques Derrida era conhecido apenas como um brilhante especialista em fenomenologia no meio intelectual parisiense, quando foi convidado, no início dos anos 1960, a fazer uma apresentação sobre *L'Histoire de la folie à l'âge classique*, de Michel Foucault, de quem havia sido aluno na École Normale Supérieure e com quem entretinha relações amicais. Ambos eram jovens, e Foucault também ainda estava longe da celebridade que recobrirá seu nome, sobretudo a partir da publicação de *Les Mots et les choses*, em 1966. Era de se esperar que a leitura do discípulo se limitasse a uma simples recensão crítica, com um mínimo de audácia interpretativa, como costuma acontecer nessas ocasiões. Porém, justamente, a reflexão que Derrida desenvolve, na abertura de seu texto, "Cogito et l'histoire de la folie", sobre as relações de mestria e discipularidade anuncia o conteúdo *polêmico* (de *pólemos*, guerra, em grego) do que virá em seguida. Tratou-se de uma verdadeira performance, que não foi percebida de imediato, provavelmente devido à falta de notoriedade pública dos dois protagonistas, mais tarde transformados em antagonistas. No entanto, como logo veremos, à medida que os dois se tornaram figuras de primeiro plano, a atitude inicial de Foucault, que se derramou em elogios, resultou num embate intelectual que marcou época. Por assim dizer, o acontecimento se deu *après-coup*, praticamente uma década depois do primeiro fato — a conferência de Derrida. Esse anacronismo diz muito dos elementos implicados nesse debate, consistindo resumidamente nas seguintes questões: com que finalidade se lê? Quais os efeitos provocados por uma interpretação? Como se constitui, em torno de determinados autores e obras, um campo interpretativo por distinção e confronto? Quem herda esse conflito de interpretações? Questões demasiado amplas, que

PENSANDO A POLÍTICA COM DERRIDA

permanecerão em aberto, mas servem como guia no território minado das discussões em foco.

A leitura proposta por Derrida, como no caso de tantas outras que propôs durante décadas de produção reflexiva, nada tem de neutra. Visava não somente a pôr reparos argumentativos no livro de seu antigo mestre, mas a ir além de certo campo interpretativo. Foi dentro da *pólis* acadêmica que o embate se deu, porém com reverberações na *pólis* cultural como um todo. Isso é tanto mais relevante porque ambos refletiram, em mais de um momento, sobre a questão da interpretação, tendo Nietzsche e Freud como referências fundamentais. Se Foucault endossou os argumentos de seu ex-discípulo num primeiro momento, rechaçando-os violentamente num segundo, isso decerto ocorreu devido a fatores inerentes às metamorfoses por que passou o projeto foucaultiano ao longo dos anos, mas também devido a certo jogo de poder intelectual. Interessa aqui analisar parte dessa cena filosófica, que se articulou por meio de políticas interpretativas. Evidentemente, minha própria interpretação dessa controvérsia nada tem de neutra, mas procura minimamente respeitar a lógica de cada participante no espaço agonístico. Para isso, iniciarei com uma releitura a mais objetiva possível dos fatos, todavia sem a ingenuidade de acreditar numa isenção total.

Dos fatos

Em 4 de março de 1963, Jacques Derrida pronuncia no Collège Philosophique em Paris a conferência "Cogito et Histoire de la folie", cujo texto foi publicado na *Revue de Métaphysique et de Morale* e posteriormente retomado em *L'Écriture et la différence*, livro de Derrida (1967). Esse ensaio contém duas críticas fundamentais ao livro de 1961 de Michel Foucault, *L'Histoire de la folie à l'âge classique:* (Foucault [1961], 1978, 1995) 1 — numa primeira parte, são colocadas questões metodológicas e epistemológicas acerca da "própria história da loucura" e de toda a rede conceitual aí implicada; 2 — numa segunda parte, questionam-se três páginas de abertura do segundo capítulo, "Le Grand renfermement" ("O Grande enclausuramento"), em que Foucault comenta o texto da primeira das *Méditations métaphysiques*, de Descartes, demonstrando como, no pórtico desse livro fundamental, dá-se a exclusão do louco e da loucura, antes mesmo de comparecer a experiência de dúvida do Cogito. Para Foucault, a "Primeira Meditação" seria, portanto, o momento exemplar do grande internamento dos loucos, próprio à idade dita clássica, ou seja, o século XVII. Para Derrida, a exclusão não só não ocorre na abertura do livro de Descartes como todo o instante da dúvida que levará à afirmação do Cogito cartesiano implica uma cena de loucura, ou melhor, de "extravagância". Como narra o biógrafo de Derrida, (Peeters, 2010, 2013) Foucault teria reagido bem à palestra, a que assistiu a convite de seu antigo discípulo, chegando até a felicitá-lo; todavia, mudará de ideia no início dos anos 1970, quando Derrida deixou de ser um jovem brilhante e promissor para se tornar o reconhecido autor de grandes textos.

Duas cartas de Foucault daquele período atestam a admiração que ele sentia pelo trabalho de seu ex-discípulo. Uma primeira é datada de 27 de janeiro de 1963 e diz respeito ao modo como ele recebe a tradução e a introdução à *Origem da geometria*, de Husserl, realizadas por Derrida. A segunda, de 11 de março de 1963, é uma resposta de Foucault à conferência pronunciada por Derrida uma semana antes no Colégio Filosófico, e demonstra como a primeira recepção à leitura contundente de seu livro foi extremamente positiva, concluindo com um apelo à amizade entre os dois. Cito um trecho da carta para flagrar a primeira impressão foucaultiana:

> Naquele dia, como você pode imaginar, não pude lhe agradecer como gostaria: não tanto ou não apenas pelo que disse de demasiado indulgente a meu respeito, mas pela enorme e maravilhosa atenção que me dispensou. Me impressionou — a ponto de na

PENSANDO A POLÍTICA COM DERRIDA

hora ficar desconcertado e bastante desajeitado no que consegui dizer — a *justeza* de suas palavras, que foram, sem embaraço, ao fundo do que desejaria ter feito, e até mais além. Decerto não tratei com o devido cuidado a relação entre o Cogito e a loucura em minha tese: por meio de Bataille e de Nietzsche, voltava a ela com lentidão e por inúmeros desvios. Você mostrou sobejamente o caminho mais direto: e pode compreender perfeitamente porque lhe devo o mais profundo agradecimento.

Seria um enorme prazer revê-lo. [...] Peço que acredite na amizade deveras profunda e fiel que lhe dedico (Mallet e Michaud, 2004, p. 111-112 e 115-116).

Quase uma década depois, o tom agradecido e amical vai mudar radicalmente. Em 1972, o diretor de uma revista japonesa submete a Foucault o plano de um número dedicado a seu trabalho, um "dossiê Foucault", que contaria com textos seus, com o ensaio de Derrida sobre a *História da loucura*, além do estudo de um especialista japonês sobre o "discurso de Foucault" e a "escritura de Derrida". Foucault resolve então incluir um inédito nesse plano, sua violenta "Resposta a Derrida" (Foucault [1970-1975a], 1994, p. 281-295; 1999, p. 243-257). Não satisfeito, ele escreve uma versão ampliada do artigo, que virá, no mesmo ano de 1972, como anexo da nova edição de *Histoire de la folie* (Foucault [1970-1975b], 1994, p. 245-268), pela Gallimard, a qual ele remeterá a Derrida com uma dedicatória não desprovida de ironia. A partir daí, o antigo mestre e o ex-discípulo se tornam desafetos, apenas se reencontrando no episódio de 1982, em que Derrida é preso pelo regime comunista de Praga, sob falsas acusações de tráfico de droga, e em seguida liberado. Foucault não só denunciou o episódio no rádio, como convidou Derrida para um jantar em sua casa após a liberação. Porém, até a morte de Foucault em 1984, a amizade jamais será integralmente refeita. Curiosamente, Foucault retira em 1972 o prefácio da primeira edição do livro, o qual tinha sido utilizado por Derrida em sua argumentação altamente desconstrutora; igualmente, a resposta a Derrida será mais tarde removida dos anexos. Duas supressões, duas lacunas, que exigem interpretação.

Em 1991, participando de um evento sobre os trinta anos da *História da loucura*, a convite dos psicanalistas René Major e Elisabeth Roudinesco, Derrida volta a falar de Foucault, em particular de seu grande livro. Dessa vez, no entanto, em "'Fazer justiça a Freud': a história da loucura na era da psicanálise", ele declara que, a despeito das solicitações nesse sentido, não reabrirá o debate, entre outros motivos porque Foucault está morto; prefere então falar não mais da relação do pensamento foucaultiano para com Descartes mas para com Freud. No entanto, nesse texto publicado no livro do evento e retomado em *Résistances*: de la psychanalyse (Derrida, 1996, p. 89-146, 2001, p. 91-151), Derrida não resiste a aludir à antiga discussão em diversos momentos de sua argumentação. Na verdade, a retoma sucintamente, por meio dos comentários sobre a relação Foucault/Freud.

Diante da impossibilidade de dar conta, em tão poucas páginas, da complexidade do debate entre os dois pensadores, farei aqui apenas um recorte interpretativo, visando a um futuro desenvolvimento do tema. Proponho, portanto, menos uma análise detalhada de todo o grande dossiê envolvido na discussão do que o risco interpretativo de quem tenta observar, a certa distância, a força de dois pensamentos muito próximos, porém igualmente muito distintos em suas estratégias, argumentações e efeitos. Trata-se de uma verdadeira titanomaquia, uma luta de titãs, com alguns componentes decisivos para as respectivas obras.

Das interpretações

O risco de toda interpretação efetiva, ensina-nos Foucault em seu célebre ensaio "Nietzsche, a genealogia, a história" (Foucault [1970-1975c], p. 84-85), é a destruição do sujeito de conhecimento pela injustiça própria da vontade de saber. O verdadeiro intérprete brinca com o fogo, que, ao mesmo tempo e segundo o paradigma iluminista, dá a luz da razão, mas também pode trazer a destruição de quem o manipula. A história de Prometeu constitui o mito originário, que associa a luz da razão à eterna loucura do sofrimento. Interpretar é arriscar-se por caminhos não trilhados, sem saber exatamente aonde vão dar. E não há *pensamento* (tudo o que me interessa, aqui e sempre) sem interpretação, menos ainda sem *avaliação* em sentido nietzschiano. Ali onde algum sentido precisa ser proposto para que outros sejam deslocados, onde valores devem ser articulados para que outros sejam subtraídos, nesse intervalo entre duas interpretações não necessariamente opostas, mas obrigatoriamente distintas, toda uma época pode transcorrer. Assim, talvez estejamos vivendo atualmente a época da pós-razão ocidental em sua plenitude, o que não significa em absoluto o advento da plena desrazão...[1]

Desse modo, como dito, no início dos anos 1960, dois pensadores franceses, entre os mais influentes na segunda metade do século XX e ainda agora no século XXI, propuseram interpretações bem distintas para certa passagem das *Meditações* de Descartes. Não se trata aqui de tomar partido nessa disputa, tirando a razão de um para dar razão ao suposto oponente — isso seria uma verdadeira loucura. Importa, sobremodo, surpreender em cada fala uma estratégia mínima de deslocamento da reflexão do outro, a fim de dar vez e lugar a sua própria elocução. Nisso, estão em jogo dois modos distintos de abordar, expor e fazer funcionar os dispositivos dessa velho-nova instituição chamada filosofia.

Em Foucault, como se sabe, os gestos de um historiador bastante especial recobrem as feições do filósofo, desde o título da obra seminal *História da loucura na idade clássica*. Já em Derrida, se a argumentação se aproxima bastante da retórica filosófica, a ponto de mimetizá-la de forma vertiginosa, a ambição, como

---

1. É de forma sintomática que Spivak designa, em um de seus títulos, a "razão pós-colonial". Cf. Spivak (1999).

também se sabe, é ir além das determinações tradicionais da filosofia, ou, como se dizia até há bem pouco tempo, da "metafísica ocidental". Com isso, sinalizo desde já que, para nenhum dos dois, a discussão em torno das *Meditações* de Descartes significou apenas mais um capítulo na longa tradição de questionamento filosófico. Seja tomando a história como contrapartida (no caso de Foucault), seja intentando um gesto de desconstrução (no caso de Derrida), não se tratou de "superar" a filosofia enquanto discurso, mas sim certamente de abalar alguns dos fundamentos da filosofia *enquanto instituição*, com reflexos no solo da cultura, tendo como momento exemplar a fundação do Cogito cartesiano. Sublinhe-se, todavia, que não há instituição sem discurso; ao contrário, os fundamentos institucionais se compõem de elementos discursivos e não discursivos, em outros termos, de letra e de silêncio, de texto e de gestos figurais, de documento e de monumento, entre outros fatores. E é justamente no intervalo entre a palavra e o mutismo, se quiserem, entre a razão e seus outros (silêncio, morte, loucura, demência, enfermidade, "arte" etc.) que tentarei me deslocar na apreciação da refrega. Menos com a finalidade de atingir certo alvo do que pelo desejo de expor algumas das fissuras, dos avanços e dos recuos, dos desdobramentos, em suma, de um debate intelectual no fundo bem francês.[2]

Foucault entre razão e loucura

Todo o esforço inicial desse livro-acontecimento que é *História da loucura na idade clássica*, se faz no sentido de entender o que se

---

2. Em agosto de 2004, no encerramento do "Colóquio Internacional Jacques Derrida: Pensar a Desconstrução", por mim organizado, numa parceria da Universidade Federal de Juiz de Fora com o Consulado da França no Rio de Janeiro, teve-se a ocasião de assistir a outro denso debate, dessa vez entre Jacques Derrida e seu ex-discípulo Bernard Stiegler, em torno das "mãos do intelectual".

PENSANDO A POLÍTICA COM DERRIDA

passa entre o final da Idade Média e o advento do que na França se chama de Idade Clássica ou de era dos grandes racionalismos, quer dizer, o século XVII. Se, na Idade Média, a lepra constituiu o grande inimigo a ser encerrado nos leprosários para o bem da comunidade, com o final de tal período esses centros de reclusão perderão sua função, até o advento de um inimigo tão ou mais poderoso, a loucura, que ameaça a razão como um rival externo e insidioso. Todavia, antes que a loucura se configure como o perigo a ser enclausurado atrás de grossos portões, há uma espécie de convivência ou ao menos de tolerância em relação aos ditos loucos por parte dos que assim não se consideram. A *stultifera navis*, a nau dos loucos, representou o lugar de uma ameaça ainda de algum modo volante, por assim dizer, à deriva — ameaçadora mas ainda suficientemente isolada do convívio normal entre os homens para não ser objeto de franca exclusão.

Já o período barroco, o do século XVI, faixa temporal situada entre a alta Renascença e os primórdios da referida Idade Clássica, encenará os jogos reversíveis entre razão e loucura.[3] Para Foucault, durante o Barroco, cuja expressão máxima seriam o *Dom Quixote* de Cervantes e as peças de Shakespeare, haveria uma forte reversibilidade entre os opostos, a saber: um fundamento racional da loucura (certamente por ela dispor também de suas razões) e um grão de loucura em toda razão. É essa contaminação dos contrários que aparece como dúvida dos ensaios de Montaigne; nestes, o pensamento não pode excluir de todo certa camada de delírio e de alucinação. Diz Foucault: "Talvez aí esteja o segredo de sua múltipla presença na literatura no final do século XVI e no início do século XVII, uma arte que, em seu esforço para dominar essa razão que se busca, reconhece a presença da loucura, de *sua*

---

3. Um dos questionamentos mais incisivos de Derrida é quanto à periodização proposta por Foucault, em especial o conceito de "idade clássica", que acaba por repetir alguns dos estereótipos da historiografia tradicional, a despeito de toda a contribuição para a afirmação de um pensamento diferencial e não linear.

loucura, a circunscreve, investindo-a, para finalmente triunfar sobre ela. Jogos de uma idade barroca" (Foucault, [1961], 1978, 1995 p. 47).

Por uma natureza completamente distinta vai ser marcada a obra-mestra do pensamento racionalista que sucederá o Barroco, as *Méditations métaphysiques*, de Descartes, em que se afirma a teoria do Cogito, a qual delimitará o início de uma nova era da história ocidental, de modo tão intenso que acabará, para muitos, por se identificar como a essência mesma dessa civilização de origem europeia. Se, como acabei de expor, segundo Foucault, em Montaigne a razão dita normal não consegue excluir aquilo que a coloca em perigo, para Descartes, o jogo decisivo se fará a partir do ponto em que o instante da dúvida não admite comércio (para utilizar uma expressão muito shakespeariana) com a loucura. Enquanto sonhos e ilusões precisam ser estruturalmente superados a fim de se atingir o estágio do pensamento puro, ser ou estar louco não é admissível como possibilidade estrutural para a boa realização da tarefa de duvidar com a finalidade de atingir a certeza cartesiana. Sonhos e ilusões são funções normais do pensamento (todos nós cotidianamente sonhamos e nos iludimos um pouco), enquanto a loucura nem de longe tem o direito de residência, ainda que momentânea, na cidadela da razão. Diz lapidarmente Foucault, interpretando a primeira das *Meditações* de Descartes:

> Na economia da dúvida, ocorre um desequilíbrio fundamental entre loucura, de um lado, sonho e erro, do outro. A situação desses fatores é diferente em relação à verdade e àquele que a busca; sonhos e ilusões são superados na estrutura mesma da verdade; mas a loucura é excluída pelo sujeito que duvida (Foucault, [1961], 1978, 1995, p. 57).

O instante da dúvida, que funda o Cogito cartesiano, significa igualmente o momento fundador de uma razão identificada a si própria, a qual apenas aceita as formas do pensamento que ela pode domesticar e reduzir, como etapas do negativo a serem estruturalmente superadas. O *outro*, que os sonhos, as ilusões e os erros configuram, apenas serve para representar uma razão finalmente depurada de todo excesso, de toda fissura, em suma, de toda "loucura", ao contrário do homem barroco, que ainda se representava confusamente um pouco como "meio louco". Para Foucault, a *ratio* ocidental se afirmará duplamente pela exclusão daquilo que nada tem a ver com sua natureza mais própria (seu princípio de razão, sua racionalidade essencial), quer dizer, a loucura, e por uma superação estrutural do que nela não pode ser obliterado, mas apenas de algum modo redimido, quer dizer, as fantasias dos sonhos e do humano engano.

> O encaminhamento da dúvida cartesiana parece testemunhar como, no século XVII, o perigo se encontra conjurado e como a loucura é colocada fora do domínio de pertença, no qual o sujeito detém seus direitos à verdade: esse domínio que, para o pensamento clássico, é a própria razão. Doravante a loucura está exilada. Se o *homem* sempre pode ser louco, o *pensamento*, como exercício da soberania de um sujeito que se impõe o dever de perceber o verdadeiro, não pode ser insensato. É traçada uma linha divisória que logo vai tornar impossível a experiência tão familiar ao Renascimento de uma Razão desrazoável, de uma razoável Desrazão. Entre Montaigne e Descartes, um acontecimento se deu: algo que diz respeito ao advento de uma *ratio* (Foucault, [1961], 1978, 1995, p. 58).

Isso não quer dizer que a loucura se anulou de todo nessa cena de exclusão cartesiana. Para Foucault, se a desrazão foi enterrada nesse solo, aí desaparecendo, aí também ganhou raízes. E é esse enraizamento da loucura no solo da razão, como seu duplo excluído, que o livro — o qual faz parte com grande legitimidade da própria história do Ocidente, pondo-a radicalmente em questão —, passa a elucidar.

Derrida e a extravagância do Cogito

Acabei de enunciar, a partir do livro de Foucault, um dos pontos fundamentais da argumentação de Derrida: será que a desejada *"arqueologia* do silêncio" — anunciada desde o primeiro prefácio de *História da loucura* "Não quis fazer a história dessa linguagem; em vez disso, a arqueologia desse silêncio" (Foucault, [1954-1969], 1994, p. 160, p. 140-148) —, aquela que daria voz à loucura silenciada, não é ainda da ordem da razão que se quer questionar? Em outras palavras, a *arqueo-logia*, proposta por Foucault, deteria ainda uma lógica, inscrevendo-se, portanto, numa história do sentido, ou na História simplesmente, visto que toda história é, de certo modo, uma história teleológica do sentido (Derrida, 1967, p. 57-59). A pretensão de Foucault em fazer uma história da *própria* loucura seria ela mesma "louca", na medida em que qualquer história supõe uma organização e uma linearidade, ou seja, uma ordem racional, a qual, dentro da lógica do discurso foucaultiano, teria sido responsável pelo silenciamento da loucura. O *alogos* da loucura seria, desse modo, circunscrito e encerrado pelo *lógos* do historiador-filósofo. O problema se torna então circular: como fazer uma história da loucura que não corresponda no fundo a mais uma *racionalização* (quer dizer, a um rebaixamento e a um silenciamento) daquilo que supostamente a razão excluiu no instante mesmo de fundação do racionalismo clássico? Afirma Foucault, acerca da história que propõe sobre a "estrutura da experiência da loucura": "Isso significa que não se trata de modo algum de uma história do conhecimento, mas dos movimentos rudimentares de uma experiência. História não da psiquiatria, mas da própria loucura [*mais de la folie elle-même*], em sua vivacidade, antes de qualquer captura pelo saber". Entretanto, o próprio Foucault não deixa de perceber a quase impossibilidade de seu projeto, todavia sem tirar todas as consequências disso: "A liberdade da loucura só é entendida do alto da fortaleza que a detém prisioneira" (Foucault, 1954-1969, p. 164).

A questão a que Derrida retorna, em "'Fazer justiça Freud': a história da loucura na era da psicanálise", em 1991, é a da possibilidade mesma de uma história da loucura (Derrida, 1996). Seria a loucura objetificável sem perder sua natureza mais própria? Será que ao dar um sentido ao que escapa ao horizonte do sentido não se está sobredeterminando de modo hiperracional aquilo que pretensamente deveria se subtrair aos ditames da razão? Dito de outro modo, o projeto em si de uma história da loucura parece inevitavelmente reconduzir à ordem racional de que o pensamento de Foucault tenta no mínimo escapar. E não me parece que a solução seria cair num discurso irracionalista, a que Foucault sempre se subtraiu, a despeito das muitas acusações em contrário por parte de seus detratores, mas de repensar os fundamentos da própria história como conduzida pelo *princípio de razão*. O aprimoramento posterior do método genealógico-arqueológico implicará vários passos nessa direção.

Na impossibilidade de resumir todos os argumentos de Derrida a propósito da *História da loucura*, vou me ater à segunda parte de sua reflexão, aquela que diz respeito à leitura de Foucault da "Primeira Meditação" cartesiana; mas a primeira parte estará não só pressuposta, também será aludida em mais de um momento. Para Derrida, haveria nessa leitura dois equívocos de base: 1) Descartes não se preocupa em nenhum momento com a loucura em si mesma, mas apenas a trata como referência lateral para sua sequência de raciocínios; 2) a loucura — ou como Derrida prefere a *extravagância* — sublinhada por Foucault nunca é de todo descartada, ao contrário, retorna num ponto crucial para Descartes estabelecer em que a dúvida deixa de ser o fundamento absoluto da existência.

Segundo Derrida, para Descartes atingir o ponto essencial em que a dúvida deixa de existir, afirmando-se a existência no Cogito, é preciso passar pela extravagância de uma *hipérbole* em que o sujeito da meditação finge acreditar que tudo o que seus sentidos percebem é falso. Trata-se de um recurso de fingimento, de uma ficção lógica, no fundo bastante "louca", para atingir num segundo momento a racionalidade máxima. *Como se* — expressão idiomática que é o fundamento de toda ficção — como se fosse preciso fingir-se de louco, fingir que está sendo o tempo todo enganado por um gênio mau, para se livrar das limitações do sensível. Tal seria a famosa fábula do *Malin Génie*.

Se na literatura de Charles Dickens, como visto na epígrafe deste ensaio, o louco se regozija de sua loucura ("É esplêndido ser louco!"), por uma pura ficção, a fim de que adentremos o raciocínio labiríntico de um suposto insano — na ficção cartesiana, para Derrida, a loucura só é menor porque tem a finalidade de atingir a zona da razão absoluta, atravessando o seu contrário para encontrar finalmente um eixo. Se, igualmente, Hamlet fingindo-se de louco acaba de fato louco por toda a desrazão que reina na Dinamarca, o personagem de Descartes (o "eu" do cogito que diz *"eu penso, eu sou"*), o qual finge ser enganado pelo gênio mau, sobrevive pelo fio que o conduz para fora do labirinto da loucura: o próprio pensamento racional. Cito Descartes: "Suponho, portanto, que todas as coisas que vejo são falsas; persuado-me de que nada jamais houve de tudo o que minha memória preenche com mentiras me representa; creio que o corpo, a figura, a extensão, o movimento e o lugar não passam de ficções de meu espírito. O que, portanto, poderá ser estimado como verdadeiro? Talvez nada além de que nada há no mundo de certo" (Descartes, 1992, p. 71-73). Descartes finge então que nada é confiável, sobretudo aquilo que habita sua própria mente, seu espírito. Trata-se de pura *mímesis* filosófica, numa cena essencialmente fictícia para atingir a pura racionalidade.

Se o louco é o insensato por excelência, tal ocorre porque a redução fenomenológica da loucura e de tudo o que, no mundo e fora dele, assume as vestes do negativo funciona em nome do *sentido*. In-sensato remete literalmente a sem-sentido, a não sentido, a *nonsense*. A crítica de Derrida se dirige menos ao apontamento do reducionismo racionalista em si proposto por Foucault do que à motivação e ao momento em que a redução e o rebaixamento da loucura ocorrem, com tudo o que daí advém. Para Derrida, o momento hiperbólico do Cogito, ou seja, a cena do fingimento, é necessariamente extravagante e louco, mais louco até do que a loucura dita normal, aquela do assim chamado doente mental no código da psiquiatria. O erro de Foucault teria sido apontar desde a "Primeira meditação" o banimento da loucura do seio da cidadela filosófica. O instante do Cogito como afirmador da existência é acompanhado pelo mau gênio responsável pela loucura, ou antes, constitui a etapa que precede a separação entre razão e loucura, entre senso e não senso, entre consciência e delírio, entre a razão e seus contrários. Diz Derrida: "Quer eu seja louco ou não, *Cogito, sum*. Em todos os sentidos dessa palavra, a loucura é somente um *caso* do pensamento (*no* pensamento). Trata-se então de recuar para um ponto em que toda contradição *determinada* na forma de tal estrutura histórica de fato pode aparecer, aparecendo como relativa a esse ponto-zero, no qual o sentido e o não sentido determinados se juntam em sua origem comum" (Derrida, 1967, p. 86).

Para Derrida, a extravagância fingida ainda seria um momento fundamental da experiência do Cogito como indeterminação entre loucura e desrazão; depois então é que a infinitude divina viria afirmar um *lógos* identificado a si mesmo, excludente em relação a tudo o que lhe seja contrário. Se o *lógos* é o discurso em geral e o discurso por excelência da filosofia, ele vem silenciar aquilo que, por si mesmo, está prometido ao silêncio, à morte, à aniquilação, ou seja, à insensatez daquele que não é capaz de obra: o louco simplesmente, como o qualificamos ainda hoje. Foucault define e repete a definição da loucura como ausência de obra, desde o prefácio de *História da loucura*: "O que é então a loucura, em sua forma mais geral e mais concreta, para quem recusa desde logo todas as dominações do saber sobre ela? Decerto nada além da *ausência de obra*" (Foucault, 1954-1969, p. 162).

Trata-se, portanto, de duas "analíticas da finitude" do pensamento cartesiano, dois modos de marcar a experiência radical de um Cogito em sua relação com a loucura. Para Derrida, a loucura do louco é menos relevante do que a *extravagância* de um pensamento que precede a oposição entre razão e desrazão; tal extravagância seria, portanto, *indecidível*, mas daria vez a toda decisão possível como princípio de racionalidade. Para Foucault, tal como ele já tinha exposto nas três páginas iniciais do capítulo sobre o grande enclausuramento, a loucura e sua perturbadora experiência estão excluídas de antemão por um sujeito que medita e controla cada passo de sua meditação. E quando a loucura retorna, a título de exemplo, é porque já foi previamente separada, discriminada, desqualificada — "Mas o quê? São loucos" (Descartes, 1992, p. 59) — por uma razão que propõe o exercício da dúvida a partir de um solo de certeza, deslegitimando aquilo que poderia abalar o fio condutor da meditação. Sonho e erro são, segundo Foucault, possibilidades de um sujeito meditativo, que os tem continuamente ao alcance da mão, por mais bizarros que pareçam ser. Já a loucura é "privilégio" de poucos; não é louco quem quer e no momento em que deseja — para isso, é preciso ter o cérebro perturbado por fatores de que um sujeito normal não sofre. O louco, por assim dizer, se exclui a si mesmo, devido a sua incapacidade de estabelecer os limites entre realidade e delírio. Já o sonhador dito normal embaralha tais limites, mas sabe que eles existem; a experiência de sonhar não deixa de ser provisória e em seguida perempta com relação ao momento das ideias claras e distintas.

Em sua resposta a Derrida, Foucault reafirma e desenvolve o argumento da exclusão da loucura por Descartes na "Primeira Meditação". Um de seus argumentos básicos consiste no fato de Derrida não recorrer ao original latino, em que à palavra francesa *fou* (louco) correspondem dois termos diferentes *insanus* e *amens* ou *demens*. O *demens* é avaliado do ponto de vista jurídico, como o incapaz de responder por seus próprios atos, enquanto *insanus* designa o louco em sentido não especializado, próximo do senso--comum: aquele que se entrega a seus delírios imaginativos. Para Foucault, no texto cartesiano, a passagem do *insanus* ao *demens* reforça a impossibilidade de o louco, ao contrário do sonhador, poder fazer parte do processo meditativo da dúvida, depois do qual se atinge a certeza.[4]

Sébastien Buckinx, que escreveu um longo trabalho sobre a polêmica, intitulado *Descartes entre Foucault e Derrida*: la folie dans la *Première méditation*, considera ser difícil dar razão exclusivamente a um ou a outro. Analisando amplamente o conjunto dos textos de Descartes relacionados à *Primeira meditação*, o especialista belga consegue indiciar acertos e falhas em ambas as leituras. Depois de apontar, por meio de três postulados, como Derrida e Foucault são devedores de comentários clássicos sobre o *corpus* de Descartes, Buckinx afirma:

> Se a análise do debate entre Foucault e Derrida em torno do "argumento da loucura" conduz à revelação de tais postulados, estes testemunham — mais além da originalidade do comentário de cada um — a respeito da dívida dos dois filósofos para com os comentários clássicos da primeira meditação. Todavia, se tais elementos devem ser novamente postos em causa, antes de qualquer explicitação da originalidade das *Meditações* em relação aos outros textos de Descartes, expondo suas razões, então escolher quem dos dois, se Foucault ou Derrida, sai vencedor desse "debate sobre a loucura" se revela supérfluo. A leitura de um depende da do outro, e juntas abrem a porta para uma releitura do texto cartesiano debatido (Buckinx, 2008, p. 186).

Fingimento e loucura

Se a análise de Foucault em alguns pontos parece ser mais fiel à letra do texto de Descartes, a experiência descrita

---

4. Cf. "Mon corps, ce papier, ce feu". *Op. cit.* Vale ressaltar que Descartes escreveu e publicou inicialmente as *Meditações* em latim; depois o texto original foi traduzido em "língua vulgar" (o francês) por Louis Charles d'Albert de Luynes, com supervisão do autor.

por Derrida não deixa de ser menos pertinente e fascinante para entender talvez não a loucura em si, a "própria loucura", como diria Foucault, mas certa alucinação que ocorre quando alguém decide elaborar uma ficção, seja ela teórica ou literária. Sobretudo quando tal ficção desenvolve a fala de alguém que supostamente está louco.

Cabe neste ponto um esclarecimento: toda a questão hoje seria não mais substancializar a loucura como um conceito ("a própria loucura"), mas perceber, com e mais além de Foucault, a precariedade dessa designação, que ainda apontaria para um objeto ou sujeito plenamente identificável na realidade. O que se chama de loucura ou de louco são diversas síndromes e formas de sofrimento, que passaram por inúmeras revisões nas últimas décadas, inclusive por parte da medicina psiquiátrica influenciada pelo pensamento de Foucault. Sublinho também a diferença entre o "portador de loucura", no plano do real, e a loucura como metáfora para pensar de modo inovador certas questões da filosofia e da literatura. Como não tenho nenhuma pretensão de ser psiquiatra nem psicanalista, menos ainda historiador das mentalidades, o que me interessa de fato são a loucura e suas metáforas.

O comentário de Joyce acerca do *Ulysses*, que serve como epígrafe ao ensaio de Derrida, ajuda a pensar as relações entre ficção e loucura: "Pouco importa, esse livro foi totalmente arriscado. Uma folha transparente o separa da loucura" (Derrida, 1967, p. 51). Nunca é desprovida de certa insensatez e mesmo de "insanidade" a experiência de pôr-se na pele de um outro ou de uma outra, sejam esses tais personagens e/ou narradores. Mas quando tais personagens-narradores são declaradamente loucos, como é o caso das duas ficções citadas de Charles Dickens e de Nikolai Gogol em epígrafe, respectivamente "O Diário de um louco" e "O Manuscrito de um louco" (Costa, 2007, p. 173-200 e p. 218-220), a insanidade atinge uma alta potência, pois encena a loucura que acontece diante de nossos olhos. A loucura, por assim dizer, entra de fato e de direito em cena, representando o sofrimento trágico de um sujeito que sucumbe a seu próprio modo de experimentar e conhecer o mundo. Tal como certo filósofo alemão, que teria desabado diante do episódio de um cavalo sendo açoitado nas ruas de Turim (Nietzsche).

Pode-se argumentar, contra Derrida e a favor de Foucault, que o momento extravagante do Cogito nas *Meditações* não passa de figura de retórica, uma mera "ficção" visando a afirmar o que realmente importa, a ordem racional que exclui tudo o que lhe é dessemelhante. Mas seria acreditar muito pouco no poder das ficções, mesmo as mais retóricas, de agenciar forças díspares, de encenar aquilo que precede as grandes divisões, as grandes decisões, os grandes confinamentos, como defende Derrida. Se, para funcionar como discurso e como instituição, a filosofia, ou ao menos um tipo de filosofia racionalista, precisou se aliciar à ordem que bane ou confina o louco da cidade numa camisola e num asilo, isso significa que em algum momento o pensamento filosófico, para ser pensamento e não simples enunciação escolástica, precisou atravessar a experiência da alteridade. É esse o argumento sustentado de ponta a ponta por Derrida: o cartesianismo não exclui desde o limiar o não sentido, a loucura e a morte, pois precisa deles para se autoafirmar. Antes de se firmar como discurso das ideias claras e distintas, é capital aceitar e encenar o momento em que o demônio, o Gênio Mau, parece viger no mundo; tal como diria o protagonista de *Grande sertão: veredas*: o diabo está em toda parte. Para bem excluir o outro, é preciso experimentá-lo, conhecê-lo por dentro, como um inimigo íntimo, até chegar ao ponto em que o nó se desate e a razão absoluta se confirme em nome da verdade divina, instaurando enfim o reino de uma *ratio* onipresente, onisciente mas profundamente redutora, finita em sua potência.

O que está em jogo em toda essa discussão é um momento fundamental da história do Ocidente e do conceito teleológico de história, a partir dos quais interpretações para a inquietante alteridade serão elaboradas, rebaixando tudo o que não é espelho para a consciência e para o raciocínio puro. Resume Derrida:

> Motivo pelo qual o ato do Cogito, no instante hiperbólico em que se mede à loucura, ou antes, se deixa medir por ela, esse ato deve ser repetido e distinguido da linguagem ou do sistema dedutivo no qual Descartes tem que inscrevê-lo a partir do momento em que o propõe à inteligibilidade e à comunicação, ou seja, a partir do momento em que ele o reflete para o outro, o que significa para si. É nessa relação com o outro como outro de si que o sentido se tranquiliza contra a loucura e o não sentido... *E a filosofia é talvez essa precaução tomada bem próximo da loucura contra a angústia de ser louco* (Derrida, 1967, p. 92, grifos meus).

Nisso, razão, filosofia e discurso histórico assumem a máxima complexidade, e uma das dificuldades de fazer uma história da loucura "por ela própria", como gostaria Foucault, é que não há *lógos* no Ocidente que não exclua o seu contrário (talvez esta seja a definição mesma do que há alguns séculos se chama de "Ocidente": o poder de rebaixar e excluir a alteridade, por bem e mal), ainda mais quando o que se chama de louco se identifica para nós ao silêncio e à ausência de Obra. Como sintetiza Marc Goldschmit, num estudo bastante curto, mas convergente com a leitura que proponho: "É essa 'raiz comum' da Razão e da Loucura que Derrida tenta pensar quando mostra que o *cogito* vale mesmo se estou louco: aquém ou além da razão e da loucura historicamente constituídas, há a Razão e a Loucura ainda indivisas e inseparáveis" (Goldschmit, 2003, p. 159-170).

Se o louco fala, sendo muitas vezes tagarela, sua fala ainda não seria uma obra, mas apenas um murmúrio gritado em busca do sentido, sentido este que lhe seria negado pela ordem racional. Na ordem da cidade, nem todo mundo faz ou produz sentido; para tanto, é preciso ter as ideias distintas e claras, dispondo do poder argumentativo e da convicção do *Cogito* identificado a si mesmo, axial e controlador das diferenças. Nada mais incômodo, dentro dessa perspectiva, do que um discurso delirante, do que uma fala sem eixo nem direção ou sentido vetorial. Para ser ouvido, é preciso que o sujeito do discurso fale em alto e bom som, explicitando a que veio, como veio, com que finalidade. Basta faltar o objetivo e a finalidade, o *télos*, para que o discurso seja considerado louco, sem pé nem cabeça, desordenado, segundo os parâmetros da decisão racional.

Motivo pelo qual cabe à arte fingir dar voz aos que não têm vez na república filosófica, como fizeram os loucos geniais Dickens e Gogol, com seus dilacerantes diários e manuscritos da *loucura fingidamente por ela própria.*[5] Na ficção, na literatura e na arte, não basta ser louco, importa igualmente saber *fingir-se de louco*, assumindo a extravagância de entrar na pele do outro ou da outra, para veicular essa fala incoerente que tanto incomoda, ontem no século XVII, bem como no atual.

No fundo, continuamos muito cartesianos, internando e encerrando os loucos em suas camisolas, cobrindo o que não é espelho para uma consciência autorrefletida. Com exceções, ainda não sabemos o que fazer com o diferente, o silencioso e o balbuciante, a não ser, depois de cinco décadas da publicação do grande livro de Foucault, reduzi-lo a um saber clínico e/ou crítico, raramente transformando-o em potência criadora e crítica do viver dito normal. Potência efetivamente crítica dessa capa de normalidade que basta levantar uma de suas pontas para se

---

5. Outras implicações traz a fala de um sujeito que se diz louco dentro de uma narrativa em primeira pessoa, enquanto na realidade seu autor esteve internado numa clínica e passou por terapias bastante clássicas para portadores de problemas mentais. Tal foi o caso literário e existencial de Rodrigo de Souza Leão, que escreveu e publicou em vida *Todos os cachorros são azuis* (2010), um dos relatos mais delirantes, cômicos e dilacerados já escritos entre nós. Ele faleceu em 2009, de ataque cardíaco, e sua obra póstuma foi publicada pela editora Record. Vale sempre também lembrar o caso paradigmático de Lima Barreto, que vivenciou a loucura na literatura e na vida, uma inseminando a outra.

mostrar o seu contrário: a incerteza, a indeterminação e a morte. A ordem do discurso viria silenciar ainda mais o já silenciado, calar o que não tem voz, encarcerar a loucura em sua própria falta de lógica, o que, para a própria ordem normal e normativa, seria um atestado de óbito em vida, pois perde assim a dimensão trágica de suas origens. Nisso bem concordam o mestre Foucault e seu antigo discípulo Derrida, o qual um dia ousou levantar a voz para discordar da fala magistral.

Nesse sentido, tudo o que me interessa nesses pensadores excede a letra de suas discussões: um certo além da objetividade discursiva (paradoxalmente denunciada por ambos), que anuncia um demonismo e um satanismo tampouco objetiváveis pela dogmática cristã. O *excesso* não é a transgressão, que, segundo Bataille, apenas faz confirmar a norma (Bataille, [1957], 1992). Ao contrário, o excesso é um traço que se inscreve no corpo normativo tanto apontando seus limites (por natureza, não há norma sem delimitação histórica, social, cultural etc.), quanto o que vai além desses limites, dessas fronteiras, desses territórios demarcados. Sob esse ângulo, não há nem apocalipse (transgressivo) nem integração (redutora), mas um pensamento do *limite*, que tanto se situa na borda quanto a ultrapassa espaço-temporalmente. O excesso excede *nas* fronteiras do território demarcado, abrindo o horizonte para o que não se subsume ao mesmo e antecipando o advento de certo não saber, sem escatologismo messiânico, todavia. Pois esse não saber já se encontra aí, quer dizer, *aqui*, nos fundamentos da *pólis* e não fora dela.

Não haveria, portanto, pensamento sem fundo de "loucura", mas a historicidade da filosofia racionalista se faria — porém isso não seria seu apanágio — como projeto para calar aquilo que é o cerne e o motor de sua atividade, qual seja, a luz obscura da cegueira, da morte, do não ser e do não sentido; em suma, do que ainda hoje candidamente chamamos de "loucura". Desse modo, seria inconcebível um pensamento efetivamente político sem algum tipo de interpretação com e sobre as formas da alteridade.

Políticas da amizade

Como se sabe, sobretudo após a publicação do volume decisivo de Derrida, muito da história da filosofia e da cultura em geral se faz em nome e por meio de *políticas da amizade* (Derrida, 1994). Foucault e Derrida jamais reataram o vínculo amical que entretinham antes da polêmica, essa verdadeira *guerra dos sentidos*. Os grupos intelectuais, em particular os acadêmicos, são *sociedades do afeto*, para referir o denso livro de Frédéric Lordon (Lordon, 2013) e também do *desafeto*. As disputas e as alianças fazem parte da própria história da filosofia, bem como de qualquer agrupamento de pesquisa e saber, ou simplesmente de qualquer agrupamento humano.

Apesar de serem considerados participantes de uma mesma geração que emerge nos anos 1960 na França, nomeada não sem equívocos pelos norte-americanos como "pós-estruturalista",[6] esses dois pensadores guardam diferenças notáveis entre si. Este texto não pretendeu outra coisa senão dar uma pequena contribuição, não para uma "história das ideias" — método que Foucault nos ajudou a pôr em causa definitivamente —, mas para uma história complexa dos afetos intelectuais. Amizade e inimizade são laços fortes que unem e separam figuras, as quais servem de parâmetros para repensar as próprias relações socioculturais de uma forma geral. Em outras palavras, não há neutralidade nenhuma em se alinhar com maior ou menor proximidade interpretativa em relação a Derrida ou a Foucault, bem como a qualquer outro pensador da cultura. O modo como se dá essa proximidade e os usos que se podem fazer dos instrumentos que cada autor disponibiliza caracterizam as novas gerações *pensantes*. Razão pela qual somos, direta ou indiretamente, herdeiros dessa titanomaquia, que teve lugar há décadas em solo francês.

---

6. Abordei a inexatidão desse termo em Nascimento (2010).

Referências

BATAILLE, Georges. *L'Érotisme*. Paris: Minuit, 1992 [1957].

BUCKINX, Sébastien. *Descartes entre Foucault e Derrida*: Paris: L'Harmattan, 2008, p. 186.

COSTA, Flávio Moreira da (Org.). *Os melhores contos de loucura*. Rio de Janeiro: Ediouro, 2007.

DERRIDA, Jacques. "Être juste avec Freud": l'histoire de la folie à l'âge de la psychanalyse. In: *Résistances*: de la psychanalyse. Paris: Galilée, 1996. [Edição brasileira: "Fazer justiça a Freud": a história da loucura na era da psicanálise. In: DERRIDA, Jacques; FOUCAULT, Michel. *Três tempos sobre a história da loucura*. Trad. Pedro Leite Lopes, Vera Lúcia Ribeiro e Maria Ignes Duque-Estrada. Rio de Janeiro: Relume Dumará, 2001.]

_____. *A escritura e a diferença*. Trad. Pedro Leite Lopes. São Paulo: Perspectiva, 2009.

_____. Cogito et histoire de la folie. In: *L'écriture et la différance*. Paris: Seuil, 1967.

_____. *Politiques de l'amitié*: suivi de l'oreille de Heidegger. Paris: Galilée, 1994.

DERRIDA, Jacques; FOUCAULT, Michel. *Três tempos sobre a história da loucura*. Trad. Pedro Leite Lopes, Vera Lúcia Ribeiro e Maria Ignes Duque-Estrada. Rio de Janeiro: Relume Dumará, 2001.

DESCARTES, René. *Méditations métaphysiques*. Cronologia, apresentação e bibliografia de Jean-Marie Beyssade e Michelle Beyssade. Paris: Gallimard, 1992.

FOUCAULT, Michel. *Histoire de la folie à l'âge classique*. Paris: Gallimard, 1995 [1961]. [Edição brasileira: *História da loucura na idade clássica*. Trad. José Teixeira Coelho Netto; revisão Antonio Danesi. São Paulo: Perspectiva, 1978.]

_____. Mon corps, ce papier, ce feu. In: *Dits et écrits II*. 1970-1975. Paris: Gallimard, 1994.

_____. Nietzsche, la généalogie, l'histoire. In: *Dits et écrits II*. 1970-1975. Paris: Gallimard, 1994.

FOUCAULT, Michel. Préface. In: *Dits et écrits I*: 1954-1969. Paris: Gallimard, 1994. [Edição brasileira: Prefácio (*Folie et déraison*). In: *Ditos e escritos I*: problematização do sujeito: psicologia, psiquiatria e psicanálise. Trad. Vera Avellar Ribeiro. Rio de Janeiro: Forense Universitária, 1999.]

_____. Réponse à Derrida. In: *Dits et écrits II*: 1970-1975. Paris: Gallimard, 1994, p. 281-295. [Edição brasileira: Resposta a Derrida. In: *Ditos e escritos I*: problematização do sujeito: psicologia, psiquiatria e psicanálise. Trad. Vera Avellar Ribeiro. Rio de Janeiro: Forense Universitária, 1999.]

GOLDSCHMIT, Marc. La pensée de la folie: la controverse avec Foucault sur les rapports de l'histoire et de la philosophie. In: *Jacques Derrida*: une introduction. Paris: La Découverte/Pocket, 2003.

LEÃO, Rodrigo de Souza. *Todos os cachorros são azuis*. Rio de Janeiro: 7 Letras, 2010.

LORDON, Frédréric. *La Société des affects*: pour un structuralisme des passions. Paris: Seuil/Points, 2013.

MALLET, Marie-Louise; MICHAUD, Ginette (Orgs.). *Derrida*: Cahier de L'Herne. Paris: l'Herne, 2004.

NASCIMENTO, Evando. Texto, textualidade, contexto. In: SIGNORINI, Inês (Org.). *(Re)discutir texto, gênero e discurso*. São Paulo: Parábola, 2010.

PEETERS, Benoît. *Derrida*. Paris: Flammarion, 2010. (Coleção Grandes Biographies.) [Edição brasileira: *Derrida*: biografia. Trad. André Telles; revisão técnica Evando Nascimento. Rio de Janeiro: Civilização Brasileira, 2013.]

SPIVAK, Gayatri Chakravorty. *A Critique of Postcolonial Reason*: Toward a History of the Vanishing Present. Cambridge, Massachusetts, London: Harvard University Press, 1999.

2
Arquivo e política em Jacques Derrida:
notas introdutórias[1]

Paulo Cesar Duque-Estrada

Sobre uma nota de *Mal de arquivo*

Antes de mais nada, gostaria de citar uma parte da primeira nota que se encontra logo nas primeiras páginas de *Mal de Arquivo*[2] (Derrida, 1975). Esta nota aparece quando Derrida, a propósito da psicanálise freudiana, se refere a "qualquer lugar",

---

1. Uma primeira versão deste texto foi publicada com o título "Jamais se renuncia ao arquivo: notas sobre *Mal de Arquivo* de Jacques Derrida"; In: Natureza humana, v. 12, n. 2, São Paulo, 2010.

2. Texto de uma conferência proferida em 1994, em Londres, por ocasião do Colóquio Internacional "Memória: a questão dos arquivos", organizado por René Major e Elizabeth Roudinesco, e apoiado pela Sociedade Internacional de História da Psiquiatria e da Psicanálise, além do Museu Freud e do Instituto de Arte Courtauld.

sendo a psicanálise um destes lugares[3], em que *se põe em questão* tanto o *lugar* quanto a *lei* a partir dos quais institui-se um princípio unificador, reunidor, globalizante ou totalizador. Bem entendido, "qualquer lugar" onde ocorre um questionamento deste tipo: não um questionamento baseado ou orientado por algum princípio, mas um questionamento do próprio princípio, um questionamento do lugar e da lei em que um princípio, seja qual for, se constitui e se institui enquanto princípio. Derrida acrescenta, em seguida, que um questionamento desta ordem traz "graves consequências" para uma teoria do arquivo. Na referida nota lê-se o seguinte:

> Certamente, a questão de uma política do arquivo nos orienta aqui permanentemente, mesmo se a duração de uma conferência não nos permite abordá-la diretamente e com exemplos. Não determinaremos jamais esta questão como uma questão política entre outras. Ela atravessa a totalidade do campo, e na verdade determina, de parte a parte, a política como *res publica*. Nenhum poder político sem controle do arquivo, para não dizer da memória. A democratização efetiva se mede sempre por este critério essencial: a participação e o acesso ao arquivo, à sua constituição e à sua interpretação (Derrida, 1975, p. 15) [4]

Chamo atenção para o que se lê na última frase da passagem anterior: quanto à *efetiva democratização*, não basta uma acessibilidade irrestrita ao arquivo, e mesmo a garantia de uma liberdade, igualmente irrestrita, de interpretação do mesmo; é preciso também que a própria constituição do arquivo se encontre ela mesma exposta ao exame, à investigação e à problematização.

---

3. Assim como a psicanálise, a literatura e a filosofia constituiriam também, em tese, um desses lugares.

4. Tradução ligeiramente modificada pelo autor a partir da tradução realizada por Claudia de Moraes Rego em: DERRIDA, Jacques. *Mal de arquivo:* Uma Impressão Freudiana. Rio de Janeiro: Relume Dumará, 2001.

O argumento aqui aponta para uma dinâmica de dois momentos interligados: embora, por um lado, o pensamento habite o arquivo, embora o trabalho de interpretação, de constituição de identidades, de leitura e apreensão de sentidos se desdobre através do arquivo, há, por outro lado, a necessidade de que o pensamento se emancipe do arquivo[5]. *Preservação* e *rompimento* com o arquivo mostram-se, nesta dinâmica, como dois momentos inseparáveis um do outro.

De imediato, cabe perguntar: de que maneira a questão de uma política do arquivo não consiste em "uma questão política entre outras", mas sim *na* questão política por excelência, *na* questão mesma da política que atravessa e determina, de parte a parte, como diz Derrida, a política como *res publica*? A resposta a esta pergunta passa por uma consideração sobre a própria palavra "arquivo"; mais especificamente, sobre o que se encontra arquivado em tal palavra. Vejamos.

Dos arquivos na palavra *arkhê*

Arkhê, lembra Derrida, designa tanto o *começo* quanto o *comando*, o que significa que tal palavra reúne e coordena ao mesmo tempo os dois princípios relativos a esta dupla designação; quanto ao *começo*: o princípio físico, histórico ou ontológico, princípio que diz respeito ao lugar *onde* as coisas *começam* — seja a partir de causas físicas, naturais, de fatores históricos ou de determinações ontológicas; e, quanto ao *comando*: o princípio nomológico, princípio da lei que diz respeito ao lugar *onde* os homens e os deuses *comandam*; portanto, onde se exerce a autoridade,

---

5. Uma vez que a constituição mesma do arquivo, enquanto "meio" em que transita o pensamento, deve se prestar ao exame, à problematização, à reflexão crítica etc.

a ordem social, enfim, o lugar a partir do qual a *ordem* é dada, estabelecida, instituída.

Em relação a este último aspecto, Derrida descreve certas estruturas de poder que se encontram relacionadas ao arquivo de modo mais imediato:

> (...) o sentido de "arquivo", seu único sentido, vem para ele do *arkheîon* grego: inicialmente uma casa, um domicílio, um endereço, a residência dos magistrados superiores, os *arcontes*, aqueles que comandavam. Aos cidadãos que detinham e assim denotavam o poder político reconhecia-se o direito de fazer ou de representar a lei. Levada em conta sua autoridade publicamente reconhecida, era em seu lar, nesse *lugar* [*em itálico no texto*] que era a casa deles [...] que se depositavam então os documentos oficiais (Derrida, 1975, p. 13)[6].

Além da óbvia referência ao poder que, num plano históri-co-político-social, encontra-se diretamente associado ao arquivo, há nesta mesma passagem algo mais que talvez possa passar desapercebido. Trata-se da íntima vinculação entre *localidade* e *autoridade*; ou entre *localidade e exercício do poder*, vinculação esta que é essencial à estrutura do arquivo. É por isso que Derrida, ao se referir ao princípio de comando — ou da lei; princípio, como já dito, que se encontra arquivado na palavra *arkhê* —, insiste na dupla vinculação entre lugar e comando, entre lugar e autoridade: o lugar, diz, *onde* homens e deuses comandam, *onde* a ordem é instituída. Mas para além da relação com o princípio de comando, a localidade se encontra relacionada também ao princípio de começo que, do mesmo modo, se encontra arquivado na palavra *arkhê*. Também ali, ao tratar da ideia de começo, Derrida é enfático quanto à localidade inerente a todo início; *ali*, diz, *onde* as coisas começam, o lugar *onde* as coisas têm início. Todo pensar e todo

---

6. Na tradução brasileira (ver nota de rodapé 5), p. 12-13.

PENSANDO A POLÍTICA COM DERRIDA 43

agir, assim como todo sentir[7], se faz no estreito entretecimento entre "localidade", "comando" e "começo".

A título de ilustração, cito uma passagem de outro texto de Derrida, *O outro cabo* (Derrida, 1991)[8], onde a íntima relação entre localidade, comando e começo —, no campo da dinâmica a que há pouco me referi; de preservação e rompimento, de arquivamento e emancipação em relação ao arquivo —, é considerada no âmbito de uma problemática política atual: a identidade cultural europeia ameaçada de dissolução pelo fenômeno da chamada globalização.

O outro cabo é o texto de uma conferência proferida por ocasião do colóquio "A identidade cultural europeia", que teve *lugar* em Turim. Derrida chama a atenção neste texto para o fato de que com a globalização, que vem provocando um rápido apagamento das fronteiras entre localidades de poder até então bem delimitadas — a começar pelo próprio território europeu, com suas capitais, seus centros de decisão política, econômica, militar, e de produção artística, cultural etc. —, a experiência política começa a se inscrever em uma nova e estranha topologia. Uma topologia, como se lê em *O outro cabo*, de instâncias sem estância; por exemplo, e é para onde se volta a discussão proposta por Derrida, a capital como a-capital.

Seguem algumas passagens de *O outro cabo*.

Primeiro, sobre a íntima relação entre lugar, comando e começo, no que diz respeito à autoidentidade europeia (*memória que se capitaliza em si e para si*):

> A Europa não é apenas um cabo geográfico, que sempre se deu a si mesma a representação ou a figura de um cabo espiritual,

---

7. O que torna problemático, na perspectiva desconstrutora de Derrida, qualquer forma de apelo a um imediatismo sensível. Nossa sensibilidade é menos espontânea do que possa parecer, um sistema predominante sempre lhe dá forma. Ver, a este respeito, Derrida (2004).

8. Traduções ligeiramente modificadas a partir da tradução de Fernanda Bernardo. DERRIDA, Jacques. *O outro cabo*. Coimbra: Ed. Reitoria UC/Amar Arte, 1995.

ao mesmo tempo como projeto, tarefa ou ideia infinita, isto é, universal: memória de si que se reúne e se acumula, se capitaliza em si e para si. A Europa confundiu também a sua imagem, o seu rosto, a sua figura e o seu próprio lugar, o seu ter-lugar com o de uma ponta dianteira, de um falo se quiserem; portanto ainda de um cabo para a civilização mundial ou para a cultura humana em geral. A ideia de uma ponta dianteira da *exemplaridade* é a *ideia da ideia* europeia, o seu *eidos*, ao mesmo tempo como *arkhê* — ideia de começo mas também de comando (o cabo tal como a cabeça, lugar de memória capitalizante e de decisão, de capitão ainda) — e como *telos* — ideia do fim, de um limite que completa ou põe termo (...). a ponta dianteira é ao mesmo tempo começo e fim, divide-se como começo e fim; é o lugar a partir do qual e em vista do qual tudo tem lugar (Derrida, 1991, p. 28-29).

Cabe notar, em segundo lugar, e é toda a problemática derridiana da descontrução da "metafísica da presença" que se encontra aqui implicada, que *o que* se capitaliza em si e para si — razão primeira e última de toda capitalização — nunca esteve presente. Aliás, no que diz respeito ao fenômeno da globalização e aos seus efeitos desconstrutores sobre a suposta presença da "identidade europeia", a capitalização desta última — afirmação de um *"auto"* que nunca esteve presente a si mesmo — segue insistindo e persistindo por outras vias:

Não haverá, certamente [*hoje, no âmbito da globalização*], capital oficial da cultura europeia. [...] Todavia, a inelutável questão da capital não desaparece por isso. Ela aponta doravante para as lutas pela hegemonia cultural. Através dos poderes estabeleci-dos e tradicionalmente dominantes de certos idiomas, de certas indústrias culturais, através do extraordinário aumento de novos media, de jornais e da edição, através da Universidade, através dos poderes tecno-científicos, através de novas "capilaridades", competições, por vezes surdas mas sempre ferozes, estão já em curso. Fazem-no, todavia, em novos moldes, numa situação que muda rapidamente e onde as *pulsões centralizadoras* não passam sempre pelos Estados [...] é então que se vê surgir a questão da capital, isto é, da centralidade hegemônica (Derrida, 1991, p. 39. Itálico e colchetes meus).

Enfim, face à desconstrução desta suposta presença a si chamada "identidade cultural europeia", o ideal de universalização que lhe é intrínseco (tarefa infinita, cabo espiritual, normatividade exemplar, para a civilização mundial) se vê diante de uma dupla injunção: por um lado, a necessidade de permanecer e, por outro lado, de emancipa-ser do arquivo "Europa":

(...) *por um lado*, a identidade cultural europeia não pode dispersar-se (e quando digo "não pode", tal deverá significar também "não deve" — e este duplo regime está no *cerne* da dificuldade). Ela não pode nem deve dispersar-se num sem número de províncias, numa multiplicidade de idiomas encravados ou de pequenos nacionalismos ciumentos e intraduzíveis. Ela não pode nem deve renunciar aos lugares de grande circulação, às mais largas avenidas de tradução e de comunicação, isto é, de mediatização [*ou seja, acrescentemos ao texto de Derrida, ela não pode nem deve renunciar ao arquivo "Europa" que garante o* continuum *de um certo tipo de leitura e compreensão de si mesmo*]. Mas, *por outro lado*, ela não pode nem deve aceitar a capital de uma autoridade centralizadora que, através de aparelhos culturais transeuropeus [*isto é, através da generalidade do que, no arquivo "Europa", se presta à leitura*], através de concentrações editoriais, jornalísticas, acadêmicas, [...], controle e uniformize, submetendo os discursos e as práticas artísticas a uma grelha de inteligibilidade, a normas filosóficas ou estéticas, a canais de comunicação eficaz e imediata, à procura de níveis de audiência ou de rentabilidade comercial. [*numa palavra, ela não pode simplesmente permanecer no contínuo autodesdobramento das formas de leitura e compreensão de si que se auto-arquivam no arquivo "Europa"*][...] Doravante não existirá mais a necessidade de ligar a capital cultural a uma metrópole, a um sítio ou a uma cidade geográfico-política, mas a questão da capital[9] permanece por inteiro (...) (Derrida, 1991, p. 41. Colchetes meus).

Trata-se aqui de uma questão política que é inseparável de uma questão de arquivo, de nomeação e de linguagem. Parafraseando Derrida, com o nome "Europa", por um lado, não se nomeia nada de positivo ou positivável, *salvo o nome*; mas, por outro lado, com o nome "Europa" faz-se referência "àquilo mesmo que o nome supõe nomear para além dele mesmo, o nomeável além do nome, o nomeável inomeável"; como se fosse preciso salvar todo referente em tal referência, exceto o nome, *salvo o nome*.[10] Seria interessante explorar as implicações políticas de uma leitura deslizante entre as duas "lógicas" do nome e do arquivo em alguns textos de Derrida. Claire Colebrook, por exemplo, abre um caminho neste sentido:

> [Esta] dupla força que condiciona o nome próprio se estende para além dos nomes dos indivíduos, e marca um problema de história e arquivo; cada termo na história possui dois lados: um sentido que circula, repetível e aberto à contínua contestação [*ou seja, um aspecto legível*], e uma "marca" singular que designaria um evento concreto e nada mais [*portanto, um aspecto ilegível*]... O primeiro é de ordem conceitual, enquanto que o segundo opera como um nome, um ostensivo "isto".
>
> Um certo grau de ilegibilidade que acompanha o nome próprio marca também o arquivamento que a humanidade faz de si mesma, bem como os modos filosóficos de arquivamento em geral ("Derrida" atua como um nome próprio ligado a uma série de contextos e narrativas filosóficas e, deste modo, não consiste pura e simplesmente em um nome próprio. Um lado do nome próprio

---

9. E, portanto, do falocentrismo; questão que, precipitada e mesmo perigosamente, supõe-se eliminar.

10. Proponho aqui generalizar uma discussão mais específica desenvolvida por Derrida (1995, p. 39-42).

se abre para um terreno de conceitos, enquanto outro lado se liga a um indivíduo com uma história pessoal que é distinta do projeto mais amplo de conceitos, sentido e compreensão). Também a humanidade é composta por indivíduos concretos, com atos "a-históricos", singulares e não registrados, mas "humanidade" é também um nome que permite o contínuo de uma auto-compreensão — atuando como uma forma de arquivo ou monumento através do tempo. Poderíamos dizer que há espécies de seres humanos e também o autoarquivamento do sentido de humanidade (Colebrook, 2014, p. 22-23. Tradução e colchetes meus).

* *

Voltando a *Mal de arquivo*. Sobre a íntima vinculação, tal como viemos acompanhando, entre *lugar*, *começo* e *comando*, pode-se dizer que todo conteúdo arquivado se constitui, sempre e já, como uma *localidade* habitada e resguardada por uma autoridade que detém o seu controle.

Derrida:

Os *arcontes* [*ou seja, os magistrados superiores; "aqueles que comandavam"; os cidadãos proprietários em cuja residência se depositavam os arquivos*] foram os seus primeiros guardiões [*dos documentos oficiais*]. Não eram responsáveis apenas pela segurança física do depósito e do suporte. Cabiam-lhes também o direito e a competência hermenêuticos. Tinham o poder de *interpretar* os arquivos. Depositados sob a guarda desses arcontes, esses documentos diziam, de fato, a lei: eles evocavam a lei e convocavam à lei (Derrida, 1975, p. 13, colchetes meus).

Mas aqui não se trata simplesmente de algo empiricamente constatável; o fato de o arquivo ser depositado em algum lugar sobre um suporte estável e à disposição de alguma autoridade hermenêutica. Ainda sobre os arcontes, ou, mais especificamente, sobre o *poder arcôntico*, diz Derrida:

É preciso que o poder arcôntico, que concentra também as funções de unificação, identificação, classificação caminhe junto com o que chamaremos o poder de consignação. Por consignação não entendemos apenas, no sentido corrente desta palavra, o fato de designar uma residência ou confiar, pondo em reserva, em um lugar e sobre um suporte, mas o ato de consignar *reunindo os signos*. [...] A *consignação* tende a coordenar um único *corpus* em um sistema ou uma sincronia na qual todos os elementos articulam a unidade de uma configuração ideal. [...] *O princípio arcôntico do arquivo é também um princípio de consignação, isto é, de reunião* (Derrida, 1975, p. 14, itálicos meus).

É preciso, portanto, fazer a experiência do *"poder arcôntico"* que, para além de suas determinações histórico-político-sociais, para além de toda determinação empírica, segue como *princípio inerente à universalidade dos discursos*. É deste poder que depende a soberania do Uno, do todo e suas partes, do sistema, enfim, do sentido legível, compreensível, interpretável. Mas é na simples consideração da palavra *arkhê* que Derrida antecipa, em toda a sua amplitude, o caráter propriamente político da questão do arquivo.

"Arkhê": arquivos e política

A dimensão política do arquivo, indicada na simples consideração da palavra *arkhê*, consiste no fato de a palavra comportar — em cada um dos dois princípios que ela reúne, e aos quais já nos referimos: *começo* e *comando* — uma série de divisões e diferenciações, ou seja, uma *heterogeneidade* que atravessa, efetivamente e desde sempre, cada momento semântico implicado na própria genealogia da palavra. Esta heterogeneidade — como veremos a seguir — irá, necessariamente e por razões estruturais, comprometer, complicar, contaminar, como diz Derrida, a pretensa homogeneidade ou autoidentidade do sentido de cada um desses

PENSANDO A POLÍTICA COM DERRIDA

momentos. Ou seja — e isto vale como uma primeira indicação do aspecto político aqui implicado —, a estrutura referencial implicada na palavra *arkhê* nunca constitui, como a princípio poderíamos supor, uma indicação imediata e segura em direção ao que nela é pensado ou significado. Ao contrário, Derrida nos faz ver, a propósito da palavra *arkhê*, que a sua estrutura referencial[11] é, por natureza, heterogênea, oblíqua, desviante em relação ao que nela é — supostamente — referido.

Tentemos uma maior aproximação ao que se propõe aqui em Derrida: quando ele fala de *arkhê* no sentido de *começo*, e faz alusão tanto ao *começo* segundo a natureza, ou seja, o *começo* a partir de causas físicas, quanto ao *começo* segundo a história, isto é, o *começo* a partir de fatores históricos (além do *começo* segundo determinações ontológicas), ele chama a atenção para o fato de que já ali — como algo intrínseco ao princípio relacionado à ideia de *começo* e, por extensão, à ideia do que é primeiro, principal, mais originário —, pode-se constatar uma diferença, e, portanto, uma heterogeneidade, um desvio ou uma oscilação entre o que é primeiro, principal, mais originário *segundo* a natureza ou *segundo* a história, e mesmo, poderíamos acrescentar, *segundo* determinações ontológicas.

Mas qual a importância disso? O que, afinal, pretende Derrida ao propor esta discussão? Ele quer enfatizar que *o princípio nunca é um consigo mesmo*; ao contrário, o que é primeiro, o que diz respeito ao começo, ao início, se constitui, desde sempre, *na* e *pela* diferença. *O princípio difere dele mesmo.* A consequência disto está longe de ser desprezível. Basta considerarmos, como Derrida faz questão de evidenciar, o fato de que, desta diferença,

---

11. Por esta razão, "estrutura de envio" capta melhor o que aqui está sendo pensado do que "estrutura referencial". Isto porque não se trata propriamente de um referir-se a algo, e nem de algo referido. Pelo próprio caráter heterogêneo, oblíquo, desviante que, aqui, se está a notar com o termo "arkhê", mas que vale para a linguagem em geral, os envios não estacionam em um significado ou referente, mas, ao contrário, não cessam de se enviar.

desta heterogeneidade entre *começo* segundo a natureza e *começo* segundo a história, decorre uma série de oposições conceituais que sustentam toda a tradição do pensamento ocidental: por um lado, a *physis* — a emergência ou aparição das coisas a partir delas mesmas — e, por outro lado, como também diz, todos os outros da *physis*: *thesis* (que, além de significar a ação de pôr, colocar, significa também, dentre outras coisas, instituição, estabelecimento), *tekhnê* (saber-fazer, capacidade de produzir), *nomos* (leis) etc. Qual seria então a implicação política que se pode, *efetivamente*, vislumbrar a partir desta consideração? Digo *efetivamente* de modo proposital, pois a expectativa por uma consequência palpável desta discussão só ocorre porque, de imediato, não nos damos conta de que sempre já nos encontramos *efetivamente* imersos, implicados na problemática que está sendo levantada aqui. Estamos tão *efetivamente* imersos nesta problemática, ela está tão intimamente relacionada ao nosso modo de ser, pensar, agir e se relacionar com as coisas, que, *efetivamente*, não nos damos conta dela. Tal problemática atravessa, por assim dizer, toda "efetividade" — passada, presente ou futura — de nosso estar aí, no mundo.

A implicação política que aqui se pergunta, ou se exige, torna-se mais clara no momento em que nos damos conta, em que nos de-*paramos* com o fato de que a afirmação — ou o estabelecimento, a institucionalização — de um *começo* à luz do qual as coisas se reúnem em um todo, se *con-signam* ou se *arquivam*, tornando-se então pensáveis, explicáveis, legíveis, significativas, inteligíveis etc.; enfim, no momento em que começamos a nos dar conta de que toda e qualquer afirmação de um *começo* — portanto, de um princípio garantidor de ordem, reunião, estabilidade, legibilidade etc. — carrega em si mesma, e desde sempre, uma cisão, uma heterogeneidade, ou, mais precisamente, uma *relação de diferença* (entre, como vimos, de um lado, a *physis*, e, de outro, todos os seus *outros e outros de outros*). *No princípio, a diferença*; tal é a implicação política de que se trata aqui.

PENSANDO A POLÍTICA COM DERRIDA

Constata-se, então, que "aquilo" que todo ato ou gesto de afirmação pretende como *seu* (como *o* afirmado *da* afirmação[12]), nunca, de fato, o é. Querer fixar, situar, delimitar, abarcar, conter, organizar, instaurar, guardar ou preservar o que quer que seja *enquanto tal* (um fenômeno qualquer, um acontecimento, uma obra, um conceito, um valor, um aspecto da cultura, um sentido, um dado biográfico, uma identidade etc.) é deixar-se mover por uma espécie de passividade primordial, pela violência do *desejo de presença*. É que a positividade reivindicada no ato mesmo da afirmação se vê, *efetivamente e desde sempre*, comprometida. Ela se vê comprometida pela própria diferença que, habitando o interior de toda e qualquer afirmação, imprime, como uma lei inexorável, a marca da cisão, da separação, da heterogeneidade, justo ali, no corpo do que se pretendia uno, homogêneo, delimitável e autoidêntico, afirmado, enfim, *em sua presença enquanto tal*. É precisamente neste sentido que, para Derrida, nenhuma identidade é autoidêntica, justo porque toda identidade implica sempre, nela mesma, uma diferença, uma heterogeneidade. Qualquer identidade cultural, linguística, psicológica etc. é sempre, enquanto identidade, diferente dela mesma: para falarmos como Derrida, uma cultura é diferente dela mesma, a linguagem é diferente dela mesma, uma pessoa é diferente dela mesma e, no limite, qualquer coisa é diferente dela mesma. Numa palavra, toda e qualquer totalidade é heterogênea, *logo*, não há totalidade que se fecha em si mesma. Mais simplesmente, não há totalidade.

Em outros termos, o que a diferença compromete no próprio ato da afirmação é o caráter pretensamente evidente, autoidêntico, daquilo mesmo que se inscreve, se guarda e se preserva — portanto, se arquiva — na afirmação mesma; ou seja, "algo", de certo modo familiar, disponível, passível de avaliação e reavaliação, conhecível e reconhecível como um

---

12. Ou o referido da referência.

fundo ou horizonte comum, um patrimônio de todos. Mas, pode-se aqui perguntar: um patrimônio de todos, mas... "todos"... quem? E quem é que diz... "todos"? Quem unifica, consigna e arquiva as coisas em nome de todos, para todos ou a serviço de todos? Cabe a pergunta, uma vez que esses "todos" são sempre apenas alguns. Tais interrogações demandam uma responsabilidade política — no sentido mais imediato da palavra responsabilidade; como "responder por" — na medida em que esse "todos" consiste sempre em um recorte que inscreve ou estabelece um "nós"; um "todos... nós". Mas, novamente, "nós quem"? Quem diz "nós"?

Tocamos aqui no elemento propriamente conflituoso envolvido nesta implicação política a que estamos aqui tentando nos aproximar, e que diz respeito, em última análise, à questão do arquivo, à questão do arquivamento em geral das coisas em geral. Tal conflito — que se arquiva, se inscreve e se reúne na própria palavra "arquivo" —, pode ser sintetizado do seguinte modo: ou bem o *começo* é afirmado e compreendido como dizendo respeito ao âmbito da aparição espontânea das coisas, isto é, ao âmbito da *physis*, e, neste caso, isto se dá, necessariamente, por algum tipo de operação que exclui, negligencia ou encobre o âmbito da *thesis*, da *tekhnê*, do *nomos*; ou bem é neste último âmbito que o começo é afirmado e compreendido, e, neste caso, por alguma operação que necessariamente exclui, negligencia ou encobre o âmbito da *physis*. Em ambos os casos, a afirmação supõe sempre uma negação (que poderíamos nomear de várias maneiras: repressão, exclusão, esquecimento, encobrimento etc.); uma negação daquilo que, embora negado, excluído, encontra-se estruturalmente e necessariamente relacionado ao que é afirmado como seu outro.

Esta violência da afirmação — ou do "poder arcôntico" — que exclui diz respeito à formação de qualquer identidade, de qualquer individuação, unificação, delimitação, configuração de domínios ou campos de qualquer espécie, enfim, de qualquer totalidade. Derrida parece sintetizar tudo isso, em *Mal de Arquivo*, do seguinte modo:

> *O Um se guarda do outro*. Protege-se contra o outro, mas no movimento desta violência ciumenta comporta em si mesmo, guardando-a, a alteridade ou a diferença de si (a diferença para consigo) que [*não obstante*] o faz Um. O "Um que difere de si mesmo". O Um como centro. Ao mesmo tempo, mas num mesmo tempo disjunto, o Um esquece de se lembrar a si mesmo, ele guarda e apaga o arquivo desta injustiça que ele é. Desta violência que ele faz. *O Um se faz violência*. Viola-se e violenta-se mas se institui também em violência. Transforma-se no que é, a própria violência — que se faz a si mesmo. Autodeterminação como violência. O Um se guarda do outro *para se fazer violência*... (Derrida, 1975, p. 124-125. Colchetes meus).

* *

Esta passagem pode servir de referência para situarmos o afastamento, também em *Mal de Arquivo*, de Derrida em relação à abordagem de Yerushalmi, historiador do judaísmo, que pretende dar conta da identidade judaica, de uma judeidade interminável que resiste à ausência da fé em Deus, compreendendo a psicanálise freudiana como uma ciência judaica. Yerushalmi atribui ao judaísmo e somente ao judaísmo, a partir de certas características suas — como o apego à Aliança com Deus, marcada no corpo pela circuncisão, a esperança do cumprimento da promessa divina no futuro, a permanente tensão entre, de um lado, a memória, com a obrigatoriedade do estudo das Escrituras, e, de outro, o futuro mantido como esperança na promessa divina; enfim, Yerushalmi atribui ao judaísmo a característica única, ou, nas palavras de Derrida, "o privilégio absoluto, a unicidade absoluta na experiência da promessa (o futuro) e a injunção da memória (o passado)." (Derrida, 1975, p. 97) "Em Israel, e em nenhuma outra parte" — diz Yerushalmi, citado por Derrida — "a injunção de se lembrar é sentida como um imperativo religioso para todo um povo." (Derrida, 1975, p. 98)

Ora, na avaliação de Derrida, e lembrando a passagem citada sobre a violência do Um, a judeidade pretendida por Yerushalmi, o Um desta identidade afirmada ou declarada por ele, é violento não só em relação a outras culturas, a outras religiões, que, por outras vias, através de outros códigos, de outras linguagens, fizeram ou fazem igualmente a experiência da memória em consonância com uma abertura para o futuro, mas, além disso, o Um de Yerushalmi é violento também em relação ao próprio judaísmo. Ele pensa saber *o que é* o judaísmo, ele pensa poder *afirmar*, *dispor* como *um objeto seu*, a judeidade do judaísmo. Desse modo, em seu próprio arquivo, Yerushalmi apaga com a sua certeza argumentativa *aquilo* que ele deseja arquivar, salvar, preservar: o judaísmo em sua singularidade própria. Veremos, em seguida, de que maneira a refutação de Derrida não quer sugerir uma falha ou erro teórico na argumentação de Yerushalmi; não quer ser também uma crítica, muito menos uma repreensão moral em relação ao historiador.

Vou tentar, para terminar, apenas situar *duas noções importantes* de Derrida, sem as quais não podemos avaliar satisfatoriamente a passagem há pouco referida — sobre a violência do Um, do Um que faz e se faz violência; sobre a autodeterminação como violência — a propósito de Yerushalmi, cuja compreensão do judaísmo é tomada aqui apenas a título de ilustração, já que o argumento de Derrida se aplica a toda e qualquer abordagem, historiográfica ou não, que alimente uma pretensão identitária. Esta questão da violência, como vimos, é entendida nos termos de um conflito. Um conflito entre afirmação e negação. Ela é uma questão importante porque diz diretamente respeito ao tema do arquivo tal como pensado por Derrida. As duas noções importantes que tentarei situar a seguir são a de "*différance*" que, obviamente, se refere ao problema da diferença, mas da diferença tal como pensada por Derrida, e a de "iterabilidade", que se refere à ideia de repetição.

Différance

Quando trabalhamos um conceito qualquer, como, por exemplo, o conceito de "história", estamos, necessariamente, pressupondo um outro conceito, um conceito que é outro em relação ao conceito de história: o conceito de "natureza". No entanto, embora pressuposto, este conceito — de natureza — não é considerado, não é levado em conta em nosso trabalho, pelo fato de ele não ter nenhuma importância, nenhuma relevância, no trabalho historiográfico. Mas, embora excluído, não considerado, não levado em conta, este outro conceito, de natureza, se encontra implicado no conceito de história. E isto porque não é possível conceber um conceito de história — que diz respeito ao âmbito dos eventos produzidos pela ação humana — que não pressuponha o conceito de natureza — que, por sua vez, diz respeito ao âmbito dos eventos não produzidos pela ação humana. Portanto, um conceito se encontra implicado no outro, comprometendo, desta forma, a garantia de clareza e precisão que julgamos ter quando nos debruçamos confiantes sobre o campo que tomamos como sendo o campo próprio da história. Na verdade, um conceito pressupõe o outro e vice-versa, o que nos leva a concluir, seguindo o argumento de Derrida, que não se pode falar propriamente de um âmbito em si mesmo, *enquanto tal*, *próprio*, da história, ou da natureza. Não existe o âmbito da história e nem o âmbito da natureza; a história *enquanto tal*; ou a natureza *enquanto tal*. A afirmação do histórico enquanto tal, só se faz pela negação — repressão, encobrimento, exclusão, esquecimento — da natureza. E vice-versa.

É isto que nos permite entender a ideia de *différance*, que não é exatamente o mesmo que diferença. É que a diferença a que nos referimos, entre história e natureza, para ficar apenas com o nosso exemplo, não é uma diferença binária, uma diferença entre dois termos opositivos. Não se trata de um domínio bem definido — o da história — que se opõe a um outro domínio igualmente bem definido — o da natureza. Não existe nem *a* história nem *a* natureza, posto que uma só existe na pressuposição da outra.

Na terminologia de Derrida, uma traz em si o *rastro* da outra. Isto se aplica não só aos conceitos de natureza e história, mas, de resto, a *tudo o que se arquiva em "nossa" língua.*

Devemos pensar então a diferença derridiana neste sentido preciso: não como uma diferença opositiva entre coisas, mas como uma diferencialidade sempre em movimento, sempre em curso, um jogo de diferenças entre rastros que produz não propriamente sentidos, mas efeitos de sentido: "a história", "a natureza", por exemplo. É isto o que, não em francês — porque tal palavra não existe — mas valendo-se do francês, ele chama de "différance" e que encerra a ideia de um movimento diferencial — *"diferancial",* diz ele — produtor de rastros e rastros de rastros.

É nesta mesma perspectiva da *différance* que Derrida compreende a relação entre as noções freudianas de "princípio de prazer" e "princípio de realidade". Também aqui não se trata de uma diferença opositiva entre dois domínios distintos. O "princípio de realidade" não se constitui como um muro impermeável às investidas do "princípio de prazer". Este último, por sua vez, não consiste em uma pura descarga livre de qualquer ancoragem na realidade. Novamente, não se trata de uma diferença opositiva, binária, mas de uma mesma coisa em *différance*; ou seja, o "princípio de realidade" constitui o desvio no qual e pelo qual o "princípio de prazer" se efetiva. Prazer puro ou realidade pura significariam a morte. Em termos arquivísticos, esta implicação mútua entre os dois princípios encontra-se operante na dinâmica mesma dos arquivos, na formação de suas economias, de seus diferentes domínios, articulações, subdivisões etc. Mas não podemos nos alongar mais sobre isto aqui.

Iterabilidade

Ela se liga à *différance* num sentido muito preciso: se a *différance* nos informa que não há a coisa enquanto tal mas sim o rastro, a iterabilidade nos informa que, desde o início, o que se dá não é a coisa, qualquer que seja ela, em sua presença, mas sim a referência a ela, ou, poderíamos dizer, a sua re-tomada. Em outros termos, a noção de iterabilidade nos diz que o que é *primeiro* nunca é a coisa, mas a sua repetição — na palavra, no discurso, enfim, em alguma estrutura referencial. Sempre e desde o primeiro momento, o que se dá é a repetição da coisa na referência que a ela se faz, e não a coisa mesma. Este primado da repetição é o que, por um lado, comanda o desejo de origem, de adesão, de apreensão, de presença, ao mesmo tempo em que, por outro, torna tal desejo impossível. A experiência, para Derrida, encerra esta estrutura que, poderíamos dizer, se confunde com a estrutura geral do arquivo; isto é, a estrutura de um desejo que *aniquila* a coisa desejada no momento mesmo que se projeta sobre ela com o intuito de dela se apropriar, possui-la, contê-la, guardá-la, preservá-la. É que a coisa singular — inarquivável — que se quer preservar, na "presença" de sua singularidade, inevitavelmente se apaga, se esvai, se destrói, na generalidade repetível do discurso, na "lógica" e nos procedimentos que orientam a experiência, na mecânica e previsibilidade das relações, classificações, ordena-ções etc. Dor do apagamento, diz em outro lugar Derrida (1992, p. 392), que habita o interior da memória mesma.

E, em *Mal de Arquivo*:

> (...) diretamente naquilo que permite e condiciona o arquivamento só encontraremos aquilo que expõe à destruição e, na verdade, ameaça de destruição, introduzindo *a priori* o esquecimento e a arquiviolítica no coração do monumento. No próprio "saber de cor". O arquivo trabalha sempre *a priori* contra si mesmo (Derrida, 1975, p. 26-27).

Mal de arquivo, portanto; "estamos com mal de arquivo", diz Derrida:

> (...) o que "pode significar [*pelo menos em francês; "em mal de"*] outra coisa que não apenas sofrer de um mal, de uma perturbação [...].

É arder de paixão. É não ter sossego, é incessantemente, interminavelmente procurar o arquivo onde ele se esconde. É correr atrás dele ali onde, mesmo se há bastante, alguma coisa nele se anarquiva. É dirigir-se a ele com um desejo compulsivo, repetitivo e nostálgico, um desejo irreprimível de retorno à origem, uma dor da pátria, uma saudade de casa, uma nostalgia do retorno ao lugar mais arcaico do começo absoluto (Derrida, 1975, p. 142).

Poderíamos formalizar aqui, a partir desta argumentação, algo como uma *lei universal do arquivo* que se encontra implicada em toda política: malgrado todos os processos e técnicas de arquivamento, *nada aparece enquanto tal* — ou seja, nada aparece em sua verdade enquanto tal, em seu modo de ser enquanto tal, naquilo que é tal como é, em si mesmo e por si mesmo —; "nada aparece enquanto tal", esta é a lei que, em outras palavras, significa precisamente isto: *só há arquivo*. Para dizer ainda o mesmo em outras palavras, *perde-se sempre o que se retém*; isto é próprio ao arquivo, mas, não esqueçamos, algo fundamental para toda política, *há tão somente arquivo*.

Talvez possamos agora entender a articulação entre as três dimensões que se encontram interligadas em *Mal de Arquivo*: 1) a amplitude ilimitada da dimensão política do arquivo tal como pensado por Derrida; 2) a sua relação com a questão da democracia, na referência que foi feita inicialmente e que aqui repito em parte — *"A democratização*[13] *efetiva se mede sempre por este critério essencial: a participação e o acesso ao arquivo, à sua constituição e à sua*

---

13. "Democratização", talvez, seja uma palavra-chave para a compreensão da famosa expressão derridiana "democracia por vir" que com frequência, entre aqueles que não admitem pensar fora do paradigma da presença, se quer desqualificar lançando mão, para isso, de uma exigência de efetividade. A "democracia por vir" não se refere a nenhuma ordem política presente ou programada para o futuro, isto quer dizer, *em termos efetivos*, para aqueles que insistem tão somente em reformar o ancoradouro da presença, que nos encontramos *já e desde sempre* em situação de termos que responder à lei violenta do arquivo; significa, ainda em outros termos, que nosso devir *tem lugar* na e através da *preservação-destruição* do arquivo. Tal seria a única *efetividade* a se levar em conta.

interpretação." — e, finalmente, 3) o seu interesse pela psicanálise, como uma instância em que se põe em questão tanto o *lugar* quanto a *lei* a partir dos quais institui-se um princípio unificador, reunidor, globalizante ou totalizador. A articulação destas três dimensões se encontra sintetizada na seguinte passagem que cito para encerrar:

> Não se renuncia *jamais, é o próprio inconsciente*, a se apropriar de um poder sobre o documento, sobre sua detenção, retenção ou interpretação (Derrida, 1975, p. 7. *Priàre d insérer*. Itálicos meus).

Referências

COLEBROOK, Claire. Archiviolithic: The Anthropocene and the Hetero-Archive. In: *Derrida Today*, Edinburgh University Press, v. 7, n. 1, 2014.

DERRIDA, Jacques. *Mal d'Archive*. Paris: Éditions Galilée, 1975.

_____. *L'autre cap*. Paris: Les Éditions de Minuit, 1991.

_____. *Points de suspension*. Paris: Galilée, 1992.

_____. *Salvo o nome*. Trad. Nícia Adan Bonatti. Campinas: Papirus, 1995.

_____. *"Auto-imunidade: suicídios reais e simbólicos"*. In: BORRADORI, G. Filosofia em tempo de terror: diálogos com Habermas e Derrida. Trad. Roberto Muggiati. Rio de Janeiro: Jorge Zahar Editor, 2004.

3
Pensar como responder:
o problema da responsabilidade política em Jacques Derrida[1]

Marcos Siscar

O abandono da historicidade

As relações entre o saber e seu contemporâneo estão longe de ter encontrado um terreno de conciliação e de equilíbrio, apesar dos debates que provocam há décadas, apesar dos votos frementes pela superação de velhas oposições e do trabalho efetivamente realizado de aproximações, analogias e substituições estratégicas. Nem o antigo apelo à autonomia do intelectual nem a crescente especialização do trabalho universitário alteram o pano de fundo dessa situação que, com muita frequência, diz respeito à própria legitimidade do discurso. O estatuto desse

---

1. Este texto retoma e atualiza alguns tópicos tratados em minha Tese de Doutorado (defendida em 1995), inédita no Brasil.

discurso, entendido como saber veiculado dentro de um "espaço público", costuma ser tão relevante quanto seu conteúdo. Não é difícil perceber como essa dimensão política e institucional afeta de modo decisivo as humanidades, entre seu direito de liberdade e criatividade, por um lado, e, por outro lado, o seu dever de oferecer respostas aos contemporâneos a fim de fundamentar esse mesmo direito.

De que maneira o discurso intelectual tem lidado com esse impasse? A que visão da responsabilidade se vinculam determinados tipos de pensamento e de escrita crítica? Proponho-me evocar questões dessa natureza a partir de episódios envolvendo a obra de Jacques Derrida. Sem pretender expandir o problema a outros momentos da recepção do filósofo franco-argelino, trato aqui de leituras elaboradas nos anos 1980 e 1990, momento em que a obra de Derrida é objeto de algumas controvérsias, já tendo passado a abordar de modo mais direto questões políticas e institucionais (independentemente da pertinência daquilo que ficou conhecido como "virada ética" do seu pensamento).

A visão retrospectiva permite, é claro, reconhecer o caráter *datado* de algumas dessas discussões, que acabaram modificadas, não apenas pela morte de Derrida, em 2004, mas também pelo desdobramento de sua recepção[2], sem falar nas violências históricas de diversos tipos experimentadas nas últimas décadas. Por outro lado, o distanciamento ajuda também a confirmar aquilo que permanece como nossa dificuldade com o inacabamento e com os desequilíbrios envolvidos na relação com o presente. Por isso, é possível dizer que o problema continua sendo *de atualidade*, no sentido inclusive da necessária (mas pouco usual) reflexão sobre o que significa essa *atualidade*.

Se foi construído de modo sólido e rigoroso, o renome intelectual de Derrida também foi acompanhado, desde muito cedo,

---

2. A esse propósito, é preciso lembrar que parte significativa da obra de Derrida (os inéditos dos Seminários, por exemplo) ainda está em vias de publicação, atualmente.

PENSANDO A POLÍTICA COM DERRIDA

por uma série de suspeitas, de acusações e de ataques virulentos. A biografia de Derrida escrita por Benoît Peeters (2010) ajuda a entender o quanto esses episódios têm a ver com o funcionamento de determinadas instituições (sobretudo na França, mas não apenas). Visto de modo mais amplo, podemos encontrar nesse debate uma legítima inquietação sobre aquilo que deve pautar a responsabilidade do pensamento. Mas encontramos também uma série de pressupostos nem sempre bem compreendidos, que caberia destacar.

* * *

Uma das acusações mais frequentes feitas a Derrida (aliás bastante comum na discussão brasileira) é a da ausência de reflexão histórica. Em sua *Teoria da literatura*, por exemplo, Terry Eagleton lembra que Derrida não procura negar a relativa determinação de certas significações e continuidades históricas. Derrida

> [...] interessa-se, antes, em considerar tais coisas como os efeitos de uma história mais ampla e mais profunda da linguagem, do inconsciente, das instituições e práticas sociais. Não se pode negar que sua obra tenha sido grosseiramente pouco histórica, politicamente evasiva e na prática indiferente à linguagem como "discurso": não se pode estabelecer nenhuma oposição binária clara entre um Derrida "autêntico" e os excessos de seus acólitos. Mas a opinião generalizada de que a desconstrução nega a existência de qualquer coisa exceto o discurso, ou afirma um reino de diferenciação pura, no qual toda significação e identidade se dissolve, é uma paródia de sua obra e da obra extremamente produtiva que a ela se seguiu (Eagleton, 1983, p. 159).

Ainda que Derrida procure as significações mais profundas de "instituições e práticas sociais", ainda que ele trabalhe essa historicidade mais "ampla", sua obra continua paradoxalmente alheia à linguagem como discurso, como inscrição afirmativa na história. O raciocínio mantém-se tenso, parcial e falsamente concessivo. Assim, para Eagleton, *não existe* uma oposição entre o pai Derrida e seus filhos ou "acólitos": não existe um "Derrida 'autêntico'", de um lado, e, de outro, as deformações. Todos são, de alguma forma (mais ou menos "relativa"), excessivos. Porém, ao mesmo tempo, *existem diferenças* entre a "opinião generalizada" sobre o que é a desconstrução e sobre uma certa (e boa) produtividade da obra de Derrida e dos trabalhos "que dela resultam", sendo este o Derrida não travestido pela paródia, o verdadeiro desta vez, o autêntico, o não excessivo. Se as forças em jogo se mantêm tensas, se há duas verdades em jogo, como deveríamos chegar à evidência daquilo "não se pode negar"?

Trata-se de uma denúncia das deformações, dos exageros? A própria forma de colocar a questão parece denunciar, em sua estratégia, um incômodo. Seria rigoroso não levar em conta esse incômodo? O que define e legitima uma ênfase? Seria preciso também se perguntar se um tal resumo da obra analisada, sem a necessária consideração de seu papel em situações particulares, ao visar uma forma específica de comprometimento social e político, não estaria reproduzindo aquilo que se crê denunciar na obra de Derrida: o abandono da imediatez "histórica".

O julgamento relacionado à perda da historicidade, à ausência de pensamento político, não é incomum. E a ele se associa paradoxalmente uma outra acusação: o da confusão entre escrita e política. Kenneth White (1985, p. 115), por exemplo, lamenta a "confusão" entre essas instâncias, a propósito de uma passagem de *Glas* (1974) na qual Derrida comenta a relação entre a literatura de Genet e a atualidade política. Semelhante era o fundamento da crítica de Foucault a Derrida, já em 1972, no debate acerca de Descartes e da questão da loucura (Derrida, 1967a; Foucault, 1972). Por si só, esse fato nos sugere a dimensão do equívoco que uma frase como *Il n'y a pas de hors-texte* ("não há um fora do texto", ou seja, não existe "significado transcendental"; Derrida, 1967b, p. 227) provocou em muitas cabeças bem pensantes, ao

PENSANDO A POLÍTICA COM DERRIDA

ser associada apressadamente à autonomia da forma à maneira de certo estruturalismo. A questão, portanto, não é específica desses autores e desse momento. Ela é com frequência reiterada, revelando não apenas posturas particulares diante do problema, mas igualmente a persistência de determinados paradigmas de relação com o texto e com o pensamento.

Na perspectiva de Eagleton, o momento de generalização do discurso "desconstrutor" o caracteriza como um discurso grosseiramente evasivo do ponto de vista político. Para chegar a essa conclusão, o autor destaca um dos movimentos que compõem o discurso a fim de postular que ele ignora *completamente* aspectos importantes, ainda que (paradoxalmente) de maneira *parcial*. De forma análoga, um livro de divulgação publicado no início dos anos 1990 procurava fazer de sua "crítica" à desconstrução uma denúncia da tendência a "omitir" o econômico, o social, o político, sob pretexto de que, para Derrida, as ciências sociais são "consideradas como metafísicas" (Zima, 1994, p. 35).

A irresponsabilidade da retórica literária

Por outro lado, mas com consequências muito semelhantes, podemos encontrar críticas ao "niilismo" ou à "irresponsabilidade" de Derrida relacionadas à *opção* histórica que teria feito ao confirmar a supremacia da retórica poética ou literária. É o caso das ideias que Jürgen Habermas (1988) sustenta em texto chamado "Digressão sobre o nivelamento da diferença genérica entre filosofia e literatura".[3]

Para Habermas, o problema é simples: preso na aporia da "razão moderna", como Adorno, como Heidegger ou como

---

3. As traduções para o português deste e dos demais textos que se seguem, salvo indicação contrária, são do autor.

Nietzsche, o discurso derridiano seria, a *exemplo* de Heidegger, um discurso que propõe uma solução retórica a partir do nivelamento de sua diferença em relação à lógica. A negação das oposições racionais teria como consequência um "extremismo negativo" que, ao contrário de Adorno, resolve-se ao dar uma primazia à retórica literária. Com isso, se configura uma *"estetização da linguagem"*, que valoriza o equívoco e a subversão. Aquilo que Habermas pretende opor à "tese" de Derrida é a importância de certas "idealizações" que tornam possível o próprio equívoco e que explicam a existência da "intercompreensão". Como parece evidente a um leitor minimamente informado sobre os textos em questão, a importância do racional não é de forma alguma *contrária* às posições de Derrida. No entanto, a asserção fornece pretexto para que o crítico alemão conclua por sua própria conta que o ideal da crítica é de excluir o desvio retórico, ou pelo menos sua supremacia.

Ora, é no momento em que define e critica esse desvio em Derrida que Habermas pratica, de forma mais flagrante, vários tipos de elipses e recursos retóricos, os quais não se limitam simplesmente a ilustrar os passos da argumentação, mas constituem sua arquitetura lógica:

> Pode-se compreender a "dialética negativa" de Adorno e a "desconstrução" de Derrida como respostas diferentes a um mesmo problema. A autocrítica totalizante da razão enreda-se numa contradição performativa; ela não pode convencer a razão centrada no sujeito de seu caráter autoritário senão pelo uso de meios próprios a esta razão. Os instrumentos de pensamento que passam ao lado do "não-idêntico" ou que ainda estão ligados à metafísica da presença são, entretanto, os únicos instrumentos disponíveis para desmascarar sua insuficiência. Para escapar a um tal paradoxo, Heidegger se refugia nas alturas luminosas de um discurso especial de natureza esotérica, que se libera das limitações da linguagem discursiva e torna-se imune por sua indeterminação a toda objeção específica. Na sua crítica da metafísica, Heidegger lança mão de

conceitos metafísicos como uma escada que ele abandona logo após ter subido os degraus. É verdade que, ao chegar no alto da escada, Heidegger não se refugia — como o primeiro Wittgenstein — na contemplação silenciosa do místico; visionário loquaz, reivindica o contrário a autoridade do iniciado.

Isso se dá de forma diferente, no caso de Adorno [...] (Habermas, 1988, p. 219).

Desvio importante: o *exemplo* de Heidegger. Habermas começa *comparando* Derrida e Adorno, descrevendo seus respectivos métodos, porém antes de passar a Derrida (sobre o qual pretende dizer algumas verdades), por meio de uma elipse inesperada, descreve a obra não de Derrida, mas de Heidegger. Deixando entre parênteses toda a problemática acerca da obra heideggeriana, seria preciso destacar a metáfora textual operada pelo exemplo: Heidegger *vale por* Derrida, como se pudesse ser colocado em seu lugar. As propriedades da obra em questão são generalizadas e acomodadas em uma tradição, na medida em que o importante para o analista são as qualidades ou as propriedades textuais e retóricas específicas, aquelas que, separadas de seu sentido, distinguiriam justamente o "projeto" derridiano. O problema metodológico é evidente.

Não é necessário, para os propósitos deste trabalho, comentar exaustivamente os "desvios" retóricos empregados pelo autor, como a comparação ou a digressão (a própria concepção *digressiva* do fragmento dedicado ao problema da retórica em Derrida: "Digressão sobre o nivelamento..."). O exemplo é suficiente para se perguntar se tais desvios se justificam ao apoiarem-se no uso *codificado* da retórica da comparação, da ilustração, do exemplo, ou se no fundo não configuram um gesto interpretativo usado especificamente para sustentar o desejo de propriedade de um discurso.

Merece destaque, nesse sentido, outra decisão espantosa do autor, baseada em desvio retórico com valor teórico determinante: a fim de entender a obra de Derrida, Habermas opta por comentar os seus "discípulos" americanos. Derrida, segundo ele, "[...] não se distingue absolutamente pelo gosto da argumentação". Aqui, o procedimento de Habermas recorre de forma mais explícita, não somente a um deslocamento, mas a um desvio em forma circular. Ele procura se opor às teses de Derrida, mas o discurso derridiano não se constitui em torno de teses, tem uma essência retórica (heterogênea, portanto, à asserção lógica). Segundo Habermas, Derrida não argumenta e não tem tese. O que faz é uma espécie de literatura, que abandona o discurso racional e a filosofia, entendida como procura de uma posição sobre a verdade. Diante desse impasse, a solução é atribuir-lhe uma tese por intermédio de seus acólitos: a tese do nivelamento das diferenças e do primado da retórica. Para explicar a natureza de seu objeto, Habermas impõe a ele uma natureza. Faz isso essencialmente porque parece ter a exigência preliminar de que seu objeto se caracterize como defensor de uma posição simples (cuja forma seja assimilável à "tese" que espera encontrar).

O pressuposto fica claro na própria forma da questão que elabora: "Derrida privilegia a lógica ou a retórica? Qual é sua *tese?*". O impasse metodológico, que se instaura pela *atribuição* de uma essência retórica ao discurso do qual se pretende *retirar* uma verdade, torna-se inclusive estrutura de argumento:

> Só se pode falar de uma "contradição" à luz de exigências de coerência que perdem sua autoridade ou são, ao menos, subordinadas a outras exigências — por exemplo, a exigências de ordem estética —, quando a lógica perde o primado que lhe caracterizava tradicionalmente em relação à retórica. O desconstrutivista pode então tratar as obras filosóficas como obras literárias e assimilar a crítica da metafísica a critérios de uma crítica que escaparia doravante, quanto à sua função, do mal-entendido cientista (Habermas, 1988, p. 222).

Para o autor, a obra de Derrida se baseia em uma "contradição performativa". Habermas está convencido de que a única maneira

PENSANDO A POLÍTICA COM DERRIDA

de tratar com a contradição é levá-la "a sério", isto é, examiná-la analiticamente com a linguagem da razão, com uma "paradoxal confiança na razão" sem o "desprezo elitista" pelo "pensamento discursivo" (Habermas, 1988, p. 220)[4]. Por conseguinte, estabelecer um primado da retórica equivale à perda da contradição.

Esse é o erro que comete Derrida, segundo Habermas. O movimento da contradição para o "desconstrutivista" implica uma rejeição da lógica, na medida em que as exigências de coerência perdem sua autoridade; porém, ao fazê-lo, Derrida acaba perdendo a própria experiência da contradição. O impasse, portanto, está dado: a contradição só é possível na medida em que o desconstrutivista imaginado por Habermas defende em seu texto a ideia de uma primazia retórica, porém essa primazia suspende simultaneamente, e como que por princípio, qualquer possibilidade de afirmação, de tensão ou de contradição. A retórica de Derrida é compreendida ao mesmo tempo como lógica e como retórica, como discurso e negação do discurso. Tal refutação de Derrida só é possível sob duas condições (dois pressupostos, na verdade): 1. que o desconstrutivista tenha a intenção ou o projeto de "escapar ao paradoxo", de "resolver o problema", como Habermas repete com frequência; e 2. que a solução por ele encontrada seja uma subordinação da filosofia à estética.

Tudo isso está bem distante da maneira pela qual Derrida trata do problema da "clausura" do discurso ou de sua "quase-metaforicidade". Ora, não só Habermas trata Derrida como filósofo para concluir que se trata de um esteta, mas decide antecipadamente, entre as afirmações de Derrida, aquelas que devem ser entendidas como filosofia e aquelas que devem ser percebidas como puro labor literário, pura exibição estilística:

---

4. Situação semelhante é tratada por Derrida (1983) quando analisa as críticas de Kant contra certa filosofia de seu tempo, baseada em padrões poéticos de linguagem e, portanto, tendendo para um tom aristocrático e monárquico. Naturalmente, acusar a retórica poética na filosofia é uma maneira indireta de constituir determinada ideia da filosofia.

delimita aquilo que é falso ou verdadeiro antes mesmo de julgar a pertinência daquilo que é pensado.

Derrida não pode, portanto, aspirar a nenhum tipo de contradição (palavra de uso francamente negativo). Ele perde esse *direito* à contradição, direito que tem claras ressonâncias em questões de ordem política.

A experiência do impossível: do direito à resposta

Ao avaliar a legitimidade política de determinados usos da linguagem e modos de pensamento, colocamos essencialmente a questão da autonomia do discurso e do *direito* à palavra — problemas muito amplos, sem dúvida, que trazem consigo a própria ideia da *democracia* como espaço no qual se poderia "dizer tudo"[5]. Desse ponto de vista, o *caso Derrida*, com sua complexidade, mas também com sua força paradigmática, parece mostrar de forma muito clara as aporias que encontra o pensamento na sua tentativa de resguardar estruturas fixas do *dever*, como a da "responsabilidade".

Não foram raras as apreciações de Derrida que revelaram um desconhecimento flagrante de sua obra, de modo geral, para não falar de suas publicações voltadas para os problemas políticos, em particular — preocupadas sem dúvida com *o* político, com a ideia do político, porém sem nunca ocultar, subestimar ou negligenciar as exigências dos problemas "concretos" e "urgentes" da política, de onde surgem e à qual muitas vezes se destinam; sem

---

5. Essa "hiper-responsabilização aparente do 'sujeito'" é uma condição hiperbólica da democracia que, segundo Derrida, parece contradizer certa ideia histórica da democracia, isto é, aquela ligada ao *"conceito* de sujeito calculável, contável, imputável, responsável", que tem o dever de responder, de dizer "toda a verdade" (Derrida, 1995, p. 48).

nunca omitir a política ou agir com descaso diante daquilo que *faz* ou que *pode fazer* um discurso sobre o *espaço* geral do político: "Devo me contentar, o que talvez não seja pouco, em definir o espaço geral desta responsabilidade." (Derrida, 1982, p. 72) No entanto, a própria precipitação dessas acusações serve como ponto de partida para compreender os dilemas mais profundos da articulação entre a autonomia do pensamento e injunções de natureza ético-política.

Considerando os textos comentados anteriormente, representativos de certa acolhida crítica da obra de Derrida, teríamos em resumo duas faces daquilo que se interpreta como a renúncia derridiana à responsabilidade.

Por um lado, a face "lógica" (relativa à ética): denuncia-se a alienação dos escritos de Derrida, dado que tentariam colocar entre parênteses de uma vez por todas as ingenuidades empíricas, interessando-se apenas pelas esferas "amplas" e "profundas". O problema, neste caso, seria a abstração, isto é, o abandono da matéria social ou, ainda, da inscrição histórica do sujeito do conhecimento. Derrida abdicaria de sua participação no processo vivo da história, contentando-se com uma verdade distanciada dos sofrimentos cotidianos e dos problemas institucionais.

Por outro lado, haveria a face "retórica" (relativa à "estética") da renúncia à responsabilidade: denuncia-se o obscurantismo político característico do primado do significante ou da retórica, o que resultaria na perda da consistência do discurso da razão e em uma estetização do pensamento. O discurso, tendo limitado sua verdade a procedimentos de linguagem, a "piruetas estilísticas", tendo reduzido deliberadamente e contraditoriamente o pensamento a elementos poéticos, não-socializáveis, naufragaria na solidão do niilismo. O erro de Derrida, neste caso, seria o de destacar o sujeito como processo vivo, de ocupar-se com uma singularidade vivida, cotidiana, *individual*, passional, agindo contra o interesse pela instituição, pela comunicação e pelo diálogo, praticando uma política solipsista e "subversiva".

Se cada uma dessas duas formas de leitura sacrifica rapidamente seu objeto em vista das necessidades de uma causa bem definida, quer seja uma teoria política como horizonte da Teoria Literária (Eagleton), quer seja uma reabilitação da razão "moderna" (Habermas), ambas apontam para um mesmo crime de irresponsabilidade política em Derrida. Acusam, por um lado, uma *negação*, uma renúncia simples à política, e, por outro, uma *afirmação* perigosa, já que insidiosamente evasiva (sobretudo, como é o caso, quando ela tem consequências na prática institucional), colocando em risco a instituição, a comunidade, a "comunicação". Tais leituras, no objetivo de localizar uma "política" ou uma "ética" (aliás, sem levar em consideração o uso que Derrida faz dessas palavras), abandonam igualmente, de maneira mais ou menos brutal, aquilo que a princípio procuravam.

Ao longo do tempo, a obra de Derrida acumulou diversos tipos de reflexão sobre direito, ética e responsabilidade. Se, à época desses debates, o autor passava a dar maior ênfase a esses temas, tais questões já estavam presentes desde suas primeiras obras. Dos debates com o marxismo dos anos 60 (Derrida, 1972) ao desvendamento da mistificação das teorias ultraliberais (Derrida, 1993), passando por reflexões sobre o problema da ligação entre política e filosofia (Derrida, 1990a), o autor discutiu em profundidade problemas silenciados sob a pluma de alguns de seus críticos.

Em *Paixões*, por exemplo, retoma a lógica da "resposta" contida na ideia de responsabilidade. A resposta associa o exercício da política à questão da alteridade, dentro de uma estrutura que não pode ser pensada sem a consideração de uma "não-resposta", sem a possibilidade ou o direito de não responder. Ou seja, sem o direito de não responder, nenhum dever seria efetivamente responsável, uma vez que o seu caráter de resposta a uma situação particular ficaria anulado em proveito da aplicação da generalidade de uma regra fixada *a priori*. Temos aí uma dupla exigência que resulta em uma "experiência do impossível" ("Não

existe responsabilidade que não seja experiência do impossível";
Derrida, 1991, p. 46), "'estilo' inaceitável" (Derrida, 1990a, p. 117)
de participação institucional, tomado normalmente quer como
falta de resposta, quer como resposta equivocada, como forma
antidemocrática de conhecimento.

A "dupla tarefa" a que se propõem frequentemente os textos de Derrida envolve esse tipo de dificuldade, permanecendo como tarefa ingrata, impossível de ser erigida como princípio de ação ou como dever universal. Ela se constitui como *experiência* e, como tal, tem um sentido político que não pode ser negligenciado; ao mesmo tempo, esta experiência *de responsabilidade* pode ser vista como uma forma de explicitação dos paradoxos da relação ética.

Temos aí os grandes traços de uma dupla articulação que não se coloca a partir da autoridade tradicional da tese. Ao apontar a omissão política como suposta forma de *resposta*, foi necessário, para determinados críticos de Derrida, suprimir a singularidade de sua resposta, a possibilidade mesma de determinado tipo de resposta. Foi preciso, portanto, impor uma categoria já definida da resposta e, por conseguinte, da responsabilidade. A forma como é colocada a questão decide, por antecipação, do teor da resposta: a questão contém a resposta que aparentemente procura no texto do outro; ela tende a eliminar essa instância do outro, a responder em seu lugar.

Como falar de responsabilidade no interior de uma tal sistemática da questão, de uma tal máquina de produzir respostas? Esses "mecanismos de proibição", de "recalque *sem censura*", que não são exercidos necessariamente pelo Estado, definem, segundo Derrida, a repressão cada vez mais refinada das "sociedades industriais de regime supostamente liberal e democrático" (Derrida, 1990a, p. 354). Todo exercício de palavra se constitui como proibição, mas essa proibição se dá de forma cada vez mais oculta, reprimida, silenciada, silenciando o sentido da responsabilidade — em outras palavras, é cada vez mais perversa.

Seria preciso expandir o conceito da responsabilidade, levando-se em consideração que pensar sobre a forma da resposta corresponde a uma modalidade de resposta. *Pensar como responder*: a interrogação sobre o conteúdo da resposta (como responder?) não deixa de constituir-se — é o caso de Derrida — em uma experiência do pensamento *como resposta*, na condição de resposta (pensar é como responder).

A dupla tarefa do pensamento sobre a instituição

A dupla tarefa da desconstrução, sua relação com o desvio *retórico*,[6] permanece para Derrida uma espécie de prática institucional e não um projeto que ameaça abandonar ou destruir a instituição. Trata-se, portanto, de um *discurso* que tem como problema o conceito de instituição:

> *A desconstrução é uma prática institucional para a qual o conceito de instituição permanece um problema.* Mas como também não é uma "crítica" [...], ela não destrói nem desacredita a crítica ou as instituições. Seu gesto transformador é outro, outra sua responsabilidade, que consiste em seguir da forma a mais consequente possível aquilo que chamamos anteriormente e em outras ocasiões uma gráfica da iterabilidade. Por esse motivo, a mesma responsabilidade comanda simultaneamente a filosofia (as lutas pelo reconhecimento do direito à filosofia, pela extensão do ensino e da pesquisa da filosofia) *e* o exercício mais vigilante da desconstrução. Ver isso como uma contradição, como fazem alguns, é entender tão pouco da desconstrução quanto da filosofia (Derrida, 1990a, p. 88).

---

6. O tratamento dispensado à questão da retórica é amplo e fundamental em Derrida (cf. Siscar, 1998), mais diretamente em textos como *La mythologie blanche* (*Marges — de la philosophie*) e *Le retrait de la métaphore* (*Psychè — inventions de l'autre*).

Seria necessário inicialmente compreender o sentido de uma resposta que surge *no interior* da prática institucional sem, no entanto, partir da suposição do que isso significa. Já que a prática nunca está ausente, "[...] a análise da dimensão política de toda determinação contextual nunca é um gesto puramente teórico. Trata-se sempre de uma avaliação política [...]" (Derrida, 1990b, p. 239), mesmo quando tem a aparência de uma simples descrição; e uma *avaliação* (heterogênea à teoria) nunca é desinteressada, neutra, puramente racional. O resultado desse processo não separaria mecanicamente o ativo e o passivo, a teoria da prática e a prática da teoria.

Segundo esse modo de ver, a lógica da responsabilidade supõe uma prática que leve em consideração seu ponto desestabilizante e seu processo infinito. A determinação teórica do político fica na dependência da consideração do ato inaugural do compromisso, como original que está *sempre já* (*toujours déjà*) perdido em uma iteração, como completude sempre por vir (*à venir*); deve considerar, portanto, a metáfora ou o "afeto" na condição de abertura do conceito e de seu improvável fechamento. A política é sempre política de uma *paixão* que se ignora, heterogênea a todo direito estabelecido. É preciso reconhecer os seus meandros, explicitar sua potência de liberação ou de conservação. Ao levar em conta suas próprias aberturas, o discurso tem a necessidade de se haver não apenas com o dilema, mas com a derrapagem de um dilema a outro, de uma abertura a outra, tornando-se, portanto, rigorosamente e singularmente plural.

O velho problema da filosofia política, que investiga a ligação entre a paixão e o gerenciamento da pólis, deveria ser por aí reintroduzido. É significativo o fato de que Derrida tenha escrito uma obra como *Politiques* de *l'amitié* [Políticas da amizade], cujo título já expõe essa ligação entre o estudo de uma "tonalidade afetiva" com uma ideia de política grafada no plural. A política é interpretada claramente como uma questão de "ouvido", como necessidade da escuta de um outro, de um "amigo" cuja determinação escapa à repartição precisa entre "amigo" e "inimigo". O autor não reduz o político à paixão, mas investiga sua cumplicidade a partir da análise de sua presença nos problemas da genealogia, da fraternidade, da nacionalidade, da guerra, da ética, da técnica, da representação política etc. Trata-se, portanto, de reconhecer que essa cumplicidade tem sido constitutiva até mesmo dos discursos mais (apaixonadamente) racionalistas e que, portanto, um discurso afinado com sua questão é aquele capaz de levar em consideração até onde for possível (até o *impossível*, se poderia dizer) a alteridade que o abala.

Uma tal prática teórica ganha sentido no momento em que se reconhece nas proximidades de um *outro*, na medida em que sua abordagem do político permanece ligada à possibilidade de deixar a resposta ao outro. É somente ao *confessar* o caráter improvável dessa inversão, que a responsabilidade teria alguma chance de se tornar *igual a si mesma*: não graças à superação das oposições que a perturbam (o que equivaleria a reincidir no mesmo problema), mas por meio de uma prática constante e pontual do *double bind*, isto é, da dupla tarefa, ou dupla ligação, relacionada tanto à ordem do "estilo" quanto à ordem da "razão". É somente ao se empenhar sem complacência no *inconcebível* (inimaginável ou inadmissível) da ausência de tese *como* tese, da ausência de gênero *como* gênero, que a responsabilidade assumida no âmbito da democracia e de uma política da não-exclusão pode ser de fato concebível, inteligível, aceitável.

A partir desta breve exposição, podemos ao menos perceber que, no universo das relações entre a lógica interna do discurso e a demanda extrínseca que o afeta, política e paixão se cruzam, se sobrepõem, se determinam sem necessidade fixada *a priori*, em um intervalo no qual as "margens" assumem importância. A necessidade de compreender essas fronteiras toca portanto na iminência, experimentada pelo discurso, de se apresentar sob os modos da *confissão* ou da *afirmação* da paixão. A responsabilidade começa no ponto onde o discurso inicia o reconhecimento de seus limites e do ilimitado de sua proveniência e de seu destino:

PENSANDO A POLÍTICA COM DERRIDA

> Trata-se ainda de saber, mas inicialmente de saber como, *sem renunciar às normas clássicas da objetividade e da responsabilidade, sem ameaçar o ideal crítico da ciência e da filosofia, logo sem renunciar a saber*, se poderia levar ainda mais longe esta exigência da responsabilidade. Até onde? Ilimitadamente, claro, pois a consciência de uma *responsabilidade limitada* é uma *"boa consciência"*; porém, antes de mais nada, chegando a interrogar as normas clássicas e a autoridade deste ideal, o que significa exercer seu direito a uma espécie de "direito de resposta", ainda que seja ao lhe dirigir a "mesma questão" [*question en retour*] sobre aquilo que liga a responsabilidade à resposta. Em seguida, chegando a se perguntar aquilo que funda, ou melhor, *empenha* e *enceta* [*engage*] o valor de interrogação crítica que dela não se separa. E de saber pensar de onde provém este saber — aquilo que se pode e aquilo se deve fazer dele (Derrida, 1990a, p. 108).

Como a lógica do verbo *engager* o demonstra a seu modo, isto é, retoricamente, o dever do saber responsável está associado de maneira carnal à experiência rigorosa do dever. O saber está comprometido com a injunção de um dever, injunção esta que enceta e realiza o próprio saber. Não se trata, como sugere o autor, de uma fundação, de um solo sobre o qual se podem lançar as bases limitadas de um edifício definitivo: embora as situações possam ser muito diferentes, sua lógica encaminharia ao automatismo de uma "boa consciência". Se a responsabilidade é responsabilidade diante de outro, é preciso que a discussão sobre a resposta não se feche em si mesma, que abra a possibilidade de outra resposta, ainda que essa outra resposta seja apenas a repetição de sua pergunta: como responder?

Uma mudança de tom

Ao ser inscrita no âmbito da "resposta", a noção de responsabilidade desloca o interesse sobre a relação com a alteridade e, consequentemente, sobre o lugar de onde procede o saber. Ora, *outro* é aquele a quem o acesso não é e não pode ser regrado, mapeado, documentado ou resgatado. O outro, se é que existe como tal, está fora da lógica prevista por um projeto de texto e, portanto, a experiência da alteridade só pode ser da aporia, da *mise en abyme*, do ilimitado. Não é por acaso que a alteridade aparece nos textos de Derrida, como ficou dito, sob o modo da paixão, da tonalidade afetiva, do *tonos*, isto é, da tensão. Trata-se de dramatizar a tensão e a aporia constante do dever, mobilizado entre a exigência formal da responsabilidade e a experiência absolutamente singular.

O tipo de inscrição política do trabalho de Derrida, no presente de sua produção, fez conviver (com todas as tensões que isso acarreta) uma "insubmissão", inclusive institucional, a toda espécie de dogmatismo juntamente com uma prática filosófica fundadora. Lembre-se, como exemplo, sua participação na fundação do *Collège International de Philosophie*, em Paris, escola baseada na aproximação, na alternância e na abertura. Sua atuação no âmbito do ensino da filosofia, já nos anos 1970, com o GREPH, também é conhecida. Posteriormente, sua aproximação com Bourdieu (com o estabelecimento do Parlamento Internacional dos Escritores, em 1993) ou com o próprio Habermas se deu em torno de problemas imediatos relacionados à defesa do espaço de produção e reflexão intelectual. Ou seja, as "respostas" de Derrida, em consonância com aquilo que seus textos solicitam, frequentemente ganharam sentido prático e institucional. Sua particularidade é que, na condição de exercício da responsabilidade, a dimensão institucional (dita prática) é fundada sobre a estrutura (dita "teórica") da resposta. Em outras palavras, é a própria oposição entre teoria e prática histórica que essa experiência da responsabilidade questiona, encenando seus pontos de abertura e de saturação.

Apesar de se colocarem em estreita relação com seu tempo, os textos de Derrida não *sistematizam* uma teoria política: a rigor, talvez simplesmente a *dramatizem*, no sentido de encenar e tornar sensível determinada forma de tensão. Derrida dramatiza a forma que tem o discurso de se colocar diante de sua questão, de seus imperativos. Por um lado, o condicionamento da liberdade de palavra a razões de ordem social (subordinando o pensamento a determinados imperativos) corre incessantemente o risco de legitimar a prática de uma censura mais ou menos explícita; por outro, o estabelecimento de uma pura autonomia no exercício público da palavra (reivindicada, por exemplo, em nome da liberdade de expressão), em certas condições, pode coincidir com a manipulação, o desequilíbrio, o exercício igualmente restritivo da dominação econômica. O *double bind* (ou "desconstrução") é, portanto, uma solução totalmente distinta da lógica simples dos *slogans*.

Pela sua incidência sobre a questão do destino do saber, pelo seu insistente questionamento sobre a natureza da responsabilidade, Derrida partilha das preocupações de seu tempo e a elas se dirige. Porém, delas também se distingue ao propor um *estilo* ou um *tom* discursivo, se pudermos entender essas palavras para além das partilhas nas quais geralmente estão inseridas (literatura x filosofia; razão x paixão etc.). Arriscando uma expressão que toca tanto na prática discursiva quanto no problema de sua relação com a política, poderíamos dizer que a obra de Derrida propõe uma *mudança de tom*: não apenas o tom muda e se desloca quando se procura capitalizá-lo no discurso, como se trata também de uma mudança no tom habitual (dogmático, restritivo) do discurso.

Percebe-se que, mesmo antes da chamada "virada ética" dos anos 1980 e 1990, o pensamento de Derrida já colocava em perspectiva as estruturas que comparecem na sua reflexão sobre temas como a instituição, a lei e a justiça, a amizade, a hospitalidade, o perdão, a soberania, a pena de morte, o terrorismo. Sua consolidação posterior, em publicações diversas e nos Seminários, estabeleceu um dos pensamentos mais consistentes sobre a questão da "responsabilidade" e sobre sua relação com os problemas contemporâneos. Uma das contribuições inquestionáveis da obra de Derrida é a de ter deslocado o discurso do campo sistemático, onde ele costuma flertar mais ou menos abertamente com o dogmatismo, na direção de um outro tipo de *afirmação*, algo que corresponderia mais propriamente a um "sim", a um gesto tenso de escuta ativa e rigorosa de um outro.

Referências

DERRIDA, Jacques. *Paixões*. Tradução de Loris Z. Machado. Campinas: Papirus, 1995.

_____. *Spectres de Marx: l'état de la dette le travail du deuil et la nouvelle Internationale*. Paris: Galilée, 1993 (La Philosophie en Effet).

_____. *L'autre cap: suivi de, la démocratie ajourner*. Paris: Minuit, 1991.

_____. *Du droit à la philosophie*. Paris: Galilée, 1990a (Collection la Philosophie en Effet).

_____. *Limited inc.* Présentation et traduction par Elisabeth Weber. Paris: Galilée, 1990b (La Philosophie en Effet).

_____. *D'un ton apocaliptique adopté naguère en philosophie*. Paris: Galilée, 1983.

_____. *L'oreille de l'autre: otobiographies, transferts, traductions*. Textes et debats avec Jacques Derrida. Edited by Claude Lévesque and Christie V. McDonald. Montréal: VLB Editeur, 1982.

_____. *Positions*. Entretitiens avec Henri Ronse et al. Paris: Minuit, 1972 (Collection Critique).

_____. Cogito et histoire de la folie. In: _____. *L'ecriture et la différence*. Paris: Seuil, 1967a, p. 51-97 (Tel Quel).

_____. *De la Grammatologie*. Paris: Minuit, 1967b (Collection Critique).

EAGLETON, Terry. *Teoria da literatura*: uma introdução. Tradução de Waltensir Dutra, revisão João Azenha. São Paulo: Martins Fontes, 1983 (Ensino Superior).

FOUCAULT, Michel. *Histoire de la folie à l'Âge Classique*. Paris: Gallimard, 1972. Posfácio.

HABERMAS, Jürgen. *Le discours philosophique de la modernité*. Paris: Gallimard, 1988 (Bibliotheque de Philosophie).

PEETERS, Benoît. *Derrida*. Paris: Flammarion, 2010.

SISCAR, Marcos. *Jacques Derrida. Rhétorique et philosophie*. Paris: L'Harmattan, 1998.

WHITE, Kenneth. De la dialectique à la galactique. In: _____. *Une apocalypse tranquille*. Paris: Grasset, 1985, p. 115.

ZIMA, Pierre. *La déconstruction*: une critique. Paris: PUF, 1994 (Philosophies).

4
Sobre a decisão política em terreno indecidível*

Alice Casimiro Lopes

> Sem a abertura de um *possível* absolutamente indeterminado, sem a suspensão radical que um *talvez* marca, não haveria nem acontecimento nem decisão.
>
> Jacques Derrida, *Políticas da Amizade*

Contextualizando o argumento

Investigando políticas de currículo, tenho argumentado em defesa de um vazio normativo na política. Este vazio não

---

* Trabalho realizado com o apoio do CNPq, por meio de bolsa de pós-doutorado sênior no IEL/Unicamp com Marcos Siscar. Apoio da bolsa Cientista do Nosso Estado Faperj, bolsa de produtividade em pesquisa nível 1B do CNPq e Programa Prociência Faperj/UERJ. Programa de Pós-graduação em Educação da Universidade do Estado do Rio de Janeiro (ProPEd/UERJ).

se constitui pela simples ausência, mas pela impossibilidade de plenitude de qualquer normatividade. Tal condição remete à disputa pela tentativa de alcançar a plenitude ausente. Uma dada normatividade tende a ser apresentada como necessária, obrigatória e universal, única reposta a um dado contexto, ao invés de ser assumida como uma dentre tantas possibilidades normativas em disputa (Lopes, 2015a, 2017). A partir da desconstrução dessa premissa universalista, tenho considerado ser possível a defesa de um investimento radical, simultaneamente teórico e político, em processos interpretativos no currículo (Lopes e Borges, 2017).

Em tal registro, que se pretende pós-estrutural e pós-fundacional, as comunidades que atuam nas políticas — comunidades disciplinares, comunidades formadas em função de uma dada luta por um projeto político-curricular — são concebidas por meio do questionamento à noção de um sujeito consciente, pleno e centrado. Como argumentado em Lopes (2014; Costa e Lopes 2018), sendo o sujeito pautado por uma falta constitutiva, a comunidade política, considerada como composta por sujeitos da falta, não tem um centro estável, uma propriedade integradora, um conjunto de características ou princípios políticos comuns: qualquer comunidade é produzida discursivamente na luta política. É uma comunidade sem *algo* em comum, sem unidade.

Perpassando essa discussão teórico-estratégica que me mobiliza na pesquisa educacional, está o entendimento não-racionalista da política. A política é pensada como não tendo um centro que determine sua direção, não havendo também sujeitos conscientes e identitariamente orientados para dada estratégia teleológica. As noções de projeto, estratégia calculada, de um programa que produz um futuro[1] são interpretações sedimentadas que, como

---

1. Neste caso, o futuro (o porvir como substantivo, *avenir* no original francês) é programável no presente e se distingue do que está por vir (*à venir*) discutido por Derrida como não determinado pelo presente, permanecendo indecidível.

tais, produzem sentidos nas lutas políticas. Procuro problematizar tais noções ao investigar a política curricular como luta pela significação, processo discursivo que simultaneamente produz contextos e sujeitos políticos.

Com isso, igualmente procuro me afastar de interpretações generalistas, tal como "tudo é política", uma vez que "é somente com a condição de que tudo não seja político que a política tem alguma chance de ser pensada" (Bennington e Derrida, 1996, p. 161). A afirmação "tudo é" está associada a uma estabilidade da significação, a uma decisão necessária em relação a um dado processo que, diferentemente, está sempre em vir a ser pela própria dinâmica da linguagem.

Nessa interpretação, toda opção política é uma opção não obrigatória e não necessária em um conjunto de possibilidades imprevistas, a ser considerada contextualmente, a cada evento. É por essa dinâmica que Mouffe (1996) nos fala de uma hiper-politização: não há um programa ou conjunto de regras que seja capaz, de uma vez por todas, de orientar as decisões políticas ou facultar interpretações históricas da política, o que nos leva à constante disputa em torno dessas orientações e interpretações. Além disso, ainda que pensemos em formular regras, há que se considerar que toda regra tem seu significado modificado no próprio processo de ser posta em ação.

Ernesto Laclau tem sido o autor que me inspira e me leva a investigar as políticas de currículo desse modo. A política educacional e curricular não fazia parte dos interesses de Laclau, o que não impede, pela ampla e imprevisível citação de textos, que sua obra seja lida e reconfigurada no campo educacional, por mim e por tantos outros autores, no Brasil e no exterior[2].

Não estou, contudo, orientada pela pretensão de aplicar Laclau à educação, como se sua teoria do discurso fosse um

---

2. Cito apenas alguns poucos exemplos mais recentes e menos conhecidos no Brasil: Clarke (2014), Peters e De Alba (2015) e Szkudlarek (2017).

conjunto de princípios gerais de uma metodologia de pesquisa da política. Ler a teoria do discurso e com ela teorizar sobre as políticas de currículo exige uma articulação de suas noções com as teorias educacionais. Assim como exige uma leitura cuidadosa visando entender o porquê das opções escolhidas pelo autor, as articulações teóricas que possibilitaram a produção dessa teoria.

Foi com essa preocupação que comecei o estudo da desconstrução. Tal caminho faz com que minha leitura de Derrida seja desenvolvida por intermédio de Laclau, partindo das referências diretas ou indiretas que os textos de Laclau fazem a Derrida. Por mais que os estudiosos de longa data sobre a desconstrução me interessem e façam parte de minha bibliografia, minha leitura de Derrida é guiada pela problemática proposta por Laclau com sua teoria da hegemonia, com foco na política como ontologia do social. De certa forma, esta é uma leitura que se quer rigorosa e atenta, mas que pode soar a muitos como um tanto desrespeitosa[3]. Ou talvez só seja uma leitura porque assume certo desrespeito em relação ao texto lido (Bennington, 2004).

De todo modo, considero que não só Derrida permite entender Laclau mais precisamente, como simultaneamente a teoria do discurso permite evidenciar o sentido político de Derrida. Não que essa evidência só se faça por meio da discussão da hegemonia. Concordo cada vez mais com Bennington (Bennington e Derrida, 1996, p. 161) quando ele afirma que "a desconstrução é o mais radicalmente político dos discursos". Tal caráter político não se deve apenas à discussão derridiana sobre cosmopolitismo, soberania, democracia e hospitalidade. Acompanho os que afirmam ser redutor dividir a obra de Derrida em duas fases, separando uma

---

3. Por exemplo, ao escrever este texto, confrontei-me o tempo todo com a dúvida em relação a abordar ou não a questão da democracia, tema que entendo como fortemente relacionado às decisões em terrenos indecidíveis, tanto em Laclau quanto em Derrida. Mas seja por questões de espaço, seja porque já abordei esta temática em outro texto (Lopes, 2012), seja por razões que nem mesmo sei explicar no momento, optei por não o fazer. Ou o texto optou por mim.

discussão teórica sobre a (des)estrutura do signo, iterabilidade, *différance* e tradução de uma suposta discussão ético-política dos livros a partir do final da década de 1980.

A discussão política em Derrida se faz pela radicalidade de movimentos filosóficos que não se propõem a produzir um sistema, um modelo, um método ou um projeto fundamental e tampouco se propõem a destruir qualquer outro projeto filosófico. Esses mesmos movimentos ao desconstruírem teleologias e hierarquias, ao teorizarem sobre o diferir e sobre a relação com o outro, ao possibilitarem o entendimento de como lidamos não com presenças e ausências, mas com espectros do pensamento, abriu a política radicalmente para a experiência do impossível, levando a que se considere seriamente "o que acontece e as diferenças de toda ordem, a começar pelas dos contextos" (Derrida, 2004, p. 287). Endereçando ao pensamento derridiano o que Caputo (2018) afirma em relação à hermenêutica[4], defendo que a desconstrução provê nossa melhor proteção contra as ameaças da tirania, do totalitarismo, das imposições de toda ortodoxia e do terror na política.

Ressalto, por outro lado, que a teoria do discurso evidencia o sentido político da desconstrução, justamente por desconstruir o marxismo, um dos discursos centrais da Modernidade na constituição — tanto por aqueles que o defendem quanto pelos que o rechaçam — da noção de política. O marxismo é uma herança, minha herança e de muitos, sempre traduzida, envolvendo usos, recepção crítica, interpretações e experiências, que também são interpretações (Derrida, 1993).

Bennington (2000) refere-se a certa ingenuidade da esquerda que cobrava de Derrida que "abrisse o jogo" sobre a política e o fazia sob certos raciocínios esquemáticos, esperando não um

---

4. Tal endereçamento é facultado pelo autor, na medida em que ele considera que a desconstrução confere à hermenêutica a chance de praticar o que prega: uma exposição ao outro.

debate ou compromisso político, mas a mera escolha de um lado no jogo entre esquerda e direita. Com essa cobrança, era desconsiderado que a política é um conceito metafísico que, para ser desconstruído, tem que ser interpretado por meio de noções não metafísicas[5]. Assim, a radicalidade de Derrida em relação ao político justamente se deve ao seu trabalho não ser uma repetição das tradições metafísicas desse conceito. Parafraseando Derrida quando discute a questão do signo, "é preciso ao mesmo tempo *marcar* e *afrouxar* os limites do sistema no qual esse conceito nasceu e começou a servir, arrancando-o, assim, até certo ponto, de seu próprio solo" (Derrida, 2001a, p. 23). Laclau e Mouffe seriam então os autores, na afirmação de Bennington (2000) e do próprio Derrida (1994), que trabalharam nessa direção no que concerne à política.

Com essas leituras, opto neste capítulo por refletir sobre as relações entre decisão e indecidibilidade em Laclau, considerando sua aproximação com Derrida. Concordo com a posição de Torfing (1999) de que a desconstrução e a teoria da hegemonia no enfoque discursivo têm implicações mútuas. Mas tal como Norval (2004) e Thomassen (2005), discordo da ideia de Torfing de que ambas sejam movimentos teóricos recíprocos e complementares, cabendo ao primeiro o foco na indecidibilidade e, ao outro, o trato com a decisão. Defendo que indecidibilidade e decisão não são complementares no sentido de um se somar ao outro, completar o que, porventura, seria uma carência do outro.

Diferentemente, considero que a teoria da hegemonia de Laclau só é possível por meio da desconstrução de Derrida. A indecidibilidade não é um momento preparatório da decisão hegemônica, nem um momento a ser superado pela decisão

---

5. Conceitos não são metafísicos ou não-metafísicos em si mesmos, pois implicaria a aceitação de que alguns significantes estão limitados a uma denotação. Como explica Bennington (2004), quando Derrida fala de conceitos metafísicos, ele se refere ao vínculo de determinados significantes com certa tradição. Assim, é possível traduções não metafísicas de "conceitos metafísicos", mas essa será a tradução de determinada tradição.

(Derrida, 1996). Tampouco a desconstrução é um movimento que apenas nos confronta com a indeterminação da discursividade, suas condições de impossibilidade, cabendo ao discurso instituinte produzir as condições de possibilidade da significação. Tanto a desconstrução quanto a teoria da hegemonia operam com a decisão em terrenos indecidíveis, com condições de possibilidade e de impossibilidade das identidades, objetividades e sujeitos políticos.

Os artigos de Norval (2004) e Thomassen (2005) são inspiradores para mim em outros aspectos, ainda que eu focalize mais algumas de suas conclusões do que sua forma de argumentação. Aposto no entendimento de Norval (2004) de que a contribuição da desconstrução para uma teoria da hegemonia é maior do que apenas conceber as práticas políticas como contingentes, uma vez que a intrínseca relação do social com a linguagem exclui a possibilidade de totalização. De Thomassen (2005), por sua vez, extraio o entendimento de que se restringir à noção de antagonismo na teoria do discurso pode vir a bloquear a compreensão das relações dessa teoria com a desconstrução.

A noção de deslocamento que Laclau desenvolve primeiramente em *New reflections on the Revolution of our time*, publicado em 1990, faculta a leitura do antagonismo como uma simplificação do social. Na interpretação das lutas políticas, muitas vezes operamos com essa simplificação, representada no modelo "nós" contra "eles", *como se* fosse toda luta política. Desse modo, o antagonismo pode se tornar uma formação ideológica que estabiliza identidades sociais: faculta a ampliação das cadeias articulatórias, mas obscurece múltiplas subjetivações que podem vir a desconstruir tal antagonismo e, por consequência, os discursos hegemônicos. É catalisador de ações e paixões políticas, mas pode desconsiderar a inscrição do *talvez* que interrompe determinações. Considerar, então, o deslocamento é uma forma de aprofundar a articulação entre decisão e indecidibilidade, bem como procurar refletir sobre o *como se* e o *talvez*.

Na defesa dessa posição, busco apresentar a decisão política em terreno indecidível em Derrida e Laclau. Para tanto, não penso apenas nas políticas, no sentido do inglês *politics* conferido por Laclau — uma projeção das relações antagônicas estabelecidas na política social mais ampla —, mas focalizo também a *policy* — um conjunto de ideias, regras ou planos do que fazer em situações específicas que tenham sido oficialmente acordadas por grupos ou instituições sociais —, na medida em que investigo políticas de currículo. Em virtude das pesquisas que realizo, considero que as dinâmicas da *policy* tornam mais labiríntica a discussão da política, uma vez que em tais dinâmicas são mais "visíveis" a não simplificação dos antagonismos. Se é usual interpretarmos a política (no sentido de *politics*) como uma dicotomização do social (a mais clássica talvez seja entre esquerda e direita), quando investigamos a política como *policy* mais facilmente tal dicotomização é confrontada por outras articulações que atravessam e atormentam a constituição antagônica inscrita nessa dicotomia[6].

Nessa abordagem, interpreto as decisões políticas como acontecimentos (Derrida, 2012) tanto necessários quanto impossíveis. Os movimentos singulares do diferir, uma vez articulados, constituem discursos e quase-comunidades (Derrida, 1993; 2001b) — comunidades sem uma propriedade em comum, sem fraternidade, sempre em vir a ser. Tais articulações atuam politicamente visando ao atendimento de suas demandas e, por vezes, buscando produzir um porvir de justiça social, um dos usuais significantes vazios discutidos por Laclau (2011), nunca alcançado, mas no qual se investe de forma radical (Laclau, 1990), sem garantias.

---

6. Não há espaço aqui para desenvolver essa questão, mas em muitas pesquisas sobre políticas de currículo em que se opera com a noção de antagonismo com base na teoria do discurso é discutido como certas demandas curriculares, por exemplo, a demanda em torno da centralidade curricular via Base Nacional Comum Curricular, é defendida por registros de esquerda e de direita. Em Lopes (2015b), investigo esta questão por meio da interpretação dos Programas de Governo dos candidatos à presidência no ano de 2014.

Qualquer semelhança com minhas preocupações com a política no Brasil atual não é mera coincidência.

Teoria da hegemonia, teoria do discurso

Não tenho a pretensão aqui de apresentar a teoria do discurso de Laclau ou mesmo realizar um resumo das principais noções e argumentações que cercam a teoria da hegemonia. Pretendo apenas situar, principalmente para os não iniciados em sua obra, os pontos que me parecem capazes de permitir entender a noção de antagonismo como constituinte anti-essencialista da objetividade do social, visando à compreensão dos vínculos entre hegemonia e desconstrução, na forma como argumento deste artigo.

A trajetória de Ernesto Laclau como militante do Partido Socialista Argentino levou-o a tomar o marxismo não como origem da política, mas como base contingente de sua interlocução com o ideário de esquerda. No prefácio à segunda edição de *Hegemonia e Estratégia Socialista*, publicado originalmente em 1985, Laclau e Mouffe afirmam seu vínculo com a tradição marxista, mas ao mesmo tempo salientam como o questionamento a outras formações discursivas poderia produzir conclusões políticas semelhantes às que eles produziram, voltadas para a construção de uma política democrática radical.

> Por esta mesma razão, porém, o marxismo é uma das tradições através das quais é possível formular esta nova concepção da política. Para nós, a validade deste ponto de partida se baseia simplesmente no fato de que ele constitui nosso próprio passado (Laclau e Mouffe, 2015a, p. 54).

Como discute Bennington com Derrida (1996, p. 23), "o algum lugar onde se começa sempre é sobredeterminado por estruturas históricas, políticas, filosóficas, fantasiosas, que não podemos por princípio jamais explicitar totalmente nem controlar". Nunca é possível racionalizar completamente as origens escolhidas[7] nem é suficiente nos referirmos às normas passadas das quais partimos. É sempre necessário o trabalho rigoroso de justificar o valor da opção feita e da leitura proposta, sem que nunca seja possível dizer que esta é a última leitura possível. A inexistência de uma origem absoluta não implica considerar que *tanto faz* o ponto de onde se parte, na medida em que a ideia de um *tanto faz* ou de um *qualquer origem resulta no mesmo* remeteria igualmente ao fundamento único da generalidade.

Parece-me importante considerar que a leitura que Laclau e Mouffe realizam do texto de Gramsci, ao mesmo tempo em que contribui para o questionamento do autor de *Cadernos do Cárcere*, também respondia a um conjunto de interpretações da esquerda europeia[8] nos anos 1980. De certa forma, Laclau e Mouffe apontaram neste momento que, após a desconstrução derridiana, o pós-marxismo e sua teoria do discurso eram uma forma, talvez uma das poucas naquele contexto europeu, de preservar o poder mobilizador das lutas de esquerda: construir comunidades políticas que lutassem coletivamente por um dado projeto em torno das bandeiras de justiça social e do combate à desigualdade econômica. Em outros termos, o marxismo teria que ser desconstruído para não ser abandonado.

Laclau e Mouffe (2015a, p. 71) argumentam em favor do avanço de Gramsci em relação aos autores da Segunda Internacional, em virtude da defesa de uma primazia da política na constituição do social, considerando também que a complexidade social é condição de luta política, que a prática política

---

7. Poderia ser discutido, por exemplo, o quanto a tradição de esquerda de Laclau é diferente da de Mouffe.

8. A despeito da experiência de Ernesto Laclau na Argentina e da vivência de Chantal Mouffe na Colômbia, eles não focalizam a América Latina neste primeiro livro.

democrática é compatível com a pluralidade de sujeitos históricos, e tal pluralidade acarreta um conjunto de lutas políticas não redutíveis ao pertencimento de classe. Ao mesmo tempo, Laclau e Mouffe (2015a) argumentam existir uma ambiguidade no pensamento gramsciano, na medida em que Gramsci afirma o caráter histórico e contingente da classe trabalhadora — ela precisa sair de si para transformar sua identidade pela articulação com as lutas e demandas democráticas de outros grupos sociais —, mas sua liderança no processo articulatório é garantida essencialmente por uma base econômica. Com isso, Laclau e Mouffe (2015a), ao mesmo tempo em que se inspiram no conceito de articulação de Gramsci para construir sua própria noção de articulação, o fazem pelo questionamento do determinismo econômico e do reducionismo de classe. A articulação de elementos diferenciais da luta política passa a ser concebida como contingente, sem determinação, seja econômica ou de qualquer outra ordem, e sem uma pré-definição de quais sujeitos lideram o processo articulatório.

Tal interpretação, no meu modo de ver, é possível a Laclau e Mouffe em *Hegemonia e Estratégia Socialista* por uma leitura desconstrutiva do social. É por meio do questionamento ao determinismo estrutural, possibilitado pela noção de indecidibilidade da estrutura, que eles argumentam em defesa das práticas articulatórias contingentes. A estrutura é indecidível não porque seja impossível decidir — a decisão é inevitável —, mas porque uma decisão só é concebida como tal se não é calculável nem pré-inscrita na estrutura. Derrida (1988) chama atenção para a incompletude da indecidibilidade, para como ela excede o cálculo e chama à responsabilidade ético-política. Qualquer decisão para ser assim chamada passa pela experiência da indecidibilidade. Não haveria articulação, nem mesmo política, se houvesse uma determinação estrutural que garantisse a forma como uma articulação deveria ser produzida, como a decisão deveria ser realizada.

Quanto ao primeiro aspecto, a já mencionada dimensão de indecidibilidade estrutural é a própria condição da hegemonia. Se a objetividade social, através de suas leis internas, determinasse quaisquer que fossem os arranjos estruturais (como numa concepção puramente sociologizante da sociedade), não haveria espaço para rearticulações hegemônicas — nem, na verdade, para a política como atividade autônoma. Para que haja hegemonia, o requisito é que os elementos, cuja própria natureza não os predetermina a fazerem parte de um arranjo ou de outro, não obstante convirjam, em decorrência de uma prática externa ou articuladora (Laclau e Mouffe, 2015a, p. 39, prefácio da segunda edição).

No decorrer de sua obra, Laclau aprofunda esse ponto, discutindo diretamente com os textos de Marx, principalmente a *Contribuição à Crítica da Economia Política*. Ao negar que as relações capitalistas de produção não são intrinsecamente antagônicas, pois a exploração do trabalhador, interpretado como vendedor de sua força de trabalho, não garante o antagonismo ao comprador dessa mesma força de trabalho, Laclau[9] (1990) desconstrói a noção de que o sujeito da luta política possa ter uma identidade estabilizada pela estrutura das relações de produção.

Quanto mais o racionalismo dogmático da primazia das forças produtivas é abandonado e mais as condutas e possibilidades dos agentes sociais dependem de circunstâncias concretas e contextos que eles não determinaram, mais acaba sendo inconsistente o esforço em determinar "interesses" racionais identificáveis fora dessas circunstâncias e contextos (Laclau, 1990, p. 15).

Nesta primeira obra em que dialogam com a desconstrução[10], Laclau e Mouffe (2015a) desenvolvem a noção anti-essencialista

---

9. Como abordo adiante, Laclau (1990) abandona a noção de posição de sujeito desenvolvida em *Hegemonia*, com base em Foucault.

10. Laclau publicou em 1977 um primeiro livro intitulado *Política e ideologia na teoria marxista*, baseado nas teorias de Althusser e ainda sem diálogo com Derrida. Este livro,

de antagonismo. Como argumentam, não há uma positividade comum capaz de cimentar as articulações, garantindo-lhes uma unidade de projeto ou de forma de luta política. O antagonismo não é decorrente de identidades essenciais existentes previamente ao jogo político. As identidades em uma relação antagônica são interdependentes e estabelecidas em decorrência da contraposição mútua e constitutiva. Por sua vez, é por meio do antagonismo que se organizam as relações de equivalência em um contexto no qual só há particularidades diferenciais.

> Os atores sociais ocupam posições diferenciais nos discursos que constituem o tecido social. Neste sentido, eles são todos, estritamente falando, particularidades. Por outro lado, há antagonismos sociais criando fronteiras internas na sociedade. Frente a forças opressoras, por exemplo, um conjunto de particularidades estabelece relações de equivalência entre si. Torna-se necessário, porém, representar a totalidade da cadeia, para além dos meros particularismos diferenciais ligados por laços de equivalência. O que pode representar esta totalidade? Como argumentamos, somente uma particularidade cujo corpo esteja dividido, pois sem deixar de ser sua própria particularidade, ela transforma seu corpo na representação de uma universalidade que a transcende (a universalidade da cadeia de equivalências). Esta relação, por meio da qual uma particularidade assume a representação de uma universalidade que lhe é inteiramente incomensurável, é o que chamamos de uma relação hegemônica (Laclau e Mouffe, 2015a, p. 40-41, prefácio da segunda edição).

Esta mesma particularidade, alçada a representar o universal, é uma diferença expulsa da cadeia articulatória, contra a qual todas as outras diferenças se antagonizam de forma equivalente. O antagonismo a esta diferença é o que permite o fechamento

---

ao contrário dos demais livros dele que só foram publicados no Brasil nos anos 2000, teve edição em português pela Paz e Terra, em 1978.

desta mesma cadeia, sendo constituídos dois espaços de representação: o espaço das diferenças tornadas equivalentes, por se antagonizarem com o que não se encontra articulado, e o espaço da diferença contra a qual essa cadeia de equivalências se antagoniza (Laclau, 2011). Desse modo, o antagonismo detém o fluxo das diferenças: é capaz de subverter a significação, tornando-a impossível, ao mesmo tempo em que cria as condições de possibilidade da cadeia articulatória que produz um dado discurso.

Em *Hegemonia*, Laclau e Mouffe (2015a) já apresentam sua teoria como uma teoria do discurso, defendendo o sentido de discurso como a totalidade estruturada resultante de uma prática articulatória, de forma associada à noção de jogos de linguagem de Wittgenstein. Nessa perspectiva, todo objeto é constituído como objeto de discurso. Para argumentar nessa direção, recorrem à noção de discurso de Derrida, apresentada em *Escritura e Diferença*:

> Tornou-se necessário pensar tanto a lei que de algum modo comandava o desejo do centro na constituição da estrutura, quanto o processo de significação que ordenava os seus deslocamentos e substituições por meio desta lei da presença central — mas como uma presença central que nunca foi ela própria, que sempre já foi deportada para fora de si no seu próprio substituto. O substituto não se substitui a nada que lhe tenha de certo modo preexistido; desde então, foi necessário começar a pensar que não existia centro, que o centro não podia ser pensado sob a forma de um ser-presente, que o centro não tinha um lugar natural, que não era um lugar fixo, mas uma função, uma espécie de não-lugar onde se fazia um número infinito de substituições de signos. Foi neste momento que a linguagem invadiu a problemática universal; o momento em que, na ausência de um centro ou origem, tudo se torna discurso — com a condição de estarmos de acordo sobre esta palavra —, isto é, um sistema no qual o significado central, originário ou transcendental nunca está absolutamente presente fora de um sistema de diferenças. A ausência do significado transcendental amplia indefinidamente o campo e o jogo da significação (Derrida *apud* Laclau e Mouffe, 2015a, p. 186).

De forma associada à noção de discurso, Laclau e Mouffe (2015a) afirmam existir um campo da discursividade como um *surplus* de sentido sempre pronto a subverter a significação, marcando a impossibilidade da sutura final de qualquer discurso. Para eles, a impossibilidade de fechamento é expressa pela noção de significantes vazios. Tais significantes evidenciam a necessidade de nomear um objeto ou fenômeno ao mesmo tempo necessário à luta política e impossível de ser constituído plenamente. Esse ato de nomear limita a lógica da diferença e produz a ilusão de que uma totalidade foi alcançada por meio de fixações parciais e precárias.

Os significantes vazios são importantes na política, porque se opera com essas ilusões no jogo político *como se* fossem totalidades fechadas. Há uma tendência a agir por meio da constituição de comunidades políticas em nome dessas fronteiras antagônicas representadas pelos significantes vazios. Tais comunidades não são formadas por sujeitos unificados, mas por posições de sujeito discursivamente produzidas na luta política. São comunidades que se alimentam da eminência de uma possível disrupção, do medo da vulnerabilidade frente a essa disrupção (Derrida, 1995).

A prática política constitui os interesses da comunidade que está sendo representada. Nesse sentido, como discutem Laclau e Mouffe, descrevemos os antagonismos *como se* fossem positividades, mas o antagonismo enquanto tal não se reduz a essas positividades, não é inteiramente transparente e só se expressa pela sua ausência, sendo eminentemente anti-essencialista (Torfing, 1999).

Outro modo de entender a relação hegemônica é como um processo tropológico. Os fechamentos das cadeias articulatórias são sempre processos metafóricos: condensar muitos sentidos (elementos) em um único significante. Os processos hegemônicos, por sua vez, são sempre metonímicos: designar um objeto geral por deslocar uma característica particular para um plano geral (tomar o todo pela parte). Laclau (2014a), em trabalho publicado primeiramente em 2001, discute como os elementos de uma relação hegemônica estão articulados por vínculos contingentes, mas igualmente demonstra, com base em De Man, como toda totalização metafórica se baseia em uma infraestrutura metonímica. Como toda substituição envolve condensação de sentidos e toda combinação envolve deslocamento de sentidos, não há metáfora sem metonímia. A metáfora pressupõe a metonímia, tal como a articulação discursiva de várias diferenças, tornando-as equivalentes (metaforicamente), requer que as diferenças estejam em uma relação hegemônica (metonímica). Entender os sentidos que vão sendo hegemonizados na política implica entender as metáforas que condensam sentidos em um único significante e permitem que um particular seja metonimicamente alçado à categoria de universal (Laclau, 2014a). Essa também é uma forma de pensar a desconstrução. Todo texto, dentre eles o texto social, se utiliza de uma retoricidade que é negada. Mas sem tal retoricidade, a argumentação — suposta como baseada apenas em conceitos, em uma dada cientificidade ou em dada lógica — não funciona.

Mas se em *Hegemonia e Estratégia Socialista* o antagonismo é central na constituição do social, em *New Reflections on the Revolution of our Time*, Laclau (1990) salienta o quanto os termos de uma relação antagônica só podem ser pensados como partes integrantes de uma mesma formação discursiva. Com isso, ele argumenta que o antagonismo se torna uma simplificação do social. Trata-se de uma sedimentação ideológica, momento em que um conteúdo particular é apresentado como se fosse mais do que um particular que se universaliza. Nessa perspectiva, a ideologia é produzida pela lógica equivalencial e pelo apagamento da lógica da diferença com a qual a equivalência está imbricada.

É possível então dizer que quanto mais sedimentado e cristalizado se torna o processo tropológico envolvido na articulação hegemônica, mais ele assume o registro de uma catacrese. A catacrese torna-se uma metáfora morta, no dizer de Szkudlarek (2017), uma metáfora cristalizada em um quase-conceito, com sua metaforicidade borrada e esquecida, porque associada de forma obrigatória a um determinado referente. A estabilidade da significação política do social pelo antagonismo de uma luta "nós" contra "eles" pode vir a assumir tal formação catacrética e bloquear a visibilidade de múltiplos outros processos diferenciais metafóricos e metonímicos que produzem o social. "Nós" e "eles" passam a ser concebidos *como se* fossem comunidades estáveis, facilmente reconhecidas, por referência a pessoas e instituições que identificamos no contexto social. Deixam de ser concebidas como representações precárias de projetos em disputa, como a presença do outro que impede uma identidade/subjetividade de ser e simultaneamente a possibilita ser, constituindo uma dada posição de sujeito. Este movimento catacrético contribui também para borrar a pluralidade dos antagonismos sociais, na medida em que:

> (...) o antagonismo não necessariamente emerge em um único ponto: qualquer posição num sistema de diferenças, na medida em que é negada, pode tornar-se o *locus* de um antagonismo. Desta forma, há uma variedade de antagonismos possíveis no social, muitos deles em oposição uns aos outros (Laclau e Mouffe, 2015a, p. 209).

O antagonismo tem uma função reveladora: por um lado, é um momento de instituição identitária — eu sou, nós somos, ele é, eles são — que transforma um objeto em símbolo de uma possibilidade de ser. Por outro lado, a presença de uma força antagônica mostra o caráter contingente do investimento identitário — onde não sou, onde não somos (Laclau, 2014b[11]). Dicotomizar o social, e assim conceber sua significação, por meio da identificação de cadeias equivalentes antagônicas, é uma das formas de a política operar. É possível, como faz Derrida (2003) com a distinção entre o constatativo e o performativo, operar com dada dicotomização do social para interpretar o que ela engendra e

---

11. Publicado primeiramente em 2012.

assim desconstruí-la. Agir como quem acredita em tal distinção antagônica, para saber como ela opera, que subjetivações produz e ir além e aquém dessa distinção, pela desconstrução da suposta estabilidade de tais subjetivações.

Isso pode ser feito sem privilegiar a liderança de determinadas posições de sujeito nas lutas políticas, sem estabelecer uma direção necessária para as mudanças sociais, bem como sendo capaz de incluir demandas sociais as mais heterogêneas nas cadeias equivalenciais. Esta ordem imaginária permite uma significação — uma sistematicidade — para a sociedade, ainda que esta mesma sociedade seja, como qualquer objeto, impossível de ser constituída plenamente e permaneça sendo confrontada pelo diferir do campo da discursividade. Essa também pode ser uma forma de pensar com Derrida (1995) que, diante de aporias que nos atam, ainda podemos falar e dar respostas.

Deslocamento ou como a indecidibilidade segue habitando a decisão

Laclau e Mouffe, posteriormente à publicação de *Hegemonia*, aceitam a crítica de Zizek em relação ao antagonismo. Zizek (*apud* Torfing, 1999) argumenta que o antagonismo nega a falha constitutiva do sujeito e o entendimento de que os múltiplos processos de identificação seriam apenas tentativas, nunca completas, de tentar suprir essa falta. A ilusão das lutas emancipatórias antagônicas, continua Zizek, é de que, após a aniquilação do exterior com o qual se antagoniza, o sujeito alcançará uma identidade plena. Nesse sentido, continua Zizek, o que efetivamente está sendo externalizado e constitui a falta do sujeito — aquilo que nunca tivemos, mas que supomos ter perdido — é a disrupção da ordem simbólica por eventos que não podem ser representados.

Laclau (1990) denomina essa disrupção de deslocamento e passa a considerar só ser possível operar em direção a novas hegemonias desconstruindo discursos hegemônicos. Nessa desconstrução, não basta evidenciar como tais discursos são construídos, como hegemonias são instituídas, mas também como são constantemente deslocados. Laclau (2011), em uma longa discussão sobre a indecidibilidade, usa a expressão hamletiana "o tempo está deslocado[12]" para destacar que não há um começo ou fim do tempo.

O exterior constitutivo mais especificamente passa a ser interpretado como formado pelo deslocamento: efeitos deslocatórios constantes operam recomposições e rearticulações e quanto mais deslocada a estrutura, mais se expandem as decisões não determinadas por essa mesma estrutura (Laclau, 1990). A teoria da hegemonia é então mais amplamente desenvolvida por Laclau. Ele busca uma explicação relacional das formas sociais e políticas, bem como questiona o essencialismo das identidades políticas, por meio da defesa de processos incompletos de identificação. Tais processos permanecem sendo compreendidos como marcados pela negatividade que expressa o caráter contingente de toda objetividade, aí se incluindo instituições e processos econômicos.

> Mas se a negatividade da qual falamos revela o caráter contingente de toda objetividade, se é realmente constitutiva, então ela não pode ser recuperada por meio de nenhuma *Aufhebung*[13]. Ela é algo que expressa, simplesmente, os limites da constituição da objetividade e não pode ser dialetizável (Laclau, 1990, p. 26).

---

12. No original, "The time is out of joint", Hamlet, ato 1, cena 5. Em outras traduções possíveis e utilizadas na literatura, poderia ser dito que o tempo está fora da articulação ou o tempo está fora dos eixos. O que pode ser relacionado à ideia laclauniana de que, com o tempo, toda hegemonia fracassa.

13. Suprassunção em Hegel, significando simultaneamente preservar, conservar, deixar de ser ou negar e colocar um fim em algo, levando a um nível superior, termos da dialética hegeliana.

Para desenvolver tal argumento, Laclau (1990) afirma que não se trata de uma defesa da contingência por negação frontal da lógica necessidade que opera na metafísica ocidental, como demonstrado por Derrida. Para Laclau, o puro e simples abandono da lógica da necessidade — ou da metafísica — não é apenas impossível, como nos colocaria em confronto com uma totalidade vazia. Estaríamos diante da pura indeterminação e da impossibilidade do discurso e, portanto, da hegemonia.

A partir daí Laclau conecta mais detalhadamente sua tese sobre o antagonismo — o limite de constituição de toda objetividade/identidade — com a questão da contingência. Como não é possível ameaçar a existência de algo sem ao mesmo tempo afirmar sua existência, diz Laclau (1990), a contingência não é o reverso da necessidade, mas o elemento de impureza que impede a constituição plena (necessária) da objetividade/identidade, não havendo uma objetividade pura ou uma contingência total.

> (...) o que nós sempre encontramos é uma situação limitada e determinada na qual a objetividade é *parcialmente* constituída e também *parcialmente* ameaçada, na qual as fronteiras entre o contingente e o necessário são constantemente deslocadas. (...) o momento da indecidibilidade entre o contingente e o necessário é constitutivo e o antagonismo, portanto, também o é (Laclau, 1990, p. 27).

Laclau (1990) mais adiante salienta que uma das radicalizações da contingência em uma articulação hegemônica é a compreensão de que a decisão tomada no interior de uma estrutura — concebida como uma decisão resultante dessa mesma estrutura — não é determinada por tal estrutura e simultaneamente a subverte. Tal conclusão está associada ao caráter indecidível da estrutura: as decisões tomadas sempre transformam a estrutura, fazendo com que o ato hegemônico não seja a realização de uma obrigatoriedade estrutural, mas um ato de construção radical, porque sem objetividade ou garantia, um ato de poder. Sem a existência de fundamentos racionais últimos para definir uma decisão, toda objetividade pressupõe a exclusão de possibilidades imprevistas. Nesse sentido, o poder é produtivo: sem poder não haveria objetividade ou identidade.

É com essa interpretação que se desenvolve outra concepção de política. Política se torna o conjunto das decisões tomadas em terreno indecidível (Laclau, 2011). Não há uma razão que defina de uma vez por todas como decidir diante de um dado contexto, não há uma condição que seja capaz de definir necessariamente uma determinada forma de agir como melhor, verdadeira ou correta. Sem o amparo da lei e da regra, a decisão em terreno indecidível se conecta, e com isso nos conecta, inarredavelmente, às questões de justiça e responsabilidade (Derrida, 1993, 1995).

> A decisão baseada em uma estrutura indecidível não é, portanto, oposta à razão, mas é algo que tenta suplementar as falhas da razão (Laclau, 1990, p. 31).

Para sustentar tal argumentação, a noção de posições de sujeito é abandonada e Laclau (1990) passa a operar apenas com processos de subjetivação. Os atos de identificação/subjetivação são conectados à decisão contingente. É pela decisão por um ato de poder em estruturas indecidíveis que a identificação/subjetivação se processa e uma identidade se forma. Nesse sentido, toda identidade é deslocada, passando o deslocamento ser a condição de possibilidade e de impossibilidade de toda identidade.

A estrutura é deslocada e, portanto, incompleta, sendo necessária uma sutura produzida pela intervenção de um sujeito (Norval, 2004)Nesse sentido, a tentativa de construção de centros de poder em meio ao deslocamento pode ser feita por antagonismos, mas não é feita exclusivamente por meio deles.

Em *Hegemonia e Estratégia Socialista*, a noção de limite é mais ou menos sinônimo de fronteira antagônica. A objetividade é constituída apenas por uma exclusão radical. Mais tarde, percebi que essa assimilação apresentava duas falhas. Primeiramente, esse antagonismo já é uma forma de inscrição discursiva — ou seja, de domínio — de algo mais primário que, a partir de *Novas reflexões sobre a revolução de nosso tempo* em diante, comecei a chamar de "deslocamento". Nem todo deslocamento precisa ser construído de maneira antagônica. A segunda falha é que o antagonismo não é equivalente à exclusão radical. O que ele faz é dicotomizar o espaço social, mas *ambos* os lados da relação antagônica são necessários para criar um espaço único de representação. É por isso que as contradições dialéticas dificilmente podem ser vistas como reveladoras dos limites da objetividade. Este novo passo, no entanto, não é o final. Pois, embora com deslocamento, partimos da representação total inerente à relação antagônica a uma crise geral do espaço de representação, existem outros tipos de exclusão que não envolvem tal crise e que, no entanto, não podem ser assimilados à exclusão inclusiva de todo antagonismo (Laclau, 2004a, p. 318-19).

Biglieri e Perelló (2011), amparadas em Lacan, autor com quem Laclau também dialoga[14], se referem ao antagonismo como representando uma ordem imaginária do Real que impede e ao mesmo tempo viabiliza a sistematicidade da sociedade impossível. O deslocamento, por sua vez, expressa uma disjunção entre o simbólico e o Real, ou a impossibilidade constitutiva de o simbólico significar o Real.

Vivenciar o deslocamento como um antagonismo é uma possibilidade de dar ordem ao caos, de significar como sistema

---

14. Laclau (comunicação pessoal) afirmava que suas principais influências, para além de Gramsci, foram Heidegger, Lacan e Derrida, mas que, se fosse obrigado a escolher um dos autores, escolheria Derrida. Imagino que para essa afirmação também tenham contado as relações de amizade que os dois tinham.

um contexto marcado pela indecidibilidade. O importante é considerar que não há nenhum fundamento para a passagem de uma estrutura deslocada para um momento de decisão e identificação/objetivação/subjetivação. Nada há de natural, determinado, obrigatório ou necessário na estabilização construída por uma decisão política. Nesse caso, não existem identidades, objetos ou sujeitos antes das decisões políticas: tais decisões é que constituem a significação, contingente, precária e provisória, da identidade de sujeitos e objetos.

Nas palavras de Derrida (1996):

> Em outras palavras, a decisão, se é que existe tal coisa, deve neutralizar, se não tornar impossível, antecipadamente, o quem e o quê. Se alguém sabe, e se é um sujeito quem sabe quem e o quê, então a decisão é simplesmente a aplicação de uma lei. Em outras palavras, se houver uma decisão, ela pressupõe que o sujeito da decisão ainda não existe e nem o objeto. Em outras palavras, se existe uma decisão, isso pressupõe que sujeito da decisão não existe ainda e tampouco existe o objeto. Assim, no que diz respeito ao sujeito e ao objeto, nunca haverá uma decisão. Acho que isso resume um pouco o que Ernesto Laclau [1996] propôs quando disse que a decisão pressupõe a identificação, isto é, que o sujeito não existe antes da decisão, mas quando eu decido que invento o sujeito. Toda vez que eu decido, se uma decisão é possível, eu invento o quem e decido quem decide o quê. Neste momento, a questão não é quem ou o quê, mas sim a decisão, se é que existe tal coisa. Assim, concordo que a identificação é indispensável, mas isso também é um processo de desidentificação, porque se a decisão é identificação, a decisão destrói a si mesma.

Com a ênfase na desidentificação, Derrida busca afastar a decisão política de qualquer noção de sujeito, fortalecendo seu vínculo com o evento. Laclau (1990), por sua vez, faz do sujeito um sujeito mítico, metafórico, o lugar do deslocamento. O sujeito e o deslocamento são irrepresentáveis. São o imprevisto na estrutura, estão fora da formação discursiva na qual o antagonismo se inscreve. São uma forma de liberdade pela ausência de determinação, um evento. Aproximo tal leitura da noção de acontecimento em Derrida.

> Um acontecimento não mereceria seu nome, não faria nada acontecer se outra coisa não fizesse senão desenvolver, explicitar, atualizar o que já era possível, ou seja, em suma, se se resumisse a desenvolver um programa ou a aplicar uma regra geral a um caso. Para que haja acontecimento, certamente, é preciso que ele seja possível, mas também que haja uma interrupção excepcional, absolutamente singular, no regime de possibilidade; (...) *É preciso*, portanto, que o acontecimento se anuncie também como impossível ou que sua possibilidade seja ameaçada (Derrida, 2004, p. 281).

O acontecimento/evento busca expressar a experiência do deslocamento, da interrupção do possível. São a invenção do impossível, do que não está previamente inscrito ou programado, pré-calculado. Se pudéssemos reconhecê-lo e identificá-lo — isto é um evento, veja o que acontece —, se pudéssemos conceber estratégias para produzi-los — assim se faz um acontecimento —, se pudéssemos cristalizar o sujeito que decide, não haveria invenção, apenas a mera aplicação de uma regra.

A decisão em terreno indecidível é o que interrompe a regra, o possível, e sempre é a decisão em vista do outro em mim (Derrida, 2004). A decisão é relacional, depende de múltiplas práticas de identificação em contextos singulares, dos muitos outros com as quais tais práticas se constituem, da tradução em jogo nessas relações. Não há uma subjetividade, uma história do sujeito ou uma trajetória institucional da qual a decisão se origine, nem é um ato de consciência do sujeito que se apresenta como tal e, com base em um conhecimento, organiza o sistema. Onde se diz "eu decido" não se faz uma decisão digna desse nome

(Derrida, 2012). A decisão não é baseada em um fundamento, ela se auto-fundamenta (Laclau, 2011). É uma ilusão, contudo, supor que tal fundamento possa ser estabilizado, fazendo com que os deslocamentos cessem.

É porque a estrutura está sempre deslocada que eventos acontecem e decisões são tomadas. Sem garantias e sem a certeza de um futuro programado, só podemos deixar o porvir ao por vir. Negociamos todo tempo as decisões a serem tomadas, sempre teremos que nos responsabilizar por elas, inscrevendo-as *a posteriori* em uma razoabilidade (Laclau, 1990). A responsabilidade permanece em pauta, porque a ausência de garantias não só não impede a decisão — de falar, de escrever, de educar, de fazer política, qualquer decisão política —, como não é espaço para inconsequência ou imobilismo. Caputo (2018) fala de uma constante negociação entre o calculável e o incalculável, na constante interpretação que chama para a ação. Uma decisão exige múltiplas leituras e interpretações em disputa.

Nesse sentido, nem Derrida nem Laclau são anticálculo, anti-razão, nem mesmo anti-conhecimento ou anticiência. O cálculo, a razão, o conhecimento e a ciência também são discursos situados em dadas relações de poder. Se não são programas para serem incorporados à política como definidores das ações e decisões, não devem ser desprezados nas múltiplas leituras que se faz do social. São discursos que nos permitem entender possibilidades de decisão, nos possibilitam saber o máximo possível para orientar — nunca programar — uma decisão, ainda que não seja possível saber *tudo*. Esta impossibilidade de saber tudo não é devida a uma incapacidade das formas de conhecer, limites cognitivos de quem conhece ou ainda uma excessiva pluralidade ôntica. Esta impossibilidade é uma estrutura inerradicável de qualquer decisão.

Gosto de falar, como já fiz em outros momentos (Lopes, 2015a), inspirada por Laclau, em um investimento radical, simultaneamente teórico e político. A indecidibilidade não nos impede de julgar ou projetar, nem mesmo de definir normas. O que está sendo proposto é compreender que julgamentos, projetos, normas e regras são instituídas sem que existam parâmetros epistemológicos fixos, princípios categóricos gerais, referentes externos ou estruturas garantidoras dessas instituições. Estamos fadados a fazer julgamentos, projetos, propostas, a produzir textos, a conhecer e a justificar o caráter razoável de tudo que realizamos. Todo tempo são realizadas negociações em torno das significações que se pretende estabilizar, são produzidas articulações entre demandas diferenciais que provisoriamente se tornam equivalentes frente ao exterior que se supõe ameaçar o atendimento dessas demandas. Todo tempo tais significações, fixações, estabilizações, discursos são deslocados.

O fato de, na política, muitas vezes lidarmos com antagonismos como se fossem identidades sólidas e representáveis, ou investigarmos processos políticos nos quais se opera com os antagonismos *como se* eles constituíssem o social[15], não é um álibi para desconsiderarmos as dinâmicas discursivas que deslocam a todo tempo tais identidades.

Laclau (1996) afirma que tomar uma decisão é como personificar Deus: não podemos ser deuses, mas agimos *como se* fôssemos, supondo instituir uma possibilidade de fundamento e construir um futuro. A meu ver, tal afirmação não deve ser lida de forma a apagar o caráter condicional do *como se* ao qual estamos submetidos, tentando tornar cada um de nós — no lugar de Deus — o sujeito capaz de neutralizar a disrupção dos

---

15. Penso aqui em movimentos como *Fora Collor, Diretas Já, Fora Dilma, Movimento Brasil Livre, Fora Temer, Lula Livre*, mas também no *Ocupa Escolas* ou no *Escola sem Partido*. Todos se tornam metáforas que criam a ilusão de comunidades políticas coesas lutando por determinados propósitos. Ao investigarmos as políticas em torno desses movimentos, não podemos desconsiderar as identificações que eles produzem por meio da negativação de algo e as comunidades construídas em torno deles. Mas, por sua vez, minimizamos o jogo político, e a própria possibilidade de constituição de outros arranjos sociais, se os antagonismos que constituem tais identidades são cristalizados como a única expressão de toda luta política.

PENSANDO A POLÍTICA COM DERRIDA

acontecimentos; não é um *como se* para ser lido como decifrável e programável, como o que permite domesticar os acontecimentos (Derrida, 2003).

O *talvez* ou uma forma de não concluir

Como procurei argumentar até aqui, o antagonismo na teoria da hegemonia é uma forma de explicar a formação de comunidades políticas nas quais nada há de comum além da negatividade, o confronto frente a um exterior que ao mesmo tempo limita a identidade da comunidade e possibilita que seja produzida na articulação de demandas. Trata-se de uma simplificação das lutas políticas e nos permite entender como o social opera, mas não deve ser concebido como metáfora morta, catacrética, que sedimenta de uma vez por todas as subjetivações nas lutas políticas. Se assim interpretamos, desconsideramos a discussão de Laclau sobre o deslocamento e sobre como toda hegemonia sempre fracassa com o tempo. Desconsideramos também, como destaquei de início, o quanto a teoria da hegemonia está conectada à desconstrução derridiana, o quanto a indecidibilidade permanece habitando a decisão.

Laclau, em sua prática política[16], não deixava de sonhar, como muitos de nós sonhamos, com um horizonte universal para a esquerda — um nome sedimentando tradições sempre suplementadas — capaz de se antagonizar com o horizonte discursivo neoliberal, articulando demandas particulares diferenciais. Não supunha tal processo como uma luta revolucionária emancipatória e tampouco acreditava em atos instituintes de mudança. Defendia a ideia de uma democracia por vir nunca alcançada, à

---

16. Ver por exemplo Laclau (2004c, p. 306).

maneira derridiana, e questionava o messianismo da esquerda, mas investia na possibilidade de ampliação dos centros de poder, visando esse projeto, nunca plenamente realizado, de uma comunidade de esquerda sem comunhão.

Tal sonho permanece se mostrando mobilizador, vários são os exemplos que sustentam a importância do investimento em tais lutas. Mas igualmente tal sonho pode ativar processos que operam com as fixações e sedimentos como se fossem estáveis, em nome de uma dada estratégia, ao menos enquanto durar a vida dos que lutam. Derrida, por sua vez, evitava a todo tempo considerar que a decisão seria capaz, em algum momento, de constituir um sujeito, uma identificação que pudesse perdurar. Daí sua preocupação em concordar com Laclau em relação à necessidade de identificação, desde que ressaltada sua associação com a desidentificação; desde que ressaltado como tal identificação só seria capaz de conceber uma comunidade em processo de vir a ser. Esse ponto, Laclau traduzia como uma comunidade apenas universalizada precariamente pelo antagonismo, sem uma propriedade ou representação objetiva.

Nesse debate me parece promissor inserir as referências que Derrida faz ao *talvez*. Não o *talvez* que remete à hesitação, à dúvida que nunca se resolve ou que gera confusão e imprecisão, que nos impõe um *ou isto ou aquilo* interminável e nos imobiliza. Derrida aborda o *talvez* como sendo o que nos priva de toda segurança, deixando o porvir ao por vir (Derrida, 2004), sem cálculo e estratégias para definir este por vir como um futuro pré-programado. Não há porvir nem a experiência do acontecimento sem a experiência do talvez, de um pode ser (Derrida, 2003). O *talvez* interrompe a determinação e também interrompe a própria decisão, impedindo que ela estabilize um sujeito da decisão. Mas ao mesmo tempo, o *talvez* é a condição de possibilidade da decisão, a decisão interrompe o *talvez*. O *talvez* não apenas vem antes de um conhecimento ou uma investigação, como os possibilita, pois é o *talvez* do que permanece a ser pensado, feito, vivido, a ser inventado (Derrida, 2005). Desse modo, o *talvez* é uma referência à abertura ao outro, à obrigatória relação com o outro, pois toda decisão é uma decisão diante do outro e (me) acontece (Derrida, 2003).

O *talvez* é também uma forma de conectar o acontecimento simultaneamente à experiência do possível e do impossível. Se o acontecimento é o inantecipável (Derrida, 2012), é um possível não programado de antemão, o *talvez* está conectado à aceitação do acontecimento como invenção do impossível. O *talvez* diz *sim* ao acontecimento, à possibilidade de disrupção, ao deslocamento.

Volto então às construções imaginárias com as quais compreendemos a política. Podemos operar como se todas essas construções fossem um terreno sedimentado que nos faz optar em qual lado investimos, qual posição tomamos, o que imaginamos como futuro. Mas vale manter o *talvez* operando nessas interpretações, se queremos estar abertos às possibilidades impossíveis do acontecimento, ao por vir. É *como se* o mundo da política fosse de um jeito, mas pudéssemos manter a ideia de que talvez assim possa não ser. Talvez seja possível ser de outro modo, porque nenhuma resposta elaborada para a política é capaz de abolir o *talvez* (Derrida *apud* Bennington, 2000).

É possível também dizer que *talvez* e *como se*[17] são operadores que nos permitem manter a indecidibilidade na decisão, nos afastando da crença em uma interpretação sem falta, em uma compreensão que não suponha a vinda do outro, ou que tencione deixar de lado as impurezas da retoricidade e das particularidades e com isso bloqueie a possibilidade do acontecimento.

Talvez as palavras de Derrida, escritas para discutir outros temas, como a responsabilidade, a ética e a moral, certa

---

17. Derrida (2004) conecta-os ao *quase* e à *espectralidade* do phantasma como componentes de um outro pensamento do virtual.

normatividade, possam servir para fechar este texto, sem fechar as questões aqui apresentadas.

> Portanto, tudo ainda continua aberto, suspenso, indeciso, questionável até mesmo para além da questão, e na verdade, para usar outra figura, absolutamente aporético. (...) O que é o "o que é"? Neste caso? Etc. Essas questões são sempre urgentes. De certa maneira, devem continuar urgentes e sem resposta, em todo caso sem resposta geral e regulamentada, sem resposta, a não ser aquela que se liga singularmente, a cada vez, ao evento de uma decisão sem regra e sem vontade, no curso de uma nova prova indecidível (Derrida, 1995, p. 28).

Talvez possamos assim não tentar ajudar a mosca a sair da garrafa[18], mas deslocar a mosca da suposição de que existam identidades plenas, seja a dela ou a da garrafa, quem sabe possibilitando voos mais livres.

Referências

BENNINGTON, Geoffrey. *Interrupting Derrida*. New York: Routledge, 2000.

_____. Entrevista com Geoffrey Bennington. In: DUQUE-ESTRADA, Paulo (Org.). *Desconstrução e ética*: ecos de Derrida. Rio de Janeiro: Loyola/PUC-Rio, 2004, p. 193-233.

BENNINGTON, Geoffrey; DERRIDA, Jacques. *Jacques Derrida*. Rio de Janeiro: Jorge Zahar, 1996.

---

18. Referência a uma famosa frase de Wittgenstein que Laclau (2004b, p. 241) cita. Em Wittgenstein, a expressão em inglês é "To show the fly the way out of the fly-bottle", em resposta à pergunta sobre qual era o objetivo dele na Filosofia.

BENNINGTON, Geoffrey; DERRIDA, Jacques. Política e amizade: uma discussão com Jacques Derrida. In: DUQUE-ESTRADA, Paulo (Org.). *Desconstrução e ética*: ecos de Derrida. Rio de Janeiro: Loyola/PUC-Rio, 2004, p. 235-247.

BIGLIERI, Paula; PERELLÓ, Glória. The names of the real in Laclau's theory: antagonism, dislocation, and heterogeneity. *Filozofski vestnik*. v. 32, n. 2, 2011, p. 47-64.

CAPUTO, John D. *Hermeneutics* — facts and interpretation in the age of information. London/New York: Pelican, 2018.

CLARKE, Matthew. The sublime objects of education policy: quality, equity and ideology. *Discourse: Studies in the Cultural Politics of Education*, 35:4, 584-598, 2014. DOI: 10.1080/01596306.2013.871230

COSTA, Hugo Heleno Camilo; LOPES, Alice Casimiro. School subject community in times of death of the subject. *Policy futures in Education*. v. 0, n. 0, p. 1-17, 2018. Ahead print. DOI: 10.1177/1478210318766955.

DERRIDA, Jacques. Afterword: toward an ethic of discussion. In: *Limited Inc*. Evanston: Northwestern, 1988, p. 111-160.

_____. Politics of friendship. *American Imago*, 50: 3, 1993, p. 353-391.

_____. *Espectros de Marx*. Rio de Janeiro: Relume-Dumará, 1994.

_____. *Paixões*. Campinas: Papirus, 1995.

DERRIDA, Jacques. Remarks on deconstruction and pragmatism. In: MOUFFE, Chantal. *Deconstruction and pragmatism*. London/New York: Routledge, 1996, p. 79-90.

_____. *Posições*. Belo Horizonte: Autêntica, 2001a.

_____. "A certain 'madness' must watch over thinking" — Jacques Derrida's interview with François Ewald. In: BIESTA, Gert; EGÉA-KUEHNE, Denise (Eds.). *Derrida and education*. New York: Routledge, 2001b, p. 55-76.

_____. *A universidade sem condição*. São Paulo: Liberdade, 2003.

_____. Como se fosse possível, *"within such limits"*. In: DERRIDA, Jacques. *Papel-Máquina*. São Paulo: Estação Liberdade, 2004, p. 257-290.

_____. Loving in friendship: Perhaps — the noun and the adverb. In: DERRIDA, Jacques. *The politics of friendship*. London: Verso, 2005, p. 26-48.

DERRIDA, Jacques. Uma certa possibilidade impossível de dizer o acontecimento. *Cerrados*, v. 21, n. 33, 2012, p. 229-251. Disponível em: http// www. periodicos.unb.br/index.php/cerrados/article/download/8242/6240. Acesso em: 20 jul. 2018.

LACLAU, Ernesto. *New reflections on the revolution of our time*. London: Verso, 1990.

_____. Deconstruction, Hegemony and Pragmatism. In: MOUFE, Chantal. *Deconstruction and pragmatism*. London/New York: Routledge, 1996, p. 79-90.

_____. Glimpsing the future. In: CRITCHTLEY, Simon; MARCHART, Oliver. *Laclau* — a critical reader. New York: Routledge, 2004a.

_____. Estructura, historia y lo político. In: BUTLER, Judith; LACLAU, Ernesto; ZIZEK, Slavoj. *Contingencia, hegemonía, universalidad* — diálogos contemporáneos en la izquierda. Buenos Aires: Fondo de Cultura Económica, 2004b, p. 185-214.

_____. Construyendo la universalidad. In: BUTLER, Judith; LACLAU, Ernesto; ZIZEK, Slavoj. *Contingencia, hegemonía, universalidad* — diálogos contemporáneos en la izquierda. Buenos Aires: Fondo de Cultura Económica, 2004c, p. 281-306.

_____. The politics of rhetoric. In: *The rhetorical foundations of society*. London: Verso, 2014a, p. 79-99.

_____. Antagonism, subjectivity and politics. In: *The rhetorical foundations of society*. London: Verso, 2014b, p. 101-125.

_____. *Emancipação e diferença*. Rio de Janeiro: EdUERJ, 2011. (Introdução e revisão técnica por Alice Casimiro Lopes e Elizabeth Macedo)

LACLAU, Ernesto; MOUFFE, Chantal. *Hegemonia e estratégia socialista* — por uma política democrática radical. São Paulo: Intermeios, 2015a.

LOPES, Alice Casimiro. Democracia nas políticas de currículo. *Cadernos de Pesquisa* (Fundação Carlos Chagas), v. 42, n. 147, p. 700-715, 2012. Disponível em: http://www.scielo.br/pdf/cp/v42n147/03.pdf. Acesso em: 20 jul. 2018.

_____. No habrá paz en la política. *Debates y Combates*, v. 4, p. 1-25, 2014.

_____. Normatividade e intervenção política: em defesa de um investimento radical. In: LOPES, Alice Casimiro; MENDONÇA, Daniel (Orgs.). *A Teoria do Discurso de Ernesto Laclau*: ensaios críticos e entrevistas. São Paulo: Annablume, 2015a, p. 117-147.

LOPES, Alice Casimiro. Por um currículo sem fundamentos. *Linhas Críticas* (UnB), v. 21, n. 45, p. 445-466, 2015b. Disponível em: http://www.periodicos.unb.br/index.php/linhascriticas/article/view/16735. Acesso em: 20 jul. 2018.

_____. Política, conhecimento e a defesa de um vazio normativo. In: MENDONÇA, Daniel de; RODRIGUES, Léo Peixoto; LINHARES, Bianca (Orgs.). *Ernesto Laclau e seu legado transdisciplinar*. v. 1. São Paulo: Intermeios, 2017, p. 109-126.

LOPES, Alice Casimiro; BORGES, Veronica. Currículo, conhecimento e interpretação. *Currículo sem Fronteiras*, v. 17, n. 3, p. 555-573, set.-dez. 2017. Disponível em: http://www.curriculosemfronteiras.org/vol17iss3articles/lopes-borges.pdf. Acesso em: 20 jul. 2018.

MOUFFE, Chantal. Deconstruction, pragmatism and the politics of democracy. In: MOUFFE, Chantal. *Deconstruction and pragmatism*. London/New York: Routledge, 1996, p. 1-12.

NORVAL, Aletta J. Hegemony after deconstruction: the consequences of undecidability. *Journal of Political Ideologies*, v. 9, n. 2, p. 139-157, 2004, DOI: 10.1080/13569310410001691187.

PETERS, Michael; DE ALBA, Alicia. *Subjects in process* (Interventions, Education, Philosophy, and Culture). New York: Taylor and Francis, 2015.

SZKUDLAREK, Tomasz. *On the politics of Educational Theory*. London: Routledge, 2017.

THOMASSEN, Lasse. Antagonism, hegemony and ideology after heterogeneity. *Journal of Political Ideologies*, v. 10, n. 3, p. 289-309, 2005, DOI: 10.1080/13569310500244313.

TORFING, Jacob. *New theories of discourse*: Laclau, Mouffe and Zizek. Massachusetts: Blackwell, 1999.

5
Hospitalidade, amizade e os imperativos da ordem social

Joanildo Burity

Introdução

"Derrida": palavra suficiente para estragar uma conversa entre cientistas sociais brasileiros. A dificuldade da leitura, seu caráter convoluto, excessivamente denso ou excessivamente "frouxo", sua forma "abstrata" de tratar de qualquer tema, de interpretar qualquer texto, de falar mesmo das coisas mais "materiais", o gosto pelos jogos de palavras, pelas etimologias, pelas contradições textuais, a recusa de tomar posição de forma direta e resoluta, e outras razões ou pretextos, suscitam quase sempre duas reações: "não entendo o que ele quer dizer" ou "não vejo relação com o que faço". Algumas pessoas ensaiarão um argumento sobre a dificuldade de integrar filosofia e ciências sociais. E assim, Derrida passa ao largo das preocupações, é feito ou tido como irrelevante para a abordagem dos temas e questões que ocupam cientistas sociais. Isto quando não se torna alvo de duras críticas ao caráter pernicioso, epistemológica e metodologicamente, se não politicamente, de seu trabalho — e agora, seu legado, uma década e meia após sua morte.

Que fazer com Derrida? Por que se ocupar dele? O que ganhamos com esse exercício tão demandante e comparativamente improdutivo ou pouco relevante frente a outras abordagens, mais "diretas ao ponto", menos diversionistas, menos temerosas de chamar as coisas pelos seus nomes, menos vacilantes, mais objetivas?

Não se trata exatamente de uma resistência à teoria, nem mesmo à filosofia, como interlocutora de uma interdisciplinaridade científico-social. Há numerosos filósofos que passeiam pelas páginas dos trabalhos de ciência política, sociologia e antropologia. E todas as disciplinas são profundamente ciosas de cobrarem, em seus protocolos de validação do conhecimento produzido por quem a elas se filia, "embasamento teórico", "referencial teórico", "abordagem teórica".

Parece-me que há — para além da absoluta prevalência de uma atitude epistemológica empirista e objetivista em grande parte do que fazem cientistas sociais em nossa academia — dois obstáculos que a obra de Derrida apõe a possíveis apropriações "diretas" da mesma: (i) a passagem pela linguagem como condição inegociável de qualquer fala sobre o real e (ii) a resistência a recepções instrumentalistas.

De um lado, a passagem pelo real como linguagem, mas também pela densidade própria, pela opacidade da linguagem como "objeto" inseparável de qualquer apreensão do real, até mesmo do Real na linguagem (ou seja, psicanaliticamente, daquilo que resiste a toda simbolização, toda inscrição de uma experiência ou fenômeno na ordem da cultura, da representação, do sentido, como um "algo" que escaparia à delimitação, à explicação, à nomeação).

De outro lado, a atitude de destacar uma expressão aqui, alguns parágrafos ali, uma série de citações extraídas de uma ou

PENSANDO A POLÍTICA COM DERRIDA

mais obras sobre certo "tema" pesquisado pelo/a cientista social, de "usar" Derrida. Uso instrumental, talvez, para atribuir algum nível de profundidade, sofisticação, para lançar mão de algum recurso de ironia, alguma "tirada" de efeito, alguma metaforização da argumentação derridiana, pondo-a a serviço de um desidério a que — ainda mais hoje — Derrida não poderia responder ou se opor. Linguagem como obstáculo ou como recurso instrumentalizável, sem possibilidade de (auto)defesa: dois obstáculos à escuta de Derrida nas ciências sociais.

Os obstáculos, naturalmente, são atribuídos a Derrida, a sua linguagem obscura e sua argumentação hermética, errática. Mas há algo mais. Há, na profusão de pesquisas que recusam estabelecer diálogos com autores "muito teóricos" ou a reconhecer valor em estratégias de leitura de seus dados empíricos que dialoguem com outros registros de saber, uma estratégia discursiva ancorada na *descrição*, como *revelação de mundo*, de um mundo que se dá ao olhar de quem o "pesquisar", objetivamente. Descrição que pode vir pontilhada por referências a obras raramente discutidas em profundidade ou por citações que adornam a linha de pensamento que a estratégia descritiva elabora, voltada a produzir um argumento evidenciário que demonstraria como o texto fala da realidade de forma direta, como o/a autor/a estaria comprometido/a com o que está aí, para ser visto. A apropriação de Derrida nas nossas ciências sociais empíricas tem sido fortemente limitada por esse *objetivismo* — epistemológico e metodológico, ou seja, que crê haver uma correspondência entre a linguagem científica e a realidade e que crê "fazer a realidade falar" por meio dos procedimentos metodológicos utilizados pelas ciências sociais — bem como por essa orientação a encontrar e produzir ordem, regularidade, previsibilidade, controle, por esse imperativo da ordem social.

A obra de Derrida está intrinsecamente ligada a uma *abertura ao outro* como figura que explode toda noção de sistema autorreferencial ou fechado, de teleologia, de "controle das variáveis" da ação, de um método separado do "objeto", ao mesmo tempo em que é a condição para que haja sistema, ainda que apenas temporariamente ou parcialmente bem-sucedido. De suas explorações sobre a questão do sentido, ele passou crescentemente a interrogar temas sociais e políticos e submetê-los à lógica desconstrutiva, bem como a outras estratégias de leitura que não se deixariam apreender por essa palavra — desconstrução. Inclusive revisitando a sua própria obra, em vários momentos, para lançar nova luz sobre argumentos que pareciam não ter implicação sociopolítica, afirmando-as, ou retroativamente buscando em suas análises prévias sentidos colocados por seus engajamentos posteriores. O que vem a ser a mesma coisa, se acreditarmos no que ele mesmo dizia, que não há posição ou reiteração dela que não seja, ao mesmo tempo, uma resposta a um chamado do outro, a uma chegada do outro — outro humano, mas também outro em termos do futuro, da contingência, do não-conhecido. Reler a si mesmo e recriar o sentido à luz do que *agora* o interpela são faces de uma mesma moeda. O sentido é retroativo, porque relacional e contingente — sempre resposta à experiência, resposta ao outro.

Uma leitura paciente, mesmo que seletiva ou guiada por problematizações (que orientam nossos projetos de pesquisa ou lançadas ao próprio Derrida, sobre o que ele poderia representar ou contribuir para a compreensão de determinados temas ou conceitos em ciências sociais), me parece, demonstraria o quão insistentemente Derrida foi, especialmente e cada vez mais, desde os anos 1990, pondo a filosofia e sua filosofia a serviço de intervenções em debates de relevância pública, política, institucional. A seu modo, e isso levaremos em conta adiante, o que ressalta uma dimensão de *atenção à singularidade* que é uma marca derridiana — singularidade da posição do intelectual que Derrida era, singularidade da intervenção política feita no registro da prática intelectual (por qualquer um/a), mas também singularidade daquilo e daqueles a que(m) essa intervenção se dirige. Tais tomadas de posição no registro da análise se acompanharam inúmeras

PENSANDO A POLÍTICA COM DERRIDA   121

vezes por engajamentos, localizados ou de repercussão pública, inclusive internacional. Por isso, não há razão para abdicar de abrir interlocuções com Derrida ou fazê-lo trabalhar em nosso terreno, de cientistas sociais. Não por não haver um persistente rastro em sua obra dessa tematização da política, do político, desde os registros mais cotidianos aos mais estruturais. E não por deferência a sua estatura intelectual, como se supostamente sua profundidade analítica escondesse algum arcano segredo do mundo social que só se poderia desvendar por uma escuta ao oráculo derridiano. Porque Derrida fez e falou sobre política, porque analisou cultura, lutas sociais, porque se empenhou em manifestações em favor de temas salientes ou de indivíduos submetidos ao arbítrio — José Rainha, do MST, que o diga! — podemos interrogá-lo, escrutinizá-lo, avaliar sua contribuição.

Este trabalho explorará dois temas do pensamento derridiano "tardio", tomados a título exemplificativo tanto de como essas interlocuções podem ser feitas aqui, entre nós, quanto de como a maneira derridiana de discutir no registro sociopolítico certos temas agrega pautas pouco convencionais e formas alternativas de observar fenômenos quase banais da experiência. Também nos permite identificar debilidades na análise derridiana desses temas, particularmente no ponto em que seu gesto analítico, sua argumentação, suas conclusões, pretendem, se não falar do que há, do que vivemos, pelo menos nos preparar para o que virá, o que já nos vem. Refiro-me aos temas da hospitalidade e da amizade, que me permitem tanto abordar questões sensíveis da conjuntura brasileira e global como apreciar o impacto das categorias ético-filosóficas derridianas para a análise sociológica e política dessa mesma conjuntura.

Adianto o procedimento que percorrerei na construção desta "demonstração" da importância de Derrida para a ciência social que fazemos: por meio dos próprios temas escolhidos, em sua quase banalidade, tamanha a familiaridade cotidiana que nós, pessoas de qualquer cultura (nacional), posição social, ideologia, nível de escolaridade, temos com as situações que expressam, é possível mover-se do individual ao macroestrutural, da responsabilidade — termo que, no léxico de Derrida, seja sua língua francesa, seja sua tradição fenomenológica, e indiretamente em português, refere-se tanto a assumir responsabilidade por/diante de, quanto a responder a/por, ser responsivo a, tomar posição, assumir responsabilidade por e dar contas de — à estratégia, à mobilização coletiva. Ao tratar de duas experiências dificilmente recusáveis como votadas à mais "patente" empiricidade, pretendo explorar como elas se tornam, sem perder essa referência, um "tema" para a análise derridiana, transitando do comentário a textos filosóficos a remissões a acontecimentos concretos, a tomadas de posição ético-política, a dimensões institucionais-legais das sociedades contemporâneas e à articulação de abordagens de cunho teórico sobre os lugares e modos do político e do vínculo social em nosso tempo.

A este engajamento com o texto derridiano agregarei, desde minha própria trajetória de pesquisa, "aplicações" a um outro tema, que me tem ocupado por décadas: a relação entre religião e política e uma brevíssima nota sobre a conjuntura política brasileira. Em assim fazendo, abdicarei, portanto, por razões "táticas", de trazer Derrida para contribuir no nível de uma epistemologia das ciências sociais ou de uma discussão conceitual sobre o sujeito da ação social (ver Costa, 2006; Miskolci, 2009; Morris, 2007; Schramm, 2004), e me contentarei em dialogar com ele num âmbito reconhecivelmente mais próximo das questões com que se deparam cientistas sociais em seu trabalho de pesquisa ou, pelo menos, na teia de relações que tecem com colegas, em instituições, eventos e projetos. Não será uma "aplicação", quer em sentido dedutivo ou prático. Antes, será um exercício de diálogo oblíquo e "ilustrativo", "exemplificativo" e crítico de uma *leitura* e uma *interlocução* entre um cientista social e um filósofo, entre uma construção da política hoje (para além de, mas jamais em pura e simples oposição a, o estatal e o nacional) e as dimensões inseparáveis da relação concreta com outras pessoas, outros atores, outras práticas, o que nos sobrevém, sem perguntar e sem anunciar-se previamente, sem pedir licença.

Um pequeno desvio: a relação ética, a política como lugar do antagonismo e a política derridiana

É preciso, de partida, anotar uma dificuldade. Hospitalidade e amizade apontam para experiências normalmente tidas como privadas, como vividas numa dimensão intersubjetiva e moral, na qual a relação com o outro se dá, se não em sua imediaticidade mais corporal e afetiva, pelo menos impondo uma impossibilidade de tratamento distanciado, desinteressado, desapaixonado, isento de valoração. E embora nossa análise vá precisamente *transitar* entre registro ético e outros, mais institucionais, político-ideológicos e estratégicos, não é possível ignorar ou dissolver essa *relação ética* que nos impele ao encontro (de uma ciência social crítica e solidária) com a dor, o sofrimento, mas também com a autoasserção dos oprimidos, nem conjugá-la apenas na linguagem do sofrimento vicário, da empatia, da solidariedade. Porque o que constitui a relação ética é um chamado/apelo do outro *vulnerável* ou um *questionamento autoafirmativo* do outro frente à ordem social que o faz outro, que o faz outro subordinado, violentado, excluído. Chamado/apelo feito a mim, a um nós (na forma de concreta de uma instituição ou movimento, ou geral, de uma sociedade ou nação), e que precisamente me/nos transforma em sujeito. A estrutura de uma relação ética, porém, para além da inspiração *levinassiana*, assumida por Derrida, é inseparável da experiência do antagonismo, no sentido laclauniano do termo: experiência do limite da ordem social, experiência daquilo que foi excluído para que tal ordem se constituísse, mas também daquilo que, por similitude, associação ou extensão metafórica, atualiza o inaceitável, o ilegítimo, o imprestável, o abjeto, a cada momento. Ou seja, experiência da demanda pela qual algo inomeado, ignorado ou deliberadamente excluído da ordem surge, retorna ou resiste e aponta para a não-naturalidade e a in-justiça do que faz da ordem, ordem (Laclau, 1990, p. 5-27; 2008; 2014).

A vida numa sociedade desigual — e só conhecemos, hoje, sociedades desiguais! — é marcada por expressões de negatividade que testemunham das exclusões que mantêm essas sociedades no lugar, em ordem, por assim dizer, e que frequentemente levam às demandas de movimentos e protestos sociais, de atores coletivos emergentes, de discursos políticos. Nenhuma linguagem do amor, da amizade, da compaixão existe fora dessa teia de relações sociais na qual figura o antagonismo como dimensão constitutiva. Onde quer que algo fique de fora, algo esteja fora do lugar, alguém seja subordinado, invisibilizado, dominado, estigmatizado por preconceitos ou discriminações, vítima de violência imerecida, estaremos, cedo ou tarde, frente à emergência do antagonismo. Oferecer hospitalidade e reclamar hospitalidade se alternam e sobrepõem; experimentar a amizade, contar (com) amigos/as numa confraria e encontrar-se, como (se) amigos, entre estranhos, em atos de militância ou de mobilização coletiva — nunca estão longe umas das outras. Da simpatia ou empatia, da aproximação e atração mútua às expressões de demandas e marcação de campos entre "nós" (amigos) e "eles" (inimigos e adversários), a linha, ou antes, os passos, são tênues e sujeitos a tensões tão inesperadas como oscilantes. Mas nunca ausentes.

Mais do que isso. A construção da amizade política, que a solidariedade e a indignação ética trazem à luz e expressam como um "nós" da/pela justiça (i.e., uma confraria, coalizão ou conjuração dos que são da/pela justiça), é inseparável do traçado de uma fronteira (de várias, na verdade, superpostas ou agrupadas, para a qualquer momento se multiplicarem em outros "nós"). Fronteira que, por menos que se deseje, nos separa de um "eles" — os violentos, os injustos, os exploradores... e todos e todas que, por conivência, omissão ou ativo assentimento, os apoiam, defendem, reforçam. A amizade política é feita de feixes de agravos, carências, sentimentos de dor e de indignação, chamados à solidariedade, à mobilização, ao reconhecimento ou garantia de direitos, para enfrentar o pior, o mal, sempre encarnado em figuras concretas de pessoas e instituições.

A desconstrução não é estranha nem se subtrai a essa experiência do antagonismo que aguarda, espreita ou habita toda experiência da conjunção, da compaixão, da coalizão (cf. Derrida, 1994, p. 79-81; 1996, p. 83-84). Ainda que pretenda localizar uma indecidibilidade entre admitir o antagonismo e "mobilizá-lo", como em *Políticas da Amizade*. Mais, ela mesma é um paciente exercício de exposição, questionamento e deslocamento de textos e situações nas quais a injustiça se materializa, inclusive por meio da lei. Ressitua, problematiza, complica, mas não apaga ou minimiza o antagonismo. Como dizia Derrida, em *Força de lei* (2007), um dos primeiros momentos em que explicitamente tematizou a *política da desconstrução* num sentido empiricamente identificável para as ciências sociais:

> É aliás normal, previsível, desejável, que pesquisas de estilo desconstrutivo desemboquem numa problemática do direito, da lei e da justiça. Seria mesmo seu lugar mais próprio, se algo como tal existisse. Um questionamento desconstrutivo que começa, como foi o caso, por desestabilizar ou complicar a oposição de *nómos* e *phýsis*, de *thésis* e de *phýsis* — isto é, a oposição entre a lei, a convenção, a instituição por um lado, e a natureza por outro lado, e todas as que elas condicionam, por exemplo, e é apenas um exemplo, a do direito positivo e do direito natural (a *différance* é o deslocamento dessa lógica oposicional); um questionamento desconstrutivo que começa, como foi o caso, por desestabilizar, complicar ou apontar os paradoxos de valores como os do próprio e da propriedade, em todos os seus registros, o do sujeito, e

portanto do sujeito responsável, do sujeito do direito e do sujeito da moral, da pessoa jurídica ou moral, da intencionalidade etc., e de tudo o que daí decorre, tal questionamento desconstrutivo é, de ponta a ponta, um questionamento sobre o direito e a justiça. Um questionamento sobre os fundamentos do direito, da moral e da política (Derrida, 2007, p. 12-13).

Esta posição da desconstrução dá a ver algumas características da intervenção derridiana — ou seja, do intelectual Jacques Derrida, bem como de quem encara de frente e diz sim ao desafio colocado por sua filosofia tanto a outras disciplinas, como as ciências sociais, quanto às lutas e instituições políticas contemporâneas. Primeiro, o *compromisso* "radical", exigente, entremeado de um gesto que não deixa de questionar a ideia de que a política teria que se jogar sempre ou ultimamente no terreno da "ruptura" anti-institucional, da recusa "movimentalista":

> ao desconstruir as repartições que instituem o sujeito humano (de preferência e paradigmaticamente o macho adulto, mais do que a mulher, a criança ou o animal), como medida do justo e do injusto, não se conduz necessariamente à injustiça nem ao apagamento de uma oposição entre o justo e o injusto, mas talvez, em nome de uma exigência mais insaciável de justiça, à reinterpretação de todo o aparelho de limites nos quais uma história e uma cultura puderam confinar sua criteriologia (Derrida, 2007, p. 36).

Segundo, esse compromisso se articula, enquanto prática desconstrutiva, em dois movimentos. O primeiro, numa questão de memória:

> O sentido de uma responsabilidade sem limites, portanto necessariamente excessiva, incalculável, diante da memória; e, por conseguinte, a tarefa de lembrar a história, a origem e o sentido, isto é, os limites dos conceitos de justiça, de lei e de direito, dos

valores, normas, prescrições que ali se impuseram e se sedimentaram, permanecendo, desde então, mais ou menos legíveis ou pressupostos. Quanto ao que nos foi legado sob o nome de justiça, e em mais de uma língua, a *tarefa* de uma memória histórica e interpretativa está no cerne da desconstrução. (...) A desconstrução já está *empenhada, comprometida* com essa exigência de justiça infinita... (Derrida, 2007, p. 36)

O segundo movimento é uma questão de responsabilidade:

Essa responsabilidade diante da memória é uma responsabilidade diante do próprio conceito de responsabilidade que regula a justiça e a justeza de nossos comportamentos, de nossas decisões teóricas, práticas, ético-políticas. Esse conceito de responsabilidade é inseparável de toda uma rede de conceitos conexos (propriedade, intencionalidade, vontade, liberdade, consciência, consciência de si, sujeito, eu, pessoa, comunidade, decisão etc.). Toda desconstrução dessa rede de conceitos, em seu estado atual ou dominante, pode assemelhar-se a uma irresponsabilização, quando, pelo contrário, é a um acréscimo de responsabilidade que a desconstrução faz apelo. (p. 38)

Terceiro, a desestabilização ou complicação da "oposição entre a lei, a convenção, a instituição por um lado, e a natureza, por outro lado" e a "reinterpretação de todo o aparelho de limites" procedem *apaixonadamente, resolutamente, urgentemente, rumo a uma decisão e como demanda por uma decisão*:

se há desconstrução de toda presunção à certeza determinante de uma justiça presente, ela mesma opera a partir de uma "ideia de justiça" infinita, infinita porque irredutível, irredutível porque devida ao outro — devida ao outro antes de qualquer contrato, porque ela é *vinda*, a vinda do outro como singularidade sempre outra. Invencível por qualquer ceticismo, como podemos dizer à maneira de Pascal, essa "ideia de justiça" parece indestrutível em seu caráter afirmativo, em sua exigência de um dom sem troca, sem circulação, sem reconhecimento, sem círculo econômico, sem cálculo e sem regra, sem razão ou sem racionalidade teórica, no sentido da dominação reguladora. (...) E a desconstrução é louca por essa justiça. Louca por esse desejo de justiça. Essa justiça, que não é o direito, é o próprio movimento da desconstrução agindo no direito e na história do direito, na história política e na história *tout court*, antes mesmo de se apresentar como o discurso que se intitula, na academia ou na cultura de nosso tempo — o "desconstrucionismo". (p. 49)

Assim, é na experiência impossível da justiça, ou antes, nas muitas e intermináveis demandas por justiça, nesse empenho apaixonado pela justiça, que a desconstrução se expressa, antes mesmo de Derrida e dos desconstrucionistas e muito além deles. E essa experiência é, quero insistir, o lócus do antagonismo no texto derridiano.

No entanto, Derrida quer identificar, na filosofia e na contemporaneidade, aquilo que estaria *para além do político — e, num certo sentido, do antagonismo* — ainda que não aquém do político, condição para o mesmo, sem ser em si mesmo político, mas sendo-o. Várias de suas elaborações sobre o tema do/a político/a — ou o que quer que se passe quando esta palavra é usada por Derrida — a partir dos anos 1990, apontaram para esta aporia: uma política para além da demarcação amigo/inimigo, para além da referência territorial e/ou estatal (i.e., estado-nacional), para além das instituições normalmente associadas à política (o direito, os parlamentos, os partidos, os governos e suas políticas públicas). Embora compreendendo que muitos buscam, nas teorias política e social, uma compreensão — e mais ainda, sinais de práticas — da política que extrapolem (ou contornem) o Estado, os partidos, o jurídico-político, aquilo que normalmente identificamos nesse sentido, os movimentos sociais, o associativismo civil, os protestos, as comunidades alternativas de inspiração anarquista, esses temas não parecem jamais capturar a atenção

PENSANDO A POLÍTICA COM DERRIDA

de Derrida. Ele permanece intransigentemente fixado em levar essas preocupações para dentro do texto filosófico e não sair dali, operando uma quase brutal tradução das mesmas ao que filósofos antigos e modernos poderiam nos querer dizer, ou antes legar como pensamento do real.

Afinal, o que Derrida teria a dizer de relevante para nós, que pensamos o político, a política, o direito, a justiça, desde a perspectiva das ciências sociais? Algo, com certeza, mas não tudo, e em alguns casos, nem mesmo o mais importante. Especialmente em entrevistas, ele sempre foi muito cauteloso quanto a emprestar o léxico e as armas da desconstrução a uma análise social e política "concreta" — até *Espectros de Marx* (de 1994) e *Fé e Saber* (de 1994) —, quando não poderia ser mais explícito sobre esse registro de análise, *à sua maneira*. Chega a admitir, algumas vezes, modestamente, que suas opiniões a respeito não são muito mais do que posicionamentos de um cidadão bem informado.

Por isso, os conceitos de hospitalidade e de amizade se tornam importantes. Porque, como tentarei brevemente mostrar, sua elaboração por Derrida representa ao mesmo tempo o mais próximo que podemos encontrar sua *filosofia* de uma reflexão sobre a política *realmente existente* ou sobre a política como *categoria teórica de conteúdo normativo*, e o quão reticente ele se manteve em assumir a questão do político de frente, de corpo inteiro, *como tema* de suas análises. Sintoma de uma forma de pensamento em busca dessa política-de-outra-maneira, dessa política-outra, dessa política-para-além-de, ou quem sabe, usando seu próprio léxico, dessa política-por vir. Mas também, lugar de uma certa *banalidade* do pensamento derridiano, ao se reportar a este tema, que lhe demandaria um suplemento (nunca admitido, é verdade, por ele). Precisamente no ponto em que o acolhimento do outro, a receptividade ao outro — outro humano, outro animal ou outro no sentido daquilo que (sobre)vem, do acontecimento, do imprevisto, do incontrolável, do indeterminado — cega a relação ética, em Derrida, à dimensão antagonística do político.

A hospitalidade: o outro chega e toma lugar

O tema da hospitalidade vem de longe, cronologicamente, em Derrida. Gil Anidjar afirma que desde *Escritura e Diferença*, nas suas leituras de Lévinas (cf. Derrida, 2002, p. 356). Assim, gostaria de começar com ele, tendo em vista que nele se articula tanto uma problemática particular quanto a própria autocompreensão do que faz a desconstrução. Derrida trabalhou sobre o tema, diretamente, entre 1995 e 1997, em seminários na Faculdade Internacional de Filosofia. A discussão reflete, no imediato, o impacto da crítica que se fazia na França ao multiculturalismo, mas adquire caráter premonitório à luz da crise financeira de 2008 e da recentíssima crise migratória europeia, desde 2015. Mas sua articulação posterior e os acontecimentos que foram além da própria vida de Derrida permitem uma ampliação do alcance do conceito.

O tema recobre outras reflexões de Derrida no mesmo período, como "Adeus a Emmanuel Lévinas" (1995), "O Dom da Morte" (1995), e nos seminários já mencionados, que levam a várias publicações seguintes — "Da Hospitalidade", "Hostipitalidade", "Cosmopolitismo e Perdão", e menções esparsas em muitas outras. Hospitalidade tornou-se, neste momento do pensamento derridiano, outra figura da desconstrução, enquanto caso dessa experiência do impossível, dessa abertura irreservada ao outro, que é a desconstrução, para além de Derrida, de qualquer desconstrucionista (2002, p. 364). Derrida encontra a hospitalidade, não a inventa ou abstrai. Não há sociedade humana sem uma noção e práticas de hospitalidade:

> Nem todas as éticas da hospitalidade são as mesmas, provavelmente, mas não existe cultura, nem vínculo social, sem um princípio de hospitalidade. Este comanda, faz mesmo desejar uma acolhida sem reserva e sem cálculo, uma exposição sem-limite àquele que chega. Ora, uma comunidade cultural ou linguística,

PENSANDO A POLÍTICA COM DERRIDA

uma família, uma nação, não podem deixar de suspender, ou mesmo deixar de trair o princípio da hospitalidade absoluta: para proteger um "em-casa", provavelmente, assegurando o "próprio" e a propriedade contra a chegada ilimitada do outro; mas também para tentar tornar a acolhida efetiva, determinada, concreta, para operacionalizá-la. Daí as "condições" que transformam o dom em contrato, a abertura em pacto policiado; daí os direitos e os deveres; as fronteiras, os passaportes e as portas, daí as leis a propósito de uma imigração cujo "fluxo", como se diz, precisa ser "controlado" (Derrida, 2004, p. 249).

Mas, seja no registro do encontro pessoal com alguém que convidamos ou alguém que nos visita, sem conhecermos previamente, seja no registro moderno da circulação de pessoas através das fronteiras nacionais, ou da resposta à chegada ou ao surgimento de movimentos, grupos ou práticas sociais dissonantes da maioria ou em desacordo com protocolos de propriedade ou de legalidade, a hospitalidade é marcada por tensões insolúveis. Especialmente aquela entre a boa vontade de acolher o que chega e o medo de perder controle ou a reação à demanda por tratamento isonômico ou diferenciado por parte desses hóspedes, desses visitantes, desses dissidentes.

A hospitalidade exige sempre, em toda parte, uma disponibilidade, uma abertura, uma generosidade sem limites predefinidos em relação ao convidado ou ao visitante (que não são a mesma figura), a qual recomendaria uma "presunção de inocência" (não somente legal, de ausência de culpa ou de ilegalidade, mas também moral, no sentido de integridade, de boas intenções, de sinceridade) sem perguntas ou pré-requisitos. Mas nenhuma hospitalidade pode ser exercida sem que alguém possa oferecê--la e, portanto, sem que haja um "dono da casa", capaz de abrir espaço ao hóspede, tanto quanto ditar as regras da hospitalidade.

Não há, portanto, hospitalidade sem limite, quer os da regra/lei, quer os do lugar/espaço no qual será vivenciada. Isso demanda uma tensão entre o cálculo e o incalculável, a lei e a abertura: "Calcular os riscos, sim, mas sem fechar a porta ao incalculável, ou seja, ao porvir e ao estrangeiro, eis a dupla lei da hospitalidade. Ela define o lugar instável da estratégia e da decisão. Da perfectibilidade, como do progresso" (2004, p. 250). Assim, um *versus* que fala de concorrência e tensão tanto quanto de (im)possibilidade, marca as duas formas inseparáveis da hospitalidade: "Hospitalidade pura, incondicionada x hospitalidade condicional: pela primeira, acolher quem chega, sem lhe impor condições, antes de saber quem é ou perguntar qualquer coisa; mas também dirigir-se ao outro, em sua singularidade, reconhecendo-o como (tendo) nome próprio" (2004, p. 250).

Que a hospitalidade remete diretamente à política e ao estado, basta que pensemos na dinâmica das polícias imigratórias, em aeroportos, portos ou postos de fronteira. Ali, até os nacionais têm que apresentar suas credenciais para reconhecimento e os não nacionais, além da documentação, precisam dar algumas garantias de suas intenções, duração da visita ou da estadia, atendimento de exigências legais ou organizacionais. O que a hospitalidade, neste nível, implica é não somente a afirmação do poder estatal, mas também as condições em que a soberania do estado precisa ser negociada, quando não em certa medida suspensa, para que se acolha ao estrangeiro, ao que visita. Na abertura de *Rogues*, Derrida afirma que "através da experiência do que se deixa afetar pelo que ou por quem vem [*(ce) qui vient*], ou pelo que acontece, por parte *do outro por vir*, é exigida a priori uma certa renúncia incondicional à soberania" (2005: xiv; v.tb. Zagallo, 2006).

Em terceiro lugar, hospitalidade, pelo que se pode já perceber nas citações anteriores, é uma problemática do que *vem*, do que *chega* mas não apenas no sentido de um *quem*, também um *quê* e com que consequências. Hospitalidade é a experiência do inesperado, do desconhecido, do imprevisto. Aqui, a diferença entre convite e visita: o convidado é esperado; o visitante, não. O convidado é conhecido, o visitante, não. Implícito na figura daquele que chega, especialmente do que visita, sem convite prévio, está *tudo o que não sabemos* sobre o que decorrerá dessa visita, mais ainda deste acolhimento, se houver. Quem sabe uma insidiosa entrada em cena de um inimigo futuro, de uma perturbação do "em-casa", do equilíbrio "doméstico", da distribuição dos lugares e da extensão das regras de justiça. Quem sabe a sedução de cidadãos nacionais a guiarem-se por outros valores e referências, comprometerem-se com "interesses estrangeiros". Mas, talvez, um enriquecimento de nossa experiência, passados os atritos, tensões e agruras da "adaptação", seja à circulação desses outros, seja à sua permanência, tornando-se "de casa", passando a ter sua casa entre nós e a reivindicar uma parte no "nós". E tudo isso literal e/ou metaforicamente: referido a pessoas ou a situações, a práticas emergentes, a transformações ou diferenciações no tecido social, a irrupções ou alterações conjunturais, à chegada do novo.

Derrida não desconhece o caráter aporético das demandas da hospitalidade. Ele percebe a competição e a contradição entre esses dois modos de hospitalidade que correspondem ao convite controlado e condicional ao outro e à visitação imprevista e precipitada do outro. Mesmo que se reconheça a relação vinculante que define o hospedeiro e o hóspede sob o mesmo teto lexical — *hôtes*, no francês de Derrida, pode ser um ou outro; *hostis*, em latim, pode ser hóspede ou inimigo; *xenos*, em grego, pode ser hóspede ou estrangeiro — a tensão é inevitável. E inerente ao próprio conceito de hospitalidade. Um conceito que, ao acolher o outro, abrindo-se a outros conceitos relacionados e concorrentes, corre o risco de "autodeconstrução" (cf. Derrida, 2002, p. 362-363): pode conceder demais, pode demandar demais, pode trair/ser traído. Pois a hospitalidade é, em si mesma, "um nome ou um exemplo de desconstrução", tanto do conceito quanto de seu lugar próprio (seu "em-casa"): "A hospitalidade é a desconstrução do em-casa; desconstrução é hospitalidade ao outro, ao outro diferente de si, ao outro de 'seu outro', a um outro que está além de qualquer 'seu outro'" (p. 364).

Embora em "Hostipitalidade", Derrida nunca "aplique" sua discussão do termo para além do debate filosófico (com Lévinas, Massignon e Rousseau), isto acontece depois, em "Adeus a Emmanuel Lévinas", "Da Hospitalidade" e o artigo "Hostipitality". Ao sair do mundo do seminário (2002) e publicar(-se) sobre o tema, Derrida fala de acontecimentos, e mesmo daqueles com que se envolve politicamente: debates legais, pronunciamentos de políticos, políticas migratórias, debate público baseado em "cifras e estatísticas (a partir de trabalhos verificados por especialistas e por associações competentes, que trabalham no domínio há anos) de maneira 'responsável'" (2004, p. 252). Pede a liberdade de José Rainha, do MST brasileiro. Escreve sobre Mandela. Escreve ao casal Clinton. Pronuncia-se sobre a intervenção francesa nas eleições argelinas. Etc.

Para chegar mais rápido ao próximo ponto, Derrida recolhe de Benveniste que hospitalidade se liga ao tema da amizade. Num artigo sobre *phílos*, que começa por tratar da genealogia de *civis* (concidadão), Benveniste surpreenderia este vínculo: o hóspede é *phílos*; *phileîn* significa hospedar (Derrida, 1998, p. 119-120), o que nos dá a pensar sobre a não-naturalidade desse vínculo que faz de alguém amigo — sua origem não é a mesma da "casa"; o vínculo, como laço afetivo e como relação social, precisa ser construído, desde os primeiros contatos até a confiança e a afeição se instalarem; sua permanência está sujeita a conflitos e mesmo à traição; pode haver amigos temporários, circunstanciais, mesmo entre inimigos. O amigo é hóspede, é estrangeiro, é inimigo, em diferentes figuras.

A amizade e suas políticas

Falamos de amizade, quase sempre, em relação a pessoas, antes de qualquer remissão a tais pessoas como ocupando

PENSANDO A POLÍTICA COM DERRIDA

posições sociais. Falamos de momentos de atração mútua, de intimidade, confissões, cumplicidade, entre duas pessoas, mas também de momentos de sociabilidade, entre várias pessoas, entre as quais nós mesmos. Raramente remetemos amizade a luta, doação, solidariedade com estranhos. Raramente associamos à formação de atores coletivos, de projetos e coalizões políticas, aos vínculos secundários, mas ao mesmo tempo emocionais, que contraímos e mantemos com outros que, de outra forma, nunca seriam (contados como) nossos/as amigos/as. Começando com um seminário que deu no ano acadêmico de 1988/1989, Derrida quer, no entanto, pensar os dois registros ao mesmo tempo, um e outro, juntos e contrapostos. Para ele, "a figura do amigo parece que faz parte espontaneamente de uma configuração *familiar, fraternalista* e consequentemente *androcêntrica* do político" (Derrida, 1998, p. 12. Daqui em diante indicarei apenas a página desta obra, a menos que outra seja referenciada). De um lado, amizade se relaciona à política, ou antes, ao político. De outro, amizade política é "naturalmente" coisa de homens, masculinizada, talvez viril (o que também implica homoerótica). Por isso, se há que falar de amizade em presença do que é político e do que não é masculino, trata-se de perguntar "o que seria, então, a política de tal 'além do princípio de fraternidade'" (p. 12). Ecos de uma delimitação do político moderna, a da Revolução Francesa, e da política como realidade que adia, à Freud, o gozo, a plena realização da liberdade, da igualdade, da fraternidade, mas que precisa, ela mesma, ser "adiada", remetida para além de si. Além da fraternidade de que se cerca e que reproduz. E que acomete mesmo a democracia — como "possibilidade de uma *fraternização*" (p. 13) que, entretanto, nunca se abriu facilmente à irmã, à companheira. Além de: na direção de uma, ou várias, políticas da amizade.

Que o antagonismo ronda o político, Derrida sabe. Desde o começo, o político apontaria para a possibilidade de dar morte física ao inimigo, ou revolveria em torno do que o termo *grief*, em francês, associa como "dano, culpa, preconceito, injustiça, ferida, mas também acusação, ressentimento ou queixa, demanda por castigo ou vingança" (p. 14). A frase que é objeto de reiterada meditação em *Políticas da Amizade* — atribuída por Montaigne a Aristóteles: "Ó meus amigos, não há amigo!" — seria uma expressão elementar dessa queixa, não tanto resignada quanto inconformada, demandante. Queixa que aponta uma falta (faltam amigos ou falta a própria figura do amigo); denuncia o que se apresenta como algo (amigo), mas não é; conclama pessoas que não poderiam ser amigas — já que o amigo não existe, ou não há amigos de verdade — a se juntarem nessa interpelação, reconhecendo-se como chamadas a ser amigas, ao menos para juntas observarem essa falta, solidarizarem-se com quem sente a falta, questionarem a falsidade dos amigos, quiçá confrontarem outras a se tornarem amigas.

De um lado, antagonismo fundante do político. De outro, a conclamação de um sujeito que, se pode ser nomeado, não está aí, não está à altura da nomeação ou quem sabe é seu contrário, dissimulado de amigo. Mas, pergunta Derrida, conclamar quem, apresentar a queixa contra o outro (o falso amigo, o amigo relapso, ou o inimigo dissimulado de amigo) a quem, se ao se dirigir aos amigos é para dizer-lhes que não há amigo? (p. 14) Não agimos em circunstâncias sobre as quais temos controle e conhecimento suficientes. Por isso, em matéria da amizade política, apelamos a que por acaso haja resposta entre estranhos, sem saber se podemos contar como amigos, mas a quem, precisamente, precisamos recrutar, mobilizar, fraternizar/sororizar, se quisermos ter a quem denunciar a inimizade — a fonte da injustiça, da dor, do sofrimento — e com quem enfrentar o inimigo.

Aqui, já há um problema de número: sabemos que não é possível ter "um milhão de amigos", que não é como "adicionar um amigo" no Facebook, que amizade exerce uma enorme pressão seletiva, seja pelo apego a alguns/mas mais do que a outros/as, seja porque quanto mais amigos contamos, mais superficiais são os laços que nos e os unem (entre si). Amizade rima com números restritos, com "oligofilia", sugeriria um Cícero, com "aristofilia", um Aristóteles (p. 18-19, p. 37-39). Além disso, essa distribuição assimétrica do vínculo de amizade, de sua intensidade, de sua atração, de sua preferência, mantém irresolvida uma tensão entre *estes* amigos, os meus, os de qualquer outra pessoa, e o amigo em geral, a definição de amigo, a generalidade de um conjunto formado de amigos. Uma resistência do *quem* (singularidade) ao *quê* (ontologia), anota Derrida, que seria "o princípio de uma resistência possível à redução do político, ou do ético, ao ontofenomenológico" (p. 22-23). Em terceiro lugar, como "criar a maior amizade possível", como Aristóteles definia a tarefa do político (p. 25), quando são poucos os amigos, não podem ser tantos assim de forma indiferenciada, e mesmo nem os há (antes de um encontro ou porque a amizade é incerta, dissimulável)? Aristóteles respondia que essa possibilidade estava em *amar antes de ser amado* (p. 25). Ser amigo é amar ao desconhecido, amar como abertura a um outro que pode nem saber que é amado, retribuir o gesto, acolhê-lo instrumentalmente ou dissimulá-lo, por motivos traiçoeiros. "O amigo é aquele que ama antes de ser aquele a que se ama" (p. 25).

O que, para Derrida, nos dá uma pista analítica: "há que se partir do amigo-amante e não do amigo-amado para pensar a amizade. Esta ordem é irreversível. (...) Axioma: a amizade que tenho por alguém, e sem dúvida também o amor, não poderia manter-se como um segredo para mim. Antes mesmo de ser declarado (ao outro, em voz alta), o ato de amar seria, assim, em seu nascimento mesmo, *declarado*. (...) Só se ama declarando que se ama. Não se pode amar sem saber que se ama" (p. 26). Em outras palavras: há uma assimetria na relação de amizade, que pode complicar a expectativa de igualdade, de reciprocidade, que associamos ao vínculo de amizade, e que pode tornar a abertura, a interpelação ao outro, algo jamais correspondido na mesma medida, o que — percebemos? — nos liga à discussão sobre a hospitalidade.

O circuito da amizade se fecharia — em princípio — pela construção de um vínculo entre amigo-amante e amigo-amado. Para isso, requer-se a prova do tempo, que dá origem à confiança (mútua), à fidelidade, à fé (p. 31). Tempo, construção do vínculo significam que a estabilidade da amizade não é natural, ocorre em um processo, como *estabilização* (p. 32).

Volta o problema do número: porque se todas essas dimensões exercem um efeito de redução do número — por razões de distribuição do afeto, de copresença dos amigos, de grau de confiança — a aplicação da amizade à política sempre envolveu, e já em Aristóteles e sua reflexão sobre a democracia, a quantificação política das singularidades (dos *quem*) numa amizade que seria necessária ou intrinsecamente política (p. 40-41), da democracia como governo dos cidadãos (singularidades, não abstrações). Derrida comenta:

> Não há democracia sem respeito à singularidade ou à alteridade irredutível, mas não há democracia sem "comunidade de amigos" (*koiná tà philōn*), sem cálculo das maiorias, sem sujeitos identificáveis, estabilizáveis, representáveis e iguais entre si. Estas duas leis são irredutíveis uma à outra. Tragicamente irreconciliáveis e para sempre ofensivas. A ofensa mesma começa com a necessidade de alguém ter que *contar* seus amigos, contar os outros, na economia dos seus, ali onde qualquer outro é completamente outro.
> Mas ali onde qualquer outro é *igualmente* qualquer outro. Mais grave que uma contradição, a disjunção dessas duas leis leva consigo, para sempre, o desejo político (p. 40).

Derrida, como se pode perceber em *Políticas da Amizade*, não se detém nos pensadores antigos, nem no tema estrito dos amigos. Passando a Nietzsche, ressalta a inversão pela qual este não apenas invoca seus inimigos, para dizer-lhes que não existem, mas avança para falar de uma forma de amizade — o amor à solidão — que forma comunidade, uma comunidade sem comunidade, sem pertencimento a um nós, sem copresença ou proximidade, uma comunidade dos "espíritos livres" (p. 61). Um vínculo sem estar-junto, ligação na desconexão, solidão deliberada, admissão da desunião, ou do silêncio entre os amigos (p. 73-74). É a partir dessa forma de (in)comunidade — que definiria os filósofos do futuro, que Derrida crê possível "relançar a questão da amizade como questão *do* político. Questão *do* político, posto que esta questão não é necessariamente e por antecipação política. Não é talvez ainda, ou não é já, política de uma ponta a outra" (p. 45). Que questão seria esta? A pergunta sobre uma possível política, na qual não se exigiria a plena transparência da verdade, mas a capacidade de saber e saber dissimular "os princípios ou as forças de desunião social", com o fim de preservar o vínculo social, o amor à humanidade, numa espécie de humanismo pessimista, cético, sem a esperança de que os outros sejam amigos igualmente virtuosos (como desejava Aristóteles que fossem os verdadeiros amigos, a mais elevada amizade), igualmente interessados uns nos outros; reconhecer a inimizade, fazendo dela motivo de amizade! (p. 79-80). Ou melhor, uma amizade que não cede "à proximidade, à identificação, à fusão ou à permutação entre eu e tu" (p. 80-81).

Da necessidade desta forma de experiência da amizade, Derrida quer dar testemunho, dado o risco contemporâneo a que se perca de vista o inimigo, condição do político, numa linhagem schmittiana e laclauiana, pelo processo de despolitização crescente que anunciariam, quem sabe — Derrida não só nomeia a "queda do Muro de Berlim" ou o "fim do comunismo" (p. 85) —, o comunitarismo, o multiculturalismo, a política do "centro radical", o gerencialismo político, a transformação de tudo em mercadoria e de todos em consumidores. Com a condição de que datemos bem a análise derridiana: fim dos anos de 1980. Sua questão era: o que restaria da democracia, pós-queda do Muro, se, além de não mais ter inimigos, ainda estivesse longe de criar a *fraternização* da liberdade com igualdade, prometida desde a

Revolução Francesa? Derrida arrisca palpites — de forma assustadoramente profética, quando os lemos três décadas depois, já não em 1988 mas em 2018:

> O "sujeito" em questão buscaria novas inimizades reconstituidoras, multiplicaria as "pequenas guerras" estado-nacionais, alimentaria a todo preço as tentativas chamadas identitárias e genocidárias, pretenderia se por, se repor opondo-se a novos adversários ainda identificáveis: China? O Islã? Inimigos sem os quais, houvera dito um Schmitt, a quem agora retornamos, perderia seu ser-político, se despolitizaria pura e simplesmente.
>
> Questões que murmuramos, pois, na voz baixa da ficção mencionada anteriormente, só para começar: sem inimigo e consequentemente sem amigos, sem poder contar nem a seus amigos nem a seus inimigos, onde se localizar? Onde encontrar a si mesmo? Com quem? Contemporâneo de quem? (p. 95)

Doença do pertencimento, da dificuldade de pertencer e de nomear quem pertence e quem não — à religião, à família, à etnia, à nação, ao estado, à própria humanidade... — e gerando não só as tentativas violentas de reafirmação de um tempo em que esse pertencimento fora menos problemático, mas também as múltiplas formas de afirmação desse estar-com sem estar-junto, que os temas do individualismo, do pluralismo, das identidades múltiplas ou descentradas, das comunidades sem comunidade anunciam (p. 97-99). Nosso tempo: tempo de Nietzsche, de Bataille, de Blanchot, de Nancy, elenca Derrida. Tempo de Foucault, de Hall, de Laclau, de Mouffe, e tantas outras figuras dessa temporalidade "pós", poderíamos ajuntar.

Neste diapasão, a morte do amigo é também, é seguida por ou produz, em efeito cascata, por implicação, a morte do inimigo. Alguns creem ver nisso uma necessidade: é preciso não mais haver inimigo — seja porque todos se convertem em amigos, menos provável, seja porque se silencia, reprime, denuncia e busca neutralizar, ou se crê tão bem conhecer que já não se trata de temer, o inimigo. Outros veem nisso uma tragédia: a morte do político, um crime contra o político (p. 101).

Entra em cena Carl Schmitt... Que sabia que o inimigo é a condição para haver amigo, inimigo que não deve ser jamais confundido com um desafeto, com alguém que odiamos. Por mais que a etimologia da distinção amigo/inimigo schmittiana seja questionável a Derrida, a experiência do antagonismo como condição da amizade política, não — ainda que com qualificações (cf. p. 131-157, p. 160-161).

E após uma longa meditação, vem o questionamento derridiano quanto à pureza (em Platão) e à concretude (na práxis da história) da distinção entre o inimigo público e o inimigo privado, entre a hostilidade sem ódio e o ódio pessoal (p. 133-134). O questionamento sobre a simetria entre amizade e inimizade, posto que a primeira, se existe, seria exatamente o oposto da segunda — por exemplo, em relação a dar morte, mas também como questão de método, parece sugerir Schmitt, porque se se começa pelo amigo, há que oferecer uma definição do mesmo que não seria possível sem se referir ao não-amigo (cf. p. 175-176).

Base para a pergunta sobre o que seria o político — como também a política, o estado etc. — se outra forma de amizade renunciasse ao tema da morte, à necessidade de dar morte ao inimigo (p. 144). Além disso, o que seria o político para além do masculino, do viril. No político de Schmitt não há mulher. Se há que reter o próprio termo, "o político", haveria que "trasladar-se *mais além desta* política, sem deixar de intervir nela para transformá-la" (p. 183). Como fazer isso?

> Este duplo gesto [admitir que o político é o "falogocentrismo em ato" (p. 182) e guardar o "velho nome", aspeado por Derrida, mas inserir aí outras formas de luta] consistiria em não renunciar à lógica da fraternização, antes *esta* fraternização do que *aquela* fraternização, e consequentemente antes *desta* política do que

daquela outra, ao mesmo tempo que se trabalha para desnaturalizar a figura do irmão, sua autoridade, seu crédito, seu fantasma. A preferência concedida a tal fraternização (a democrática) supõe este trabalho, e que a figura do irmão não seja um dado natural, substancial, essencial, intocável (p. 183).

Se há que desnaturalizar a fraternização democrática, para pôr em xeque sua renitente masculinidade, há que também pôr em xeque a própria ideia do amigo democrático como um irmão, como alguém que pertence à mesma casa "por nascimento". Abrir a estrutura da fraternização, assim, ao outro que vem, e reconhecer que o amigo-irmão, o co-nacional, o companheiro de ideologia, partido ou movimento, o colega de trabalho, pode ser — objetivamente, diria Schmitt — *meu* inimigo ou inimigo do "nós" que partilho. Abrir a estrutura da democracia a ser uma fraternidade de amigos e amigas, mas também irredutível à emergência ou à coexistência com o irmão/ã-inimigo/a (não porque seja um/a infiltrado/a, dissimulado/a, mas porque pode, em novas circunstâncias, pôr em questão a mim/nós e a meu/nosso "em-casa" (Cf. p. 183-189, p. 223-227, p. 245-249).

Dois casos de hospitalidade e amizade: pentecostalismo no Brasil e ação social ecumênica transnacional

O pensamento derridiano da hospitalidade e da amizade não tem um porto final de destino, nem um porto seguro. Abre uma reflexão que é política em sua identificação das aporias a que chegam ideias de acolhimento e de fraternização quando submetidas às lógicas da comunhão de sangue (nascimento, nacionalidade), da comunidade (amizades fusionais entre aparentados, em grande parte da tradição de pensamento que herdamos) e do direito estatal-nacional. Lógicas que arbitram sobre quem deve e pode ser acolhido, predefinem quem pertence (portanto, quem é amigo e quem é inimigo) e mascaram, na neutralidade da figura da lei, a exclusão constitutiva dessas ideias de sociedade e estado como harmonizáveis, tendentes à indivisão última. No entanto, não se encontrará, na denúncia da inospitalidade e da amizade interessada ou da amizade fusional contemporâneas, um programa, a enunciação de uma agenda, ou de um caminho. Não há nem metodologia (conhecimento do caminho a fazer) nem ortopraxia (certeza do fazer adequado). E nisso está uma força tanto quanto uma debilidade de Derrida. O que reclama, precisamente da ciência social, um suplemento da filosofia. Não é que Derrida tenha se mantido indefinido e indeciso sobre as questões políticas de seu tempo. Assumiu muitas e claras posições, como homem de esquerda republicano. Mas sua reticência em nomear, na análise, os lugares, questões e caminhos, o manteve no nível de um apelo a amigos por vir, a uma espera, uma oração por sua vinda (1998, p. 263, 265). E sua reticência, bem como o gesto de abalar, retendo os "velhos nomes", se abre espaço para que alguns respondam ao apelo, por acharem que há algo em comum, ou quem sabe se enganarem a respeito disso em relação a Derrida, por outro lado, mantém em frágil e tateante nível a esperada "aplicação" do arsenal analítico.

O que precisa, creio, ser questionado, é por que esperar isso de Derrida? Por que não se arriscar a pensar realidades socioló-gicas-políticas-antropológicas com ele, mesmo sem ele? Afinal, ele mesmo, por exemplo, em *Políticas da Amizade*, ressalta que sua "economia" de aplicações da leitura a casos e situações concretas foi apenas tática, um "prurido de sobriedade" de projetar (no sentido da tela da tevê — imagética, espetacular, mas superficial-mente) as questões da "cena política" (1998, p. 300), mas também uma suposição de que os leitores podem ativamente fazer esse suplemento, ao evocarem e associarem o seu conhecimento dos acontecimentos e tendências contemporâneas ao tratamento analítico, oferecido por Derrida de textos filosóficos do passado.

Em trabalhos anteriores (Burity, 2016a; 2016b; 2017) introduzi, de modo sugestivo, mais do que sistemático, um questionamento a partir do conceito de hospitalidade aplicado à emergência pública do pentecostalismo no Brasil, quer em relação à questão do lugar da religião no espaço público em geral, quer em relação a estes tipos de atores sociais, em particular. Pela história da relação entre religião e estado, desde os tempos coloniais, até a colaboração recíproca da Constituição republicana de 1934, a Igreja Católica se manteve como a exclusiva referência religiosa legítima ou assumiu status privilegiado frente a outras denominações cristãs e minorias religiosas não-cristãs.

Já nos marcos da constituição da elite política republicana, desde o último quartel do século XIX, a ideia de estado laico (por mitigada que tenha sido sua implementação ao longo do período, até hoje) se fez acompanhar, no duplo sentido de tornar-se parte da prática estatal e de se constituir num suplemento sócio-político-cultural para além do estado, por uma cultura política e científica laica, mesmo secularista, em alguns contextos (se entendermos por secularismo uma *política secularizante*, uma *militância político-cultural*, não apenas uma prática de limitação da autoridade religiosa em certos espaços da sociedade e do estado). Se o padroado e a ideia do catolicismo como substrato da identidade nacional reservavam um lugar se não exclusivo (como o foi, por alguns séculos!), pelo menos privilegiado, à Igreja Católica (como instituição) e ao catolicismo (como religião, coextensiva à cultura nacional), o estado laico e a cultura laica se incumbiram de regular as condições de hospitalidade para as religiões particulares e para a religião em geral, segundo uma normatividade moderno-secular. O estado regulou, pelo regime de separação legal entre "igreja e estado", o marco jurídico-político e político-administrativo que refletisse uma autonomia do político frente ao religioso, autonomia feita mais bem de subordinação do que de exclusão — experiência já fartamente acumulada durante o regime do padroado, só que agora desvinculada de qualquer

PENSANDO A POLÍTICA COM DERRIDA   145

"responsabilidade" pela Igreja. A cultura laica — a qual, lembremos, manteve-se até hoje nos limites de uma cultura de elite, elite política, econômica e cultural — tratou de definir as condições cotidianas de convivência entre o laico e o religioso e de fazer o "controle social" das iniciativas de religiões ou de religiosos particulares frente ao político (entendido estritamente como estatal-nacional, para os defensores da "laicidade à brasileira") ou de qualquer ação concertada, jurada, entre religiões ou religiosos, para produzir influência, impacto ou exercer poder na esfera do político. Neste último caso, pode-se contar inúmeros casos e situações em que a movimentação pública de atores religiosos em espaços não-estatais — como a escola e a universidade públicas, a mídia, ou em movimentos e organizações de militância social e política — foi percebida como prenúncio de uma "confessionalização", de uma "intrusão" indevida. Como se fosse o caso de alguma intuição de guerra de posições entre laicos e religiosos pelo status do estatal, do político, enquanto secular, moderno, livre e democrático etc. (os qualificativos e motivações abundam).

Com este pano de fundo — posição privilegiada da Igreja e do catolicismo, de um lado, e ansiedades laicas quanto ao perigo da confessionalização e do crescimento insidioso de alguma conjuração religiosa a partir da cultura, por outro — a emergência pentecostal preencheu todos os requisitos de uma *questão* de hospitalidade: quem são estes que chegam? Seriam dos nossos? Estão comprometidos com a república (laica)? São confiáveis? Falam a língua política, ou mesmo da língua da cultura laica (ou seja, sabem transitar entre o mundo da fé e os mundos do trabalho, do poder, do saber e do lazer)? Vêm para somar ou para impor um projeto estranho/estrangeiro? Estão a serviço de quem? O que querem (para si e de nós)? São amigos ou inimigos?

Questão de hospitalidade no umbral do estado, mas já no terreno da cultura. Questionamento *do* outro já iniciado antes de qualquer chegada: a religião, em si, não seria uma inimiga da república, da democracia, dos direitos, da autonomia da razão? Não seria uma força de arresto à marcha civilizatória da modernidade? Questionamento *ao* outro, ao se apresentar no umbral do estado, ao chegar a público, não só para ser visto, mas para ser ouvido: esta religião, o pentecostalismo, estes políticos desconhecidos, que é/quem são? Quais suas credenciais republicanas, democráticas? Qual sua experiência de militância intelectual, social, política, prévia a tão repentina politização? E aqui, as perguntas acima enumeradas, simplificadas e não-sistemáticas, se seguem.

Foram feitas ao pentecostalismo e aos pentecostais — porque a questão da hospitalidade é sempre uma questão de reconhecimento do geral no particular, do que no quem — todas as perguntas e todas as objeções imagináveis. E muitas vezes revelou-se nesses questionamentos a qualidade propriamente elitista dessa cogitação/questionamento quanto à hospitalidade: ignorância, origem popular sem experiência de socialização política, manipulabilidade, obscurantismo intelectual, conservadorismo moral — esses pentecostais, majoritariamente negros e pardos, oriundos de uma socialização eclesial largamente sectária e periférica (urbana e rural), com mania (ou ao menos pretensão) de santidade e irrepreensibilidade, sem ancoragem na "cultura política brasileira" (o que quer que isso queira dizer, e se é que jamais houve uma só), podemos mesmo confiar neles? Podemos abrir-lhes a porta do estado, da representação política, das concertações — e, claro, sempre, das negociatas — políticas, da formação de governos, da ocupação de cargos públicos? São eles passíveis de se tornarem interlocutores nos debates da sociedade e da política?

Fatores vários, que não podem ser sequer mencionados aqui, por questões de espaço, levaram à concessão de um reconhecimento relativo, uma espécie de "visto temporário", a esses visitantes (no sentido derridiano, em contraste com convidados) da política. No bojo de uma ampliação dos espaços de reconhecimento do caráter público, cívico, das instituições religiosas na promoção do "bem comum" ou da "cultura de direitos", instrumental (tese da capilaridade das religiões, alcançando rincões sociais e simbólicos inatingíveis pelo estado) ou substantiva (tese da riqueza da pluralidade democrática, da multiculturalidade, da importância dos valores na construção da amizade política e da ordem social), esses atores receberam acesso. Ao lado de outros. E não só religiosos. Amigos/as, "de repente" irmanados/as numa confraria democrático-radical ou numa lógica liberal-democrática, recebendo lugar, tomando lugar e trazendo para aí, mais do que um peso de representatividade social, discursos alternativos sobre o político, a pluralidade, a democracia, e demandas diversas. Amigos em concorrência.

A construção da amizade entre pentecostais e outras religiões (inclusive seus "irmãos protestantes" relutantes: históricos para com os pentecostais, pentecostais tradicionais para com neopentecostais), outros movimentos sociais e políticos, outros atores acadêmicos, outros, muitos outros, suspendeu, por um tempo — entre meados dos anos 1980 e meados dos anos 2010 — a desconfiança e a inimizade. Mas nos últimos anos, na conjuntura que se estende desde as últimas eleições presidenciais, passando pelo *impeachment* da presidenta Dilma Rousseff e a instauração de um regime de exceção sob o manto de uma institucionalidade vigente e em funcionamento normal, a rediscussão da hospitalidade dada. A tomada de lugar efetuada pelos pentecostais na política e na cultura brasileira ao mesmo tempo consolidou seu lugar, no bojo de um processo de ampliação de espaços para diferentes segmentos sociais, que seguiu a dupla lógica da *pluralização* (reconhecimento de identidades e diferenças como legítimas ao jogo democrático) e do *cálculo eleitoral* (articulação hegemônica de diferenças para formação de um bloco de poder — e hegemonia é sempre uma articulação do que, cada um em si, é heterogêneo aos demais, sob uma força de agregação que ora procede do inimigo comum, ora da identificação com uma das diferenças que se eleva sobre as demais "traduzindo" suas demandas em seus termos, e, assim, "representando-as").

A desmontagem da coalizão lulista iniciada em 2002 e a redefinição — por meio do discurso da corrupção e da crise incontornável — do petismo como novo inimigo comum, redefiniu completamente os termos da aliança que sustentou três gestões "petistas". A essa altura, o discurso de inclusão e reconhecimento que fora utilizado pelos pentecostais até 2014 para produzir uma equivalência de suas demandas à de outros atores sociopolíticos oriundos do aprofundamento do processo de democratização brasileiro pós anos 1980, cedeu lugar a um questionamento do outro pentecostal, já não à "sociedade brasileira", mas ao petismo (e todos os seus simpatizantes e aliados). A elite parlamentar pentecostal — representando grande parte das lideranças e uma proporção indefinida dos fiéis nas comunidades pentecostais (evangélicas, mais amplamente, mas no período discutido aqui os pentecostais conquistaram a hegemonia da identidade e da voz dos evangélicos, que já lhes deveria corresponder por direito numericamente, desde os anos 1960) — tornou-se um dos principais esteios e porta-vozes do governo de exceção. Construindo sobre a movediça ideia das "bases cristãs da sociedade brasileira", agora devidamente pluralizada para incorporar o catolicismo e o protestantismo, o discurso político dos pentecostais virou suas baterias contra o petismo, retomando o que tinha sido amplamente utilizado contra a esquerda no período inicial da mobilização pentecostal, nos anos 1980: o amálgama do comunismo com a ameaça dos movimentos por direitos de mulheres, LGBT e afrodescendentes (significando, aqui, as religiões afro-brasileiras) à moralidade e à propriedade na sociedade brasileira.

Esta reversão no jogo da hospitalidade/amizade não pode ser julgada meramente ao sabor das transformações vividas no pós-2015. Esta conjuntura não revelou o de que sempre se tinha desconfiado, a verdade da hospitalidade equivocada, a verdade do hóspede-inimigo a quem se oferecera a mão da amizade política e agora se voltaria contra o nós da/pela justiça. Esta é uma história que ainda está se desenrolando sob nossos olhos, mas mil vezes pluralizada, que reclamaria aplicar com maior rigor ainda a análise derridiana da hospitalidade e da amizade: desnaturalizando tanto o rótulo "pentecostal" como metonímia de "a religião", para reconhecer a emergência de vozes dissonantes em seu interior; para perceber a arregimentação de setores do protestantismo histórico e pentecostal contra a elite parlamentar evangélica, desafiando se não sua representatividade em relação às bases (dimensão quantitativa) pelo menos sua representatividade da tradição protestante; para perceber a tensa aliança entre setores derrotados politicamente da esquerda movimentalista e setores ecumênicos e inter-religiosos interessados na salvaguarda do pluralismo que sofre ameaças de todos os lados na nova conjuntura. Apenas algumas breves, acanhadas e apressadas sinalizações de que o que nos visitou nos anos 1980 — um protestantismo popular, místico, intransigente e politicamente mobilizado — ainda se debate com as condições de existência de uma sociedade plural, democrática e justa, num país em que a fronteira entre religião e irreligião nada nos diz sobre quem merece hospitalidade e amizade, quem é o amigo-inimigo e quem é o inimigo "objetivo".

Referências

BURITY, Joanildo. A cena da religião pública: contingência, dispersão e dinâmica relacional. *Novos Estudos CEBRAP*, n. 102, p. 93-109, 2016a.

_____. Minoritization and pluralization: What is the "People" that pentecostal politicization is building? *Latin American Perspectives*, v. 43, n. 3, p. 116-132, 2016b.

_____. Autoridad y lo común en procesos de minoritización: el pentecostalismo brasileño. *Revista Latinoamericana de Investigación Crítica*, v. IV, n. 6, p. 99-126, 2017.

COSTA, Sérgio. Desprovincializando a Sociologia: a contribuição póscolonial. *Revista Brasileira de Ciências Sociais*, v. 21, n. 60, p. 117-134, 2006.

DERRIDA, Jacques. *Espectros de Marx:* o estado da dívida, o trabalho do luto e a nova Internacional. Rio de Janeiro: Relume-Dumará, 1994.

_____. Remarks on deconstruction and pragmatism. In: MOUFFE, Chantal (Ed.). *Deconstruction and pragmatism.* Londôn/New York: Routledge, 1996, p. 77-88.

_____. *Políticas de la Amistad, seguido de El oído de Heidegger.* Madrid: Trotta, 1998.

_____. *Of hospitality:* Anne Dufourmantelle invites Jacques Derrida to respond. Stanford: Stanford University, 2000a.

_____. Hostipitality. In: *Angelaki,* v. 5, n. 3, p. 3-18, 2000b.

_____. Hostipitality. In: ANIDJAR, Gil (Ed.). *Acts of religion.* New York/ London: Routledge, 2002, p. 356-420.

_____. *Papel-máquina.* São Paulo: Estação Liberdade, 2004.

_____. *Rogues:* two essays on reason. Stanford: Stanford University, 2005.

_____. *Força de lei.* São Paulo: Martins Fontes, 2007.

LACLAU, Ernesto. *New reflections on the revolution of our time.* London: Verso, 1990.

_____. Una ética del compromiso militante. In: *Debates y combates: Por un nuevo horizonte de la política.* Buenos Aires: Fondo de Cultura Económica, 2008, p. 67-106.

_____. Antagonism, subjectivity and politics. In: *The rhetorical foundations of society.* London: Verso, 2014, p. 101-125.

MISKOLCI, Richard. A Teoria Queer e a Sociologia: o desafio de uma analítica da normalização. *Sociologias,* v. 11, n. 21, p. 150-182, 2009.

MORRIS, Rosalind C. Legacies of Derrida: Anthropology. *Annual Review of Anthropology,* n. 26, p. 355-89, 2007.

ORTEGA, Francisco. *Para uma política da amizade:* Arendt, Derrida, Foucault. Rio de Janeiro: Relume-Dumará, 2000, p. 49-86.

PEREIRA, Gustavo Oliveira de Lima. Da violência biopolítica à política da estrangereidade: o desafio dos direitos humanos por vir no pensamento de Jacques Derrida. *Thaumazein,* n. 12, p. 117-137, 2013.

SCHRAMM, Fermin Roland. A moralidade da prática de pesquisa nas ciências sociais: aspectos epistemológicos e bioéticos. *Ciência & Saúde Coletiva*, v. 9, n. 3, p. 773-784, 2004. Disponível em: <https://www.scielosp.org/article/csc/2004.v9n3/773-784>. Acesso em: 20 jul. 2018.

JURADO ZEVALLOS, Verónica Pilar G. Derrida e a educação: o acontecimento do impossível. *Cadernos IHU*, v. 9, n. 36, p. 1-58, 2011.

ZAGALLO, Gonçalo. Hospitalidade e soberania — uma leitura de Jacques Derrida. *Revista Filosófica de* Coimbra, n. 30, p. 307-323, 2006.

6
A teoria do currículo e o futuro monstro*

Elizabeth Macedo

> O futuro é necessariamente monstro: a figura do futuro, ou seja, esta que apenas pode ser surpresa, esta para a qual não estamos preparados... é anunciada por espécies de monstros. Um futuro que não fosse monstruoso não seria um futuro; seria um amanhã previsível, calculável ou programável. Toda experiência aberta para o futuro é preparada ou se prepara para acolher o monstro que chega.
>
> Jacques Derrida, *Passages*

Minhas pesquisas, no campo do currículo, não interpelam a escola ou o fazer docente, mas, mais frequentemente, a teoria do currículo. Isso porque há nela um caráter normativo que delimita,

---

* Texto vinculado a projeto de pesquisa financiado pelo CNPq, FAPERJ e programa Prociência da UERJ.

em grande medida, o que pode ser significado, não apenas como currículo, mas também como educação e escola. Mesmo que sempre sujeita à iterabilidade — que torna "cada instância normativa acompanhada de perto pelo seu próprio fracasso" (Butler, 2015, p. 22) —, o que tomamos por teoria curricular tem sancionado experiências legitimadas como educativas. Ela está ali para suturar seu próprio fracasso, controlar os excessos, definir o que deve ser jogado para o lugar da invisibilidade. Talvez eu esteja aqui tomando liberdade excessiva, até mesmo ao usar o termo teoria curricular, na medida em que, sempre interpelada, ela é heterogênea e contingente. Mas vou começar este texto fazendo-o, porque, mesmo que da ordem da ficção, nomeada e convocada, ela tem efeitos múltiplos, dentre os quais me interesso por aqueles que têm a ver com a subjetivação. É preciso dizer, ainda, que a teoria curricular de que falo é a teoria que conheço, ou seja, aquela que, produzida nos países de língua inglesa, se espraiou pelo mundo "ocidental" e, hoje, penetra e se hibridiza também em países do Oriente. Claro que mesmo esta influência é medida por uma visibilidade no circuito em que ela se dá a medir (Pinar, 2014). Limites!

Ao mesmo tempo em que lido, a princípio, com o caráter inexoravelmente normativo da teoria, questiono e discordo de que ela precisa se caracterizar pelo que tenho chamado de projeto normativo (Macedo, 2017). Butler e Anastasiou (2013), ao discutirem a dispossessão (ou expropriação), distinguem entre a disposessão que está na base de nossa condição humana, que nos subjetifica, e aquela que é imposta e contra a qual é preciso lutar. Com elas, assim como com Derrida de *Força da lei*, tenho questionado a pretensão de certa teoria curricular, não apenas de que é possível, mas de que é necessário responder o que deve ser ensinado ou que sujeito queremos formar. Com isso, tenho tentado fazer eco com Derrida (1989, p. 59) na ideia de que a educação somente existe como um processo que "permite ao outro ser um outro singular— aquele que não está inventado".

Não são poucas as tradições curriculares que defendem a teoria como o conjunto de "regras" para a construção de um projeto normativo. Desde a questão (assumida por alguns como) fundadora do campo — qual o conhecimento mais válido? (Spencer, 1861) — tal pretensão tem sido reiterada. Ela está na racionalidade tyleriana, nas abordagens sistêmicas dos anos da Guerra Fria, nas propostas recentes da neurociência, assim como na teorização crítica de matriz marxista e na defesa de currículos voltados para justiça social. Se as identidades projetadas para os sujeitos parecem distintas nas abordagens positivista e marxista — do sujeito produtivo ao cidadão crítico —, é curioso que a ciência esteja na base das experiências escolares que permitirão a "construção" de tais identidades: a ciência objeto de ensino, assim como princípio legitimador, no futuro, da escola. Spencer, no século XIX, é tão explícito nessa referência quanto, por exemplo, o realismo social (Young, 2013; Muller e Young, 2008) ou a pedagogia histórico-crítica (Libâneo, 2012). O papel da escola na construção da Modernidade, analisado por Varela e Alvarez-Uria (1991), oferece uma boa pista para o entendimento de tais aproximações. Também a crítica da pedagogia, formulada por Nietzsche, vai deixar explícito o compromisso da educação Moderna ocidental tanto com a ciência quanto com o futuro na forma de desenvolvimento de habilidades técnicas.

Neste texto, quero discutir a possibilidade e a necessidade de uma teoria de currículo que permita pensar a educação de um outro singular pela óptica da noção de tempo, pouco problematizada na teoria curricular, talvez porque sua linearidade — uma sucessão de presentes — esteja muito impregnada no senso comum. Parto, aqui, da ideia de que, na condição pós-moderna (Lyotard, 2009), artefatos tecnológicos e as mudanças que eles propiciam estão alterando as formas como experenciamos e somos afetados pelo espaço e pelo tempo, propiciando uma dimensão sensível da crise da Modernidade. A instantaneidade ou uma certa compressão do espaço e do tempo tem nos feito ocupar a liminaridade como um lugar-tempo produzido pela vida, não apenas como uma passagem que não podia (ou não devia) ser habitada. Estamos podendo, de alguma forma pouco clara, sentir o que os modelos matemáticos e físicos têm representado como o colapso da linearidade e da continuidade de tempo e espaço. As topologias invaginadas que substituem a matriz tridimensional do espaço no tempo questionam a estruturalidade da estrutura e impedem qualquer ideia de totalização. Nelas, qualquer ponto nada mais é do que um evento. Na defesa de uma ontologia pós-material, Barad (2014, 2018, 53:40 min.) tem argumentado que "espaço e tempo são configurados e reconfigurados intra-ativamente na materialização do fenômeno (...), espaço e tempo são performances agenciais da matéria", eles não são o cenário e o tempo em que as coisas se movem.

Este texto está, assim, marcado pela crença de que insistir, hoje, em uma teoria curricular cujo objeto é a projeção do futuro (ou uma corrida para o futuro) é anacrônico e, mais do que isso, perigoso. Em outro lugar (Macedo, 2017), tentei mostrar como esse anacronismo tem reforçado que o combate das políticas neoliberais se dê, muitas vezes, dentro do neoliberalismo. Aqui, quero argumentar em favor de uma teoria curricular animada pela desconstrução para, com ela, pensar a educação como aquilo que, lidando com o futuro possível projetado pelo poder, não acontece a não ser no futuro por vir, aquele que "só pode se antecipar na forma do perigo absoluto". Na topologia invaginada, não linear, em que o por vir ganha sentido, o fracasso da escola em formar para o futuro imaginado é, talvez, a única certeza, não porque a utopia não pode ser atingida, mas porque a educação como um princípio regulador só pode se fazer sob seus próprios escombros. A educação, ao contrário, é acontecimento, tem a ver com os eventos imprevistos que "rompem absolutamente com a normalidade constituída". Ela só acontece acolhendo o "monstro que chega".

A herança

> Meu desejo se parece com aquele de um apaixonado pela tradição que gostaria de se livrar do conservadorismo. Imagine um apaixonado pelo passado, apaixonado por um passado absoluto, um passado que não seria mais um presente passado, um presente na medida, na desmedida de uma memória sem fundo — mas um apaixonado que receia o passadismo, a nostalgia, o culto a lembrança. Dupla injunção contraditória e desconfortável, portanto, para esse herdeiro que acima de tudo não é o que se chama "herdeiro" (Derrida e Roudinesco, 2004, p. 13).

O caminho que escolhi para este texto exige certa cumplicidade do leitor em aceitar que parte considerável da teoria curricular opera com a ideia de que a escola de hoje está suspensa entre um passado, origem do conhecimento válido, e um futuro sem o qual a ideia de válido não faria sentido (Macedo, 2017). Uma simples busca combinada dos termos currículo e futuro retorna um sem número de referências tanto a textos acadêmicos como a demandas de políticas curriculares ou de grandes conglomerados do edu-*business*. Em livro intitulado *O currículo do futuro*, publicado em 2000, Michael Young (2000, p. 17) propõe pensar "as implicações curriculares" das mudanças no mundo do trabalho e defende uma teoria crítica do currículo "relevante para o currículo do futuro". Em 2014, o autor (Young *et al.*, 2014) volta a trazer o futuro da escola no título de uma obra, deixando claro o compromisso de seu realismo social. Muitos outros exemplos poderiam aqui ser apresentados, mas vou escolher outro caminho.

Minha opção será reconhecer o incômodo que o aprisionamento da educação à temporalidade continuísta e linear sempre exerceu sobre uma parte da teorização curricular. Talvez essa seja uma forma de me identificar com essa tradição, não sem perturbá-la, como buscarei fazer mais a frente neste texto. Sem nenhuma pretensão (estúpida) de esgotamento — seja das possíveis tradições teóricas seja de cada uma delas —, tomo como indício deste incômodo o que Schubert (2010, p. 362) nomeia experimentalismo. Para o autor, trata-se de uma "posição que assegura que o currículo deve ser constituído de experiências de aprendizagem, não apenas de conteúdos acadêmicos e de habilidades comportamentais". O ícone dessa tradição seria o pragmatismo progressivista de John Dewey, cuja obra é remetida por Schubert, entre outros, a Herbart, Froebel e, mais remotamente, a Rousseau. Em argumento menos óbvio e mais contestável, o autor vai defender que o experimentalismo é uma das influências da tradição fenomenológica da reconceptualização norte-americana do campo. Se influência talvez seja uma palavra muito forte, Pinar *et al.* (1995, p. 446) tendem a concordar que ambas as tradições compartilham a "enorme promessa de entender currículo como texto vivido".

Trago aqui fragmentos do pensamento de Dewey e Pinar, este, expoente da tradição fenomenológica, para defender que há, nesses autores (ou, talvez, na tradição experimentalista do currículo, se aceita a tese de Schubert), um movimento de subversão da noção continuísta de tempo. Faço isso a partir da noção de experiência, que, segundo Pinar *et al.* (1995, p. 26), trazida por Dewey para a definição de currículo, é "um conceito operativo no campo hoje". Aceito a argumentação de Graham (1991, apud Pinar *et al.*, 1995) de que se trata de conceito que transcende a teoria da aprendizagem experimental de Dewey, influenciando fortemente os estudos autobiográficos do campo. Além da própria tradição fenomenológica, tal conceito é explicitamente reclamado por autores como Schubert (1991), Candinin e Connely (Clandinin, 2013) e Schön (2000), em pesquisas versando, de distintas formas, sobre o saber experiencial e as narrativas de professores.

Defendo que a noção de experiência — juntamente com a ideia de transação a ela associada — tenta, ao fugir da causalidade, subverter os limites impostos pelo senso comum da temporalidade continuísta. Talvez seja necessário alertar que deixarei,

PENSANDO A POLÍTICA COM DERRIDA 159

propositalmente, de fora os desdobramentos das discussões sobre experiência e transação que permitem a Dewey propor uma teoria de aprendizagem por meio da investigação. Isso implica, sim, que a forte crença de Dewey na ciência moderna, com sua temporalidade linear e causal, será aqui evanescida. Ainda que tais momentos, relidos sob a óptica de um conhecimento que é transacional, pudessem talvez ganhar outros significados, não farei esta operação porque não quero tirar Dewey do contexto do início do século XX e mostrar como seu pensamento é atual. Meu objetivo é tão somente, repito, defender que sua definição de experiência e transação trazem, para o pensamento educacional preocupado em projetar o futuro, uma temporalidade mais complexa.

Segundo Elkjaer (2013, p. 97) a experiência, para Dewey, é "ontológica e baseia-se na relação transacional entre sujeito e mundos". Ela existe porque "uma transação está ocorrendo entre um indivíduo e o que, ao tempo, é o meio (...) ou o ambiente. Este (...), [por sua vez] é formado pelas condições em interação com as necessidades, desejos, propósitos e aptidões pessoais de criar a experiência em curso" (Dewey, 1976, p. 37). Assim, o conceito de experiência refere-se diretamente ao questionamento das dicotomias que organizavam o pensamento no início do século passado, especialmente entre "organismo e ambiente, pessoas e coisas, mente e natureza, e assim por diante" (Dewey, 2004, p. 5). Negando a primazia de um sobre o outro — e mesmo a pré-existência de qualquer um deles — Dewey vai centrar sua teoria na interação, posteriormente transação, entre entidades que se constituem no processo: "coisa e eventos pertencentes ao mundo, físico e social, são transformadas pelo contexto humano em que entram, enquanto a criatura viva é mudada e se desenvolve pela sua interação com coisas previamente externas a ela" (Dewey, 2010, p. 431).

Em *Experiência e educação*, Dewey (1976, p. 8) afirma que "há uma relação íntima e necessária entre os processos de nossa experiência real e a educação", abarcando nessa experiência tanto o cognitivo como o estético e o emocional, sem o qual a experiência seria impossível. Segundo Biesta (2014, p. 37), para Dewey, "os organismos vivos aprendem por intermédio das formas tentativas e experimentais pelas quais mantêm transações coordenadas com o ambiente (...), [nas quais] eles adquirem um conjunto complexo e flexível de predisposições para a ação". Se a experiência é vida, ela precisa ser refletida posto que nem toda experiência é tomada, por Dewey, como potencialmente educativa. Conhecer — sinônimo de educação, para o autor — é um tipo específico de experiência, que requer tanto ação quanto reflexão:

> pensar é o esforço intencional para descobrir as relações específicas entre uma coisa que fazemos e a consequência que resulta, de modo a haver continuidade entre ambas. Desaparece seu isolamento, e, por conseguinte, sua justaposição puramente arbitrária: e toma seu lugar uma situação unificada a desenvolver-se (Dewey, 1959, p. 159).

Talvez seja necessário, em função dos sentidos que fomos hegemonizando para o termo "conhecer", destacar que, em Dewey, conhecer é uma forma de experiência, ou seja, é transacional. Não se conhece um conhecimento passado — ele não é o objeto da reflexão —, porque o conhecimento só surge "pela intervenção de uma operação" (Dewey, 1906, p. 113-114, citado por Biesta, 2014, p. 38). Ele não tem a ver com a representação de um mundo objetivo, mas com aquilo que pode ser produzido quando "nosso mundo subjetivo e os mundos subjetivos de outros são coordenados" (Biesta, 2014, p. 43). É somente a partir da ação coordenada que se conhece "aquilo" sobre o que a ação se dá. Altera-se, dessa forma, a relação entre presente e passado:

> "Aprender da experiência" é fazer uma associação retrospectiva e prospectiva entre aquilo que fazemos às coisas e aquilo que

em consequência essas coisas nos fazem gozar ou sofrer. Em tais condições a ação torna-se uma tentativa; experimenta-se o mundo para se saber como ele é; o que se sofre em consequência torna--se instrução — isto é, a descoberta das relações entre as coisas (Dewey, 1959, p. 153).

Se "a medida do valor de uma experiência está na percepção das relações e continuidade a que ela leva" (Dewey, 1959, p. 153), é preciso destacar o deslocamento dessa afirmativa em relação a "corrida para o futuro" que povoa as pedagogias modernas. O valor da experiência é também ele experiencial, e, na medida em que as experiências estão sempre conectadas umas às outras, elas se "caracterizam pela busca pelo desconhecido" (Elkjaer, 2013, p. 98), "alargam os conhecimentos, enriquecem nosso espírito e dão, dia a dia, significação mais profunda à vida" (Dewey, 1967, p. 17). Nas palavras de Biesta (2014, p. 39), conhecer é "uma reação a algo que está distante no tempo e no espaço e (...) um passo no futuro desconhecido", uma empreitada de "incerteza e risco".

A subversão da linearidade e continuidade temporal das abordagens positivistas e sistêmicas proposto por Pinar é ainda mais pronunciado, na medida em que, nele, não há menção à ciência. Interessado, como Dewey, pela "estrutura ontológica da experiência educacional" (Pinar, 2004, p. 35), Pinar vai se dedicar a caracterizá-la como "[talvez], modos de relação temporais e cognitivos entre professores e estudantes [no original knower and known]". Essa empreitada vai ser desenvolvida ao longo de sua obra por meio da definição de currículo como *currere*, mas também, como lembra Garduno (2014), quando o autor trata da autoformação *(bildung)* ou propõe o uso da alegoria tanto em sala de aula quanto na análise do campo.

Como currere, o currículo é definido como "a experiência existencial das estruturas institucionais" (Pinar e Grumet, 1976, p. vii) ou "a construção do self, a experiência vivida da subjetividade" (Pinar, 2004, p. 37). Ainda que, comparada à noção de experiência de Dewey, a experiência existencial do *currere* seja mais nitidamente subjetiva, como em Dewey, "a subjetividade [também] ganha forma, conquista conteúdo e singularidade, no mundo, que é ele mesmo reconstruído pelo engajamento da subjetividade com ele" (Pinar, 2010, p. 178). A experiência vivida da subjetividade parece, assim, estar ligada à experiência educacional que, para Dewey, "provia uma ponte entre 'self' e sociedade, entre auto-realização e democratização" (Pinar, 2004, p. 17).

Interessante notar que, como acontece com Dewey nos anos 1920, o *currere* se apresenta, já em meados da década de 1970, como um método, um método para "uma busca sistemática da nossa experiência interior" (Pinar, 1974, p. 3). A busca por um método — que, então, assombrava, inclusive, a reconceptualização de um campo eminentemente técnico —, não reduziu as possibilidades de significação do *currere*. Entendo que o termo tem metaforizado sentidos para a educação ou para a experiência educacional em sentido amplo. Para Pinar (2004, p. 36), o *currere* se transformou em criticismo cultural, na medida em que "mostrou que a tentativa de entender a cultura precisa incluir a forma como ela modela a própria consciência do crítico". Ele tem permitido entender que os sujeitos da educação estão sempre, como destacaram Pinar e Grumet (1976, p. 51), em "situação biográfica".

Como método, o *currere* é estruturado em momentos que se referem ao presente, passado e futuro, explicitando posição defendida por Pinar, em diferentes obras, em prol da "restauração da temporalidade — um sentido claro de passado, possibilitando discernir o presente e o descortinar o futuro" (Pinar, 2016, p. 208). A volta ao passado, no momento regressivo, se dá pelo uso da técnica psicanalítica da livre-associação, que permite não apenas ou propriamente a recuperação desse passado, mas a "ampliação — e, portanto, transformação — da memória do sujeito" (Pinar, 2004, p. 36). O momento progressivo remete ao futuro, mas um futuro que não se faz presente como projeto, fantasias ou utopias. São futuros imaginados que "habitam o presente". É no terceiro momento que, como na suspensão fenomenológica, passado e futuro dão lugar a "um espaço subjetivo de liberdade no presente". Por fim, o momento de síntese é o retorno a um presente reconstruído, um momento de "intensa interioridade" (Pinar, 2004, p. 37), vivido por um corpo físico que "é um todo concreto". Assim, "o que ocorre nesse e por esse corpo pode se tornar um todo discernível, integrado em sua significação".

Na primeira versão do método, datada de 1975, é visível que a linearidade de suas etapas são um limite e uma dificuldade: "olhar para minha vida de uma forma linear, reconhecendo seu caráter multidimensional, mas limitando minha visão a lineari-dade para torná-lo mais administrável" (Pinar, 1994, p. 19). Essa dificuldade é minimizada na medida em que a coerência entre as situações dispostas linearmente no tempo cronológico é buscada na "biografia como ela é vivida" (Pinar, 1994, p. 20). Passado, presente e futuro são estruturas temporais da subjetividade, de modo que, entre eles não há coerência lógica, elas se interpenetram no self histórico. As contribuições de Grumet (1976 e 1981) para o entendimento dessa relação em termos psicanalíticos tornaram ainda mais claro o quão vã é a pretensão de que se pode olhar para vida de forma mais administrável. Para a autora (1976, p. 130-31), "*currere* é um ciclo reflexivo no qual pensamentos curvam-se sobre si mesmos e assim recuperam sua volição".

O apego de Pinar em restaurar a temporalidade — e criticar a presentificação narcísica — tem sido acompanhado de subversão. Em sua proposição mais recente de que o currículo seja entendido de forma alegórica, o autor (Pinar, 2016, p. 209) volta a defender que tal procedimento "incorpora de forma autoconsciente o passado no presente, entrelaçados por meio da subjetividade da pessoa". Na medida em que a alegoria articula história e repre-sentação, passado e presente, sem torná-los o mesmo, pensar o currículo com empresa alegórica seria análogo ao que se pretende com o *currere*. A tarefa da educação de reconstrução, simultânea, da subjetividade e da realidade, requer "a reativação do passado no presente, tornando o presente passado" (Pinar, 2016, p. 215) e produz um "futuro incalculável" (Pinar, 2016, p. 213).

A retomada da noção de experiência como central à educação, que faço a partir das obras de Dewey e Pinar, não tem por objetivo argumentar que o experimentalismo rejeita a ideia metafísica de tempo ou a lógica de um tempo contínuo no qual as experiências vão acontecendo. Como lembra Schubert (2010, p. 362), essa tradição advoga que "para experiências de aprendizagem serem internalizadas, o aprendiz precisa relacioná-las, por reflexão cuidadosa, com experiências prévias na vida e com aspirações para o futuro" (Schubert, 2010, p. 362). Entendo, no entanto, que a valorização da relação do sujeito com o mundo, ou uma atenção maior às formas como a educação permite a subjetivação, cria novas formas de relação entre passado, presente e futuro. A temporalidade linear e continuísta é, em certa medida, subvertida pela referência a um tempo subjetivo. De formas distintas, nessa tradição, a teorização de currículo se abre às experiências que permitem ao aluno compreender o seu próprio mundo da vida (Greene, 1977). Ao incorporar a preocupação com a vida, e sua temporalidade própria, o experimentalismo, em seus limites modernos, mostra-se sensível ao "monstro que chega", mesmo que, talvez, não saiba como acolhê-lo.

O futuro monstro

> Propomos sempre que se fale de democracia por vir, e não de democracia futura, no presente futuro, não mesmo de uma ideia reguladora, no sentido kantiano, ou de uma utopia. (...) A ideia, caso ainda seja uma ideia, de democracia por vir (...) é a abertura do desvio entre uma promessa infinita (sempre insustentável, quando menos, porque exige o respeito infinito pela singularidade e a alteridade infinita do outro assim como pela igualdade contável,

calculável e subjectal entre as singularidades anônimas) e as formas determinadas, necessárias, mas necessariamente inadequadas, do que se deve medir com essa promessa (Derrida, 1994, p. 93).

Abro esta seção com uma epígrafe que se refere à democracia por vir, porque é essa temporalidade por vir que quero recuperar para pensar uma teoria do currículo sem lançar mão da utopia de um futuro previsível ou desejável — que é também pretensão, a pretensão de Deus. Ao fazê-lo, me sinto ecoando tradições, como o experimentalismo, que viram no imprevisível, não o que deve ser apagado e controlado, mas aquilo sem o que não há educação. O eco, no entanto, precisa subverter a metafísica que as anima para que o outro seja efetivamente outro. Não parece suficiente tratar o tempo como experiência subjetiva no mundo — e, portanto, necessariamente não linear e não causal —, é preciso desconfiar do tempo que nomeia a presença.

Em Ousia e Gramme, Derrida (1991) usa a noção de espaçamento para superar a dicotomia entre tempo e espaço, buscando dar conta do devir espaço no tempo, assim como do devir tempo no espaço.

> cada elemento dito "presente", que aparece sob a cena da presença, se relaciona com outra coisa que não ele mesmo, guardando em si a marca do elemento passado e deixando-se já moldar pela marca da sua relação com o elemento futuro, constituindo aquilo a que chamamos presente por intermédio dessa relação mesma com o que não é ele próprio: absolutamente não ele próprio, ou seja, nem mesmo um passado ou um futuro como presentes modificados (Derrida, 1991, p. 45).

Ao invés de dialogar, diretamente, com essa obra (mas sabendo-a lá) para pensar o currículo e uma outra topologia, vou seguir com a ideia de por vir, o futuro monstro, incalculável na linguagem da presença. Com ele, pretendo discutir uma teoria curricular responsável como uma "forma necessária, e necessariamente inadequada", de falar sobre a educação, uma "impossível promessa infinita". A educação por vir, que somente pode se "realizar" em sua própria morte, mas que, ainda assim, tem que se "realizar". Realiza-se, pois, mas não estará lá a não ser como negação de si. Salih (2004) usa o termo filósofos da irrealizabilidade para se referir a Derrida, assim como a Bhabha, Butler e Laclau, com quem também dialogo em minhas pesquisas.

Talvez devesse confessar que parto de certas crenças sobre educação que marcam o compromisso da teoria que faço e que, de alguma forma, ecoam a tradição que herdo e que já se insinuou neste texto. A educação é experiência de alteridade, é na relação com o outro, totalmente outro, aquele irrepresentável no presente como futuro, que ela se faz. Não haveria educação na ordem do "puro" cálculo, na medida em que o cálculo quer controlar a alteridade, treinar ou ensinar ao custo de moldar o outro na economia do mesmo. Assim, o futuro da educação não pode ser o futuro como expectativa reguladora, o futuro "que se apresenta como um presente futuro na forma modificada do presente" (Derrida, 2010, p. 54). Futuro por vir, talvez, mas, como nos alerta Derrida (2010), por vir é distinto de futuro.

Trarei, ao longo do texto, as distinções e imbricamentos (no limite em que podem ser separados) entre justiça e lei, que Derrida explora em *Força da lei*, para buscar entender a impossibilidade de totalização que habita a ideia de por vir e, em seguida, a relação entre educação e teoria curricular. Poderia, por certo, usar outros exercícios teóricos do autor, posto que o movimento da desconstrução, que justifica esta obra, está por toda parte em Derrida. No intuito de distinguir justiça de lei, operação difícil e instável, o autor (2010, p. 41) vai adjetivar justiça como "infinita, incalculável, rebelde às regras, estranha à simetria, heterogênea e heterotópica", enquanto a lei está no terreno do "dispositivo estabilizável, estatutário e calculável, [de um] sistema de prescrições regulamentadas e codificadas".

PENSANDO A POLÍTICA COM DERRIDA

Tal distinção não deve, no entanto, deixar de lado o imbricamento entre ambas, na medida em que a lei pretende fazer justiça e a justiça não existe senão quando posta em ação e, para isso, precisa "ser instalada num direito" (Derrida, 2010, p. 43). As distinções e imbricamentos se expressam na questão que guia as reflexões do autor (Derrida, 2010, p. 31) ao longo da obra:

> Como conciliar o ato de justiça, que deve sempre concernir a uma singularidade, indivíduos, grupos, existências insubstituíveis, o outro ou eu como outro, numa situação única, com a regra, a norma, o valor ou o imperativo de justiça, que tem necessariamente uma forma geral, mesmo que essa generalidade prescreva uma aplicação que é, cada vez, singular?

Da necessidade de lidar com ("conciliar") a justiça, o ato de justiça e a lei norma, ou o universal e o particular, Derrida (2010) vai derivar três aporias: da suspensão, da indecidibilidade e da urgência. O autor vai argumentar que a justiça por vir, ou a abertura radical para a alteridade, "só pode ser preservada como um resultado de [tais] aporias" (Edgoose, 2001, p. 128). Minha estratégia aqui, talvez um pouco apressada, é criar uma homologia entre as ideias de justiça, como foi trabalhada por Derrida nesta obra, e de educação. Um pouco mais adiante, tratarei da lei ou da regra, relacionando-a à decisão que produz o ato de educação singular. Tal estratégia me permite recuperar a existência de um "imperativo de [educação] que tem necessariamente uma forma geral", mas que se apresenta como "ato" que "concerne a uma singularidade". Assim como a justiça, a educação é infinita "porque irredutível, irredutível porque devida ao outro — devida ao outro antes de qualquer contrato, porque é vinda, a vinda do outro como singularidade sempre outra" (Derrida, 2010, p. 49). Ela seria uma "experiência do impossível" (p. 30), não é possível educar, a educação é apenas "um apelo à [educação]" (p. 30) uma experiência por vir. Ao mesmo tempo, é necessário — e urgente — educar porque a educação é "devida ao outro". Há uma demanda por educação que, porque ética, precisa ser respondida e o é na forma de ato.

Necessário, aqui, um parênteses (que nem será tão parênteses) para distinguir entre o ato de educação e sua compreensão mais empírica. Não se trata de reeditar a famosa dicotomia, de Anísio Teixeira (1962), entre valores proclamados e valores reais ou os diferentes estudos que buscam denunciar que pensamento e ação deste ou daquele grupo/sujeito estão em dissonância. Também, não se trata, como na tradição experimentalista que ecoo, de contrapor ao currículo formal, sejam as experiências vividas, sejam as relações de poder ocultadas. O ato de educação não é a educação que acontece nas escolas, embora nas escolas também se reinstaure a educação impossível. No entanto, a ideia de ato não inscreve a dicotomia em relação a uma educação não-ato, prescrita, pensada ou proclamada. Ela não é um exemplo singular de uma abstração: a educação em si.

O ato de educação é um ato singular que rasga a educação "infinita e incalculável", sem que seja possível realizá-la. Ou mesmo chegar mais perto de fazê-lo. O ato de educação não pode jamais produzir a educação "infinita e incalculável". Ao contrário, ao surgir como resposta ao chamado da urgência, ele afasta o campo aberto de possíveis decisões. Com isso, a educação é diferida e, nesse constante diferimento, ela nunca será. Ela é da ordem do irrealizável seja agora seja no futuro, permanecerá sempre por vir — na abertura do desvio entre si e o ato com o qual responde ao chamado urgente. Assim, por vir não se confunde com utopia, não é um horizonte que está lá para guiar ou mobilizar o caminhar. Ele diz respeito a um campo aberto de possibilidades — infinito e incalculável — que só pode ser representado como ato ou como sua negação. Expressa a impossibilidade de totalização.

Em *Escritura e diferença* (Derrida, 1971), Derrida opera de forma semelhante no campo da linguagem, no qual talvez fique mais clara tal impossibilidade. Nessa obra, discurso é definido como um conjunto diferencial de sequências de significação infinitas, um "sistema em que o significado central, originário ou transcendental, nunca está presente fora de um sistema de diferenças" (Derrida, 1971, p. 232). Tal definição incita a questão da representação tridimensional do espaço num tempo que abordei no início deste texto, ou, em outras palavras, a separação entre tempo e espaço como categorias absolutas e abstratas que tornou possível medir os tempos e espaços relativos, assim como "a diversidade de concepções e percepções humanas" (Harvey, 1991, p. 189). O fato de a estrutura não ser um espaço autocontido, unificado em torno de um centro, cria uma pluralidade infinita de possibilidades, em um jogo de substituições incessantes, que impede a construção de sentidos transcendentais. Qualquer sentido que se precipita como acontecimento não representa a pluralidade; embora se apresente como se suspendesse o jogo, não é capaz de fazê-lo. A educação jamais poderá ser absorvida no ato de educar, porque o excesso, a abertura para o monstro, a constitui. O ato de educar, como acontecimento, é suplemento, já que "o movimento da significação acrescenta alguma coisa, o que faz com que sempre haja mais, mas esta adição é flutuante porque vem substituir, suprir uma falta do lado do significado" (Derrida, 1971, p. 232).

Assim, a educação não é um horizonte, uma ideia reguladora que, por meio do ato, se atinge. Ela nunca chegará, permanecerá como promessa infinita (e messiânica) devida ao outro. O ato jamais coincidirá com ela, posto que na temporalidade do espaçamento, há um desvio aberto entre ambos, o por vir. A promessa precisa, como lembra Derrida no trecho que uso como epígrafe, "ser medida" por "formas determinadas, necessárias, mas necessariamente inadequadas". É o processo de precipitar a educação em formas inadequadas, atos que surgem sempre antes da hora ou fora dela, que quero abordar na continuidade deste texto. A experiência da educação que deve se tornar ato envolve a violência da decisão que não pode ser legitimada a não ser pela urgência da decisão devida ao outro.

A teoria responsável

> Indecidível é a experiência daquilo que, estranho e heterogêneo à ordem do calculável e da regra, deve entretanto — é de dever que é preciso falar — entregar-se à decisão impossível, levando em conta o direito e a regra (Derrida, 2010, p. 46).

Se através do ato educativo nunca se poderá aceder à educação, ele é, ainda assim, necessário. Se a educação é "estranha e heterogênea à ordem do calculável e da regra", ela precisa "se entregar a decisão (tão) impossível" quanto necessária. Como formula Derrida (2010, p. 46) "nenhuma (educação) se exerce, nenhuma (educação) é feita, nenhuma (educação) se torna efetiva (...) sem uma decisão indiscutível"[1]. Toda decisão precisa enfrentar a "prova do indecidível" (p. 46) que não consegue ultrapassar: "a memória da indecidibilidade deve conservar um rastro vivo que marque, para sempre, uma decisão como tal" (Derrida, 2010, p. 47). Com isso, nenhuma decisão pode ser entendida como presença, ela não se funda em nenhuma regra nem pode ser determinada de antemão. O ato educativo como acontecimento é diverso e incontrolável. Ele não é um exemplo, dentre outros, de como a educação "infinita e incalculável" pode se dar, não é um momento em que ela está lá. É uma precipitação singular, à qual o excesso segue assombrando.

Citando Kierkegaard, Derrida (2010, p. 52) vai afirmar que "o instante da decisão é uma loucura", porque age "na noite do não-saber e da não-regra". Não é que as regras não existam, mas que elas são "fundadas (...) sobre camadas textuais interpretáveis" (Derrida, 2010, p. 26) e não têm um fundamento último fundado. Assim, no momento da decisão, elas serão sempre reinstauradas, o que "por definição, não é precedido de nenhum saber e de

---

1. Aqui substituí justiça por educação e direito por ato.

nenhuma garantia como tal" (Derrida, 2010, p. 52). Nas palavras de Derrida (2010, p. 44), "para que uma decisão seja (...) responsável, é preciso que, em seu tempo próprio, se houver um, ela seja ao mesmo tempo regrada e sem regra".

Frequentemente, os atos educativos irrompem mobilizando regras trazidas à cena como presença. Em diferentes obras, Derrida vem mostrando como a presença, e o cálculo que ela propicia, estão sempre à espreita, como ficção, mas nem por isso menos perigosos. Diz o autor (Derrida, 2010, p. 55), "abandonada a si mesma, (...) [ideias] incalculáveis e doadoras[2] estão sempre mais perto do mal, ou do pior, pois elas sempre podem ser reapropriadas pelo mais perverso dos cálculos". O lugar do cálculo é inóspito para o futuro monstro. No mundo da regra e do cálculo, só há mesmidade, o futuro é uma repetição infinita do presente. Na educação, o cálculo produz leis gerais, currículos nacionais, modelos de currículo, métodos de ensino — fundando-os na verdade e na promessa de justiça — e espera que eles subsidiem a decisão correta, aquela capaz de propiciar experiências realmente educadoras. A própria ideia de teoria, como racionalidade universal que pode ser "aplicada" na compreensão do objeto ou no planejamento de uma prática, não teria outro desejo. Se aqui estou usando regra — e evitando falar de teoria curricular — é porque quero guardar este termo para explorar uma teoria que não se reduza à presença, capaz de lidar com a educação por vir. Esta é, talvez, uma estratégia errada, visto a rejeição de Derrida ao termo justamente por sua pretensão universal, mas que me permitirei para "fazer sentido" na tradição do currículo e da educação.

Que o excesso, nunca controlável, desautorize o puro cálculo, não tranquiliza. A lição da desconstrução é "que o sistema não funciona e que essa disfunção, não apenas interrompe o sistema, mas produz o desejo por ele" (Derrida, 2001, p. 4). Segue, portanto,

---

2. Derrida refere-se apenas à ideia de justiça, eu me permiti aqui o plural, mesmo sem o querer, de alguma forma, generalizador.

sendo necessário responder às demandas ético-políticas do futuro monstro, daquele outro totalmente outro que chega, porque, todos os dias negros, mulheres, gays, lésbicas, transexuais, indígenas perdem a vida pelas esquinas do mundo. No campo do currículo, tanto o competente quanto o cidadão do futuro são projetados sobre os escombros da alteridade apagada como possibilidade. O cálculo está sempre a postos em sua insana tentativa, não poucas vezes bem sucedida, de impedir o desabrochar do excesso. Se ele é, também, necessário — "a justiça incalculável *manda* calcular" (Derrida, 2010, p. 55) —, isso precisa ser feito "tão longe quanto possível, para além do lugar em que nos encontramos e para além das zonas já identificáveis" (Derrida, 2010, p. 56).

Fiz-me herdeira da tradição experimentalista porque não reconheci, ali, o medo declarado do excesso, a tentativa de contê-lo a todo custo. A experiência de que falavam era a experiência do outro que, singular e subjetiva, subjetivava/educava fora da forma. A certeza da decisão dava lugar à hesitação de quem não podia calcular porque o futuro penetrava o seu próprio passado. Ainda assim, ali seguia o cálculo, na proposta do método que oferecesse alguma tranquilidade a uma teoria emboscada pelo desejo de educar como nunca se fez. É aqui que quero subverter a herança para pensar uma teoria em que "seus próprios poderosos performativos" (Derrida, 2003, p. 72) são problematizados. Uso o termo teoria para tentar designar, com todos os perigos e ressalvas, um discurso performativo que, como tal, "conserva sempre em si uma violência eruptiva" (Derrida, 2010, p. 53). Meu foco é apontar para uma teoria curricular — não-presença — comprometida com a alteridade, operando e sendo produzida na topologia invaginada do por vir. Nesse sentido, estarei falando de uma teoria em que "a dimensão de (...) verdade dos enunciados teórico-constatativos pressupõe sempre (...) sua precipitação essencial" (p. 53). Isso não implica uma teoria que não se apoia sobre convenções anteriores, requisito para que seja eficaz, segundo Derrida (2010), mas apenas que tais convenções são também remetimento. Se a teoria surge inventada a partir de seus efeitos, tanto ela quanto eles são incontroláveis porque infundados. A teoria "que conserva sua violência eruptiva" é a regra que está "por reinventar ali onde estamos 'jogados', ali onde nos encontramos" (Derrida, 2010, p. 56).

O compromisso ético-político do que estou capturando sob o nome teoria (que pouco diz) é com os excessos — o outro constitutivo e geralmente invisibilizado — que precisam ser reativados, e nunca o serão plenamente, porque só surgem capturados nos acontecimentos, quando já não mais poderiam ser dito excessos. Em outras palavras, talvez, eu pudesse advogar por um compromisso com o por vir, que não é nem nunca será, mas que segue como chamado na urgência. Se a educação por vir (ou a justiça, em Derrida) não fosse devida, não seria necessário desconstruir a teoria como presença, a dimensão teórico-constativa das regras. Mas ela é e isso exige da teoria do currículo uma "inventividade desconstrutiva (...) que permita a passagem para o outro" (Derrida, 1989, p. 60). Não se trata de um método para permitir que o outro, totalmente outro, surja, mas de um exercício contínuo de preparar-se a si para a vinda do outro monstro que sempre vem e com quem, não poucas vezes, o futuro não tem sido hospitaleiro.

A boa notícia para se pensar uma tal teoria é que a regra — a qual ela está irremediavelmente ligada — também precisa ser instituída e isso faz com que ela tenha uma "violência performativa (...) que, nela mesma, não é nem justa nem injusta" (Derrida, 2010, p. 24). Sendo performativas, as regras não podem ser justificadas de uma vez por todas, como se fossem enunciados meramente constatativos, porque não há um fundamento último segundo o qual aferir sua legitimidade. A violência performativa da regra é o próprio irromper de algo que não se podia esperar porque inaugural e isso a torna, para Derrida, "essencialmente desconstrutível" (p. 26). Assim, a teoria de que falo não pode ser aquela que se assenta sobre a melhor regra — ainda que as regras não sejam equivalentes, por isso me faço herdeira —, assim como não é aquela que se propõe fora da regra. Talvez pudéssemos dizer que ela é aquela que, regrada, permite que a regra seja assombrada pelo particular (Edgoose, 2001). O exercício mesmo da desconstrução que estou nomeando, impropriamente, como teoria, uma teoria curricular aberta ao futuro monstro ou ao por vir.

Uma teoria do currículo animada pela desconstrução surge, neste texto, talvez como certo dever-ser-assim que, espero, não esteja capturado pela ideia de prescrição. Meu foco aqui é, por compromisso ético-político, reativar a promessa da educação por vir na reinvenção de cada ato educativo. No campo de debate acadêmico sobre o currículo, tal compromisso implica intervir na "intensificação máxima das transformações em curso" (Derrida, 2010, p.14), desconstruindo discursos curriculares que se apresentam como a regra que permite o cálculo de atos educativos para uma boa educação, medida como aquela mais adequada ao futuro projetado. Isso sem a pretensão de colocar uma outra teoria-presença em seu lugar, não porque uma tarefa impossível, embora o seja, mas porque indesejável para a educação por vir. A decisão que se abre ao outro, "regrada e sem regra", que acolhe o futuro-monstro, precisa de uma teoria não-presença, performativa, capaz de dobrar-se sobre si mesma e desconstruir-se. Assim como a desconstrução da lei, expõe a justiça, é a desconstrução da teoria-presença, "pura" regra, que expõe a educação à singularidade do outro.

Referências

BARAD, Karen. *Re-membering the future, (re)configurating the past*: Temporality, materiality and justice-to-come. Conferência apresentada no Feminist Theory workshop. Durham, Duke University, 2014. Disponível em: https://www.youtube.com/watch?v=cS7szDFwXyg. Acesso em: 1 maio 2018.

BIESTA, Gert J. J. Pragmatising the curriculum. *The Curriculum Journal*, v. 25, n. 1, p. 29-49, 2014.

BUTLER, Judith. *Quadros de Guerra:* quando a vida é passível de luto. Rio de Janeiro: Civilização Brasileira, 2015.

BUTLER, Judith; ANASTASIOU, Athena. *Dispossession:* The performative in the political. Cambridge: Polity, 2013 (kindle book).

CLANDININ, Jean. *Engaging narrative inquiry.* Nova York: Routledge, 2013.

DERRIDA, Jacques. *A escritura e a diferença.* São Paulo: Perspectiva, 1971.

_____. *Gramatologia.* São Paulo: Perspectiva, 1973.

_____. Psyche: inventions of the Other. In: WATERS, L.; GODZICH, W. (Orgs.). *Reading de man reading.* Minneapolis: University of Minnesota Press, 1989, p. 53-74.

_____. *Margens da Filosofia.* Campinas: Papirus, 1991.

_____. *Espectros de Marx:* o estado da dívida, o trabalho do luto e a nova Internacional. Rio de Janeiro: Relume-Dumará, 1994.

_____. Passages — from traumatism to promise. In: WEBER, Elisabeth. *Points... Interviews, 1974-94.* Stanford: Stanford Press, 1995, p. 386-87.

_____. *Força da lei.* São Paulo: Martins Fontes, 2010.

DERRIDA, Jacques; ROUDINESCO, Elizabeth. *De que amanhã...: diálogo.* Rio de Janeiro: Jorge Zahar, 2004.

DEWEY, John. *Democracia e educação.* São Paulo: Companhia Editora Nacional, 1959.

_____. *Vida e educação.* São Paulo: Edições Melhoramentos, 1967.

_____. *Experiência e educação.* São Paulo: Companhia Editora Nacional, 1976.

_____. *Essays in experimental logic.* New York: Dover Publications, 2004.

_____. *Arte como experiência.* São Paulo: Martins Fontes, 2010.

EDGOOSE, Julian. Just decide! Derrida and the ethical aporias of education. In: BIESTA, Gert J. e EGÉA-KUEHNE, Denise (Orgs.). *Derrida & Education.* Nova York: Routledge, 2001, p. 119-133.

ELKJAER, Bente. Pragmatismo: uma teoria de aprendizagem para o futuro. In: ILLERIS, Knued (Org.). *Teorias contemporâneas de aprendizagem.* São Paulo: Penso, 2013, p. 91-108.

GARDUNO, José Maria. Estudio introductório. In: PINAR, William. *La teoria del curriculum*. Madri: Narcea, 2014, p. 11-59.

GREENE, Maxine. Curriculum and consciousness. In: BELLACK, A.; KLIEBARD, H. (Orgs). *Curriculum and evaluation*. Bekerley. McCutchan Publishing Corporation, 1977, p. 237- 253.

GRUMET, Madeleine. Restitution and reconstruction of educational experience: An autobiographical method for curriculum theory. In: LAWN, M.; BARTON, L. (Orgs.). *Rethinking curriculum studies*. Londres: Croom Helm, 1981.

HARVEY, David. *A condição pós-moderna:* uma pesquisa sobre as origens da mudança cultural. São Paulo: UNESP, 1991.

LIBÂNEO, José Carlos. O dualismo perverso da escola pública brasileira: escola do conhecimento para os ricos, escola do acolhimento social para os pobres. *Educação e Pesquisa*, v. 38, n. 1, p. 13-28, mar. 2012. Disponível em: http://www.scielo.br/scielo.php?script=sci_arttext&pid=S1517-97022012000100002&lng=en&nrm=iso. Acesso em: 1° maio 2018. http://dx.doi.org/10.1590/S1517-97022011005000001.

LYOTARD, Jean-François. *A condição pós-moderna*. Rio de Janeiro: José Olympio, 2009.

MACEDO, Elizabeth. Mas a escola não tem que ensinar? *Currículo sem Fronteiras*, v. 17, n. 3, p. 539-554, set. 2017.

MULLER, Johan; YOUNG, Michael F. The cosmic community: a response to Marua Balarin's — Post-structuralism, realisms and the question of knowledge in Educational Sociology. *Policy Futures in Education*, v. 6, n. 4, p. 519-523, 2008.

PINAR, William. Mr. Bennett and Mrs. Brown. *The Humanities Journal*, v. 8, v. n, 1974, p. 2-3.

_____. *Autobiography, politics and sexuality*. Nova York: Peter Lang, 1994.

_____. *What is curriculum theory?* Mahwah, NJ: Lawrence Erlbaum, 2004.

_____. Currere. In: KRIDEL, Craig (Org.). *Encyclopedia of curriculum studies*. Thousand Oaks: Sage, 2010, p. 177-78.

_____. *International handbook of curriculum research*. Nova York: Routledge, 2014.

PINAR, William. *Estudos curriculares:* ensaios selecionados. São Paulo: Cortez, 2016.

PINAR, William; GRUMET, Madeleine. *Toward a poor curriculum.* Dubuque: Kendall/Hunt, 1976.

PINAR, William *et al. Understanding curriculum.* New York: Peter Lang, 1995.

SALIH, Sarah. *The Judith Butler reader.* Malden, MA: Willey-Blackwell, 2004.

SCHÖN, Donaldo A. *Educando o profissional reflexivo:* um novo design para o ensino e a aprendizagem. Porto Alegre: Artmed, 2000.

SCHUBERT, William. Teacher lore: a basis for understanding práxis. In: WITHERELL, C.; NODDINGS, Nel (Orgs.). *Stories lives tell: narrative and dialogue in education.* Nova York: Teachers College Press, 1991.

_____. Experimentalism. In: KRIDEL, Craig (Org.). *Encyclopedia of curriculum studies. Thousand* Oaks: Sage, 2010, p. 362-64.

SPENCER, Herbert. *Essays on education and kindred subjects.* Londres, Everyman's Library, 1861. Disponível em: http://www.gutenberg.org/files/16510/16510-h/16510-h.htm. Acesso em: 1º maio 2018.

TEIXEIRA, Anísio. Valores proclamados e valores reais nas instituições escolares brasileiras. *Revista Brasileira de Estudos Pedagógicos.* Rio de Janeiro, v. 37, n. 86, abr./jun. 1962, p. 59-79.

VARELA, Julia; ALVAREZ-URIA, Fernando. *Arqueología de la escuela.* Madrid: La Piqueta, 1991.

YOUNG, Michael. *Currículo do futuro.* Campinas: Papirus, 2000.

_____. Overcoming the crisis in curriculum theory: a knowledge-based approach, *Journal of Curriculum Studies,* v. 45, n. 2, p. 101-118, abr. 2013.

_____ *et al. Knowledge and the future school:* curriculum and social justice. Londres: Bloomsbury, 2014.

7
Desconstrução, alteridade e tradução:
percursos investigativos nas políticas de currículo

Érika V. R. Cunha
Hugo H. C. Costa
Veronica Borges

Introdução

Circunscrita ao trato com as políticas de currículo no campo da educação, a discussão deste capítulo tem como questão de fundo a problematização do acentuado caráter teleológico que enfoques racionalistas tendem a propor para o social. Por esta via, apresentamos, em duas seções, movimentos teóricos distintos e imbricados do trabalho teórico-estratégico a coordenar nossas pesquisas sobre políticas: a Teoria do Discurso de Ernesto

Laclau e Chantal Mouffe e o pensamento da desconstrução de Jacques Derrida. Com tais movimentos, pretendemos explicitar o antirrealismo na perspectiva discursiva ou pós-fundacional com a qual temos operado na educação e, igualmente, pensar a escrita/tradução como operador teórico a assinalar a radicalidade da tradução na política como disseminação. Dessa forma, tencionamos confrontar a normatividade que coordena as políticas de currículo como políticas de reconhecimento, ao mesmo tempo em que chamamos a atenção para a nomeação na política como o trabalho de (tentar a) unificação do que não se apresenta, mas se supõe como comum.

Como pavimentação inicial à discussão, julgamos importante ponderar, em consonância com as incorporações da teoria do discurso no campo do currículo (Lopes, 2015; Macedo, 2017; Lopes, Cunha e Costa, 2013; Lopes e Borges, 2017), nossa rejeição a uma genealogia da política curricular, por julgarmos inócuo e impossível o empreendimento de buscar uma totalidade. A saída que encontramos por ora, quando esta produção se abre a diferentes interesses de pesquisa, é considerá-lo como um campo contestado[1] a partir de movimentos teóricos mais amplos no campo das ciências sociais e humanas, que produziram abalos nas fronteiras de diferentes áreas de conhecimento.

A ideia de incomensurável contaminação entre linguagem e mundo, com a virada linguística, perfaz um desses abalos de importância demasiada para nossos estudos. Tal movimento alcançou o campo do currículo no Brasil (Veiga-Neto, Macedo, 2008), conquanto o campo continue sendo hegemonicamente

---

1. Contestado remete à compreensão de que não há acordo quanto ao sentido do que seja política de currículo e que entramos nessa disputa. Ressaltamos, desse modo, que nos confrontamos com as "estruturas autoexplicativas, a normatividade fundacional, o sujeito centrado e os projetos políticos protagonizados por um sujeito privilegiado com direção pré-estabelecida para a mudança social" (cf. Lopes e Mendonça, 2015) bem como com análises lineares e com tendências totalizadoras que, por exemplo, se fiam na propriedade, na transparência da linguagem e na racionalidade como atributos balizadores do mundo.

PENSANDO A POLÍTICA COM DERRIDA

pautado pela normatividade (Lopes, 2015; Macedo, 2017). Com isso, ainda que a perspectiva pós-fundacional não constitua uma discussão sobre linguagem, é a consideração da linguagem no registro derridiano, como excesso da escritura a constituir o terreno social, que marca diferencialmente a compreensão de política em nossas discussões. Tal marcação tem nos ajudado a problematizar a acentuação da normatividade na política curricular, bem como tem nos instado a investigar efeitos de relações de poder em sua atuação vigorosa[2] (na educação) como expulsão da diferença.

Compromissados com a normatividade, diferentes projetos de mundo estão implicados em responder, nas políticas de currículo, à indagação recorrentemente colocada acerca do *que são* ou *o que deveriam ser* os fins da educação. A busca de uma finalidade ou de uma plenitude a ser alcançada no social tem assumido caráter naturalizado e sedimentado em diversas formações discursivas que funcionam como retroalimentadores de estruturas as quais só um sujeito centrado, que a isso possa responder, encontra repouso e conforto. Ainda que entendamos essa configuração como contingente, precária e provisória e tensionada por atos de poder a nos constranger por respostas, nunca se está diante das mesmas respostas, restando-nos rastros/*traces* a reverberarem-contaminarem mesmidades e idiossincrasias. Não, há, pois, um lugar para *ser* ou *dever ser* ou mesmo qualquer fim na educação, apesar de fazermos inscrições, investimentos, apesar de decidirmos.

Autores envolvidos com inspirações pós-estruturalistas e pós-fundacionalistas do campo do currículo têm problematizado a normatividade de diferentes modos, ao sinalizarem para a disputa de sentidos em terreno indecidível nas políticas. Lopes (2015), por exemplo, tem indicado ser importante pensar com a teoria do discurso (Laclau, 2000) a produtividade de uma normatividade

---

2. Para além de qualquer constatação óbvia, seguindo a perspectiva discursiva de Ernesto Laclau (2011, 2000), compreendemos que atos de poder são constitutivos dos processos de significação.

vazia. A autora acompanha a argumentação de Laclau em defesa de uma compreensão de vazio normativo que se coloca em marcha por meio do investimento radical (porque não apriorístico, não determinista, não essencialista). Este investimento "consiste nessa tentativa de nomear, de representar o irrepresentável: nada determina logicamente ou pré-anuncia o conteúdo normativo, mas ainda assim esse conteúdo é enunciado, investe-se na sua constituição" (Lopes, 2015, p. 125).

Macedo (2017) também contribui para esse debate ao explorar tanto a normatividade dos padrões a serem aferidos como a normatividade conectada à justiça social como expectativas advindas de teorias centradas no conhecimento e da teoria da "aprendização". Acompanhamos a autora ao estabelecer que, além da problemática da normatividade, há que se fazer frente à política do reconhecimento associada a esse discurso. Tal aspecto enfatizado por Macedo nos interessa, na medida em que assumimos a tarefa de discutir/problematizar/colocar sob rasura tentativas de fixação do que conta para o campo das políticas curriculares. Operamos em um cenário (campo das políticas curriculares) em que há uma "gramática", já fortalecida e em ascensão, que busca tamponar a falta (no sentido lacaniano) da significação, como se a única resposta possível fosse anunciar *o que é* ou *deve ser* a educação em nome de algo suposto comum.

Em nossas pesquisas, investigamos[3] os enxertos desses/nesses discursos, reativando o terreno no qual um nome se faz possível na equação plenitude/vacuidade. Compreendemos, a partir dos referenciais teórico-políticos laclaunianos e derridianos, que a linguagem constrói o social. Ressaltamos o caráter disjuntivo da linguagem, a fazer com que os sentidos se ponham a trabalho em sua impossibilidade de significação e a oferecer as condições

---

3. As investigações em curso em nossa linha de pesquisa têm em cena o campo das políticas curriculares, em suas intensas dinâmicas discursivas. Para maiores informações, visitar o site http://www.curriculo-uerj.pro.br da linha de pesquisa Currículo: sujeitos, conhecimento e cultura do ProPEd/Uerj.

para que essas tentativas de significação tenham vazão (parcial) em seu contínuo adiamento.

Em desacordo com a matriz sociológica de tradição marxista dominante no campo da educação que destaca o caráter desmobilizador, despolitizante da perspectiva discursiva, tanto o pós-estruturalismo como o pós-fundacionalismo têm sido aportes teóricos férteis para a investigação de políticas curriculares. No entanto, à guisa de exemplo, podemos citar como uma das críticas recorrentes aquela que advoga que vivemos em um tempo "de distopia pedagógica e curricular em razão da emergência de abordagens que defendem o fim das metanarrativas e dos projetos de futuro na educação ou trata-se de um reposicionamento de apostas com vistas a manutenção do modelo educacional vigente" (Thiesen, 2017, p. 1.313).

Em resposta, damos relevo à ampliação das possibilidades políticas dos referenciais "pós", uma vez que a formulação de outras questões e de novos objetos para o campo interroga a pretensão de cálculo e de finalismo na educação. Assim, disputamos o enfraquecimento de abordagens acadêmico-teóricas do campo da educação a manejarem o currículo pelos princípios de uma "ciência aplicada"; questionamos os projetos em nome de democracia e de justiça pensadas como universais, necessárias a todos, ou que considerem, em alguma medida, currículo como algo que (*temos que* ou) *devemos* "tomar posse" (Biesta, 2006, p. 27). Nessa arena incorporamos o risco como linguagem da educação, ainda acompanhando Biesta (Idem), e colocamos sob rasura certos nomes que insistem em estancar os sentidos que circulam no campo. Vale ressaltar que colocar sob rasura certos nomes implica não desconsiderar a força estabilizadora que se adere a dado nome, mas considerar a *différance*, a idiomaticidade da língua (Derrida, 2016, p. 120) como forças disseminativas em andamento nos percursos investigativos.

Com esta pavimentação, passamos, portanto, à nossa discussão. Com a pretensão de confrontar a normatividade nas políticas de reconhecimento e sua ancoragem na busca de respostas que preencham as lacunas na significação do currículo, como um segundo movimento, ressaltamos a radical condição de adiamento da significação com a perspectiva discursiva de Ernesto Laclau e Chantal Mouffe. Sem nos distanciarmos da leitura laclauniana, pelo que nela se coloca como um gesto desconstrucionista, discutimos como pensamos o nome, via metáfora da Torre de Babel, para focarmos a negociação com nomes como cerne da política em seu trabalho falido de tentar assegurar propriedades que não se encontram.

A morte em vida da política normativa para o currículo

Seja em aproximação ao pós-fundacionalismo, que interroga em qualquer projeto "as figuras metafísicas fundacionais, tais como a totalidade, a essência e o fundamento" (Marchart, 2009, p. 14), seja ao pós-estruturalismo, que expõe a pretensão de totalidade estrutural atinente ao racionalismo como "princípio subjacente de inteligibilidade da ordem fundada" (Laclau, 2000, p. 104), balizamos nossas discussões pela ideia de jogo significante como constitutivo dos limites da objetividade social. A noção de remessa significante ou de adiamento do sentido tem nos permitido investigar as políticas de currículo como produção político-discursiva da sociedade, o que temos feito ao considerar não haverem estruturas previamente dadas.

É desde este prisma que concebemos a política como desejo de ordenação de um social que se apresenta invariavelmente em crise. Os enfoques racionalistas no campo das políticas ambicionam eliminar a ambiguidade atinente à linguagem no sentido de se produzir uma comunicação transparente[4], na busca de garantir

---

4. O enfoque habermasiano tem sido a expressão mais contundente da perspectiva racionalista, mas é possível falar aqui em enfoques liberais, de modo geral, por se sustentarem por outras formas de racionalidade.

princípios reguladores das ações e tarefas dos agentes sociais. Crentes da possibilidade da norma, conformam a política como um caminho para a superação dos conflitos decorrentes de distorções ou da incompreensão dos princípios reguladores da vida social. Grosso modo, em tal lógica, os conteúdos que dão corpo a uma política são interpretados como necessidades recorrentes de um passado que, no presente, se apresentam sem qualquer distorção, como condição de um futuro harmonioso. Lida-se com a política eliminando-se o caráter sincrônico do tempo, e as disjunções decorrentes (e perturbadoras) dessa ficção de um passado inventado no presente. A teoria, neste sentido, aposta na erradicação do poder em nome de uma "boa sociedade", harmonizada.

Diferenciando-se deste registro, a Teoria do Discurso propõe a distinção entre *a política* e *o político*, como preocupação "pertence[nte] ao domínio dos filósofos, que investigam não somente os atos 'da política' senão também a essência 'do político'" (Marchart, 2009, p. 191). Chama-se a atenção, assim, para o fato de que o político se reveste da problematização mesma da linguagem. Ele libera a linguagem para uma invasão na discussão política, pondo em vista que toda estrutura é possibilitada pela linguagem. Tem-se em conta, com isso, que *o político* compreende a instância perturbadora e constitutiva do social, para além de um lugar topográfico. O político é "o momento instituinte da sociedade" (Marchart, 2009, p. 190), como movimento ontológico do social ou como, a maneira mesma, o *ser* de qualquer algo se institui. O *político* é, portanto, a dimensão que afeta, invariavelmente, *a política* como um "conjunto de práticas, discursos e instituições que procuram estabelecer uma certa ordem e organizar a coexistência humana em condições que são sempre potencialmente conflituosas" (Mouffe, 2003, p. 15).

A dimensão ontológica inscreve *o político* como o horizonte infinito das possibilidades do ser, o movimento nunca completo do infinitivo *ser*, de maneira que a objetividade dos objetos não é mais que em "um modo particular de a instrumentalidade se apresentar" (Vattimo, 1971, p. 27). A diferenciação (heideggeriana) proposta por Mouffe (Marchart, 2009) situa a política como o terreno em que *uma escolha* é feita entre *as muitas* (infinitas) possibilidades. Faz com que a política seja sempre justificada em decorrência de uma escolha que, no caso da educação, tende a querer definir seu sentido ou o que ela *é* ou o que ela *deve* ser, uma alternativa que reduz a uma as possibilidades do ser. Tem-se em tela que a política, por sua vez, perfaz o caráter ôntico do social, relativo às múltiplas práticas instituídas. Ao tomar a política como objeto de interesse, Laclau e Mouffe (2011) propõem pensá-la como uma formação discursiva. Para isso, concebem *discurso* como uma totalidade estruturada resultante de uma prática articulatória que não se constitui por qualquer necessidade, mas pela *contingência*. Porque "[...] nenhuma formação discursiva é uma totalidade suturada, e porque, portanto, a fixação dos elementos em momentos não é nunca completa."[5] (Laclau e Mouffe, 2011, p. 144). Se há, no entanto, alguma fixação (provisória), ela decorre do fato de a estrutura ser aberta e, com isso, credenciar que *articulações* discursivas entrem em curso.

Contingência e *articulação*, mais do que características do jogo de significação ou do jogo político, são condições de sua viabilidade, segundo os autores. A concepção laclauniana de discurso radicaliza a compreensão do discursivo ao ter por conta que as estruturas são abertas e que o trabalho (ilusório) de um fechamento só pode ser o de uma estruturalidade abatida pela pretensão de totalidade e finalismo (Derrida, 2011). A acepção laclauniana de discurso diz respeito, especificamente, a todo movimento que pretende objetividade. Pensar o caráter discursivo da realidade envolve acentuar os limites desta objetividade

---

5. Neste capítulo, a tradução de excertos da primeira reimpressão em espanhol de *Hegemonía y estrategia socialista: hacia una radicalización de la democracia* (Laclau e Mouffe, 2011), publicada originalmente em espanhol em 1987, e da segunda edição em espanhol de *Novas reflexões sobre a revolução de nosso tempo* (Laclau, 2000) são de nossa responsabilidade.

colocados pela mediação discursiva. Chamando a atenção para o fato de que o discurso é o terreno de inscrição primeira de todo objeto, Laclau e Mouffe (2011) ponderam que nenhum referencial pode ser externo ao discurso. Neste aspecto, assinalam os limites das abordagens estruturais — objetivismo, realismo e determinismo — como uma irredutibilidade atinente ao campo da discursividade. Essa irredutibilidade trabalha como teleologia a possibilitar o discurso como busca de fechamento da significação. Um trabalho falido, visto que o campo da discursividade inviabiliza uma estabilidade absoluta por abrir ao *surplus* do sentido (Laclau e Mouffe, 2011). Isso não quer dizer que não haja fechamentos provisórios. "Qualquer discurso é uma tentativa de dominar o campo da discursividade, fixar o fluxo das diferenças e construir um centro provisório e contingente na significação" (Lopes, 2011). Isso também é revelador de que o jogo de um dentro e um fora implicado no trabalho da significação (teleologia) compõe o discurso apenas como "o horizonte de constituição de todo objeto" (Laclau, 2000, p. 194-195).

Para explicar a constituição de formações discursivas no estudo da política, Laclau (2000, 2011), em aproximação à psicanálise lacaniana, relaciona a atuação dos níveis psíquicos da subjetividade e as operações retóricas à produção do social e do político pela inter-relação da lógica da diferença e da lógica da equivalência. Tais lógicas, distintas e mutuamente contaminadas, constituem toda articulação discursiva. A *lógica da equivalência* refere-se ao trabalho da metáfora, porque se dois significantes se equivalem podem substituir-se (eixo paradigmático). Há, nesses termos, uma operação metafórica: um significante com diferentes características é substituído por outro, revelando a supremacia do significante sobre o significado; há condensação de elementos por analogia em uma dada representação. A *lógica da diferença* é vinculada à *combinação*, porque dois termos diferentes entre si podem apenas ser combinados como entendido no eixo sintagmático saussuriano. Uma operação metonímica entra em curso quando dois termos diferentes em um discurso são associados, sobretudo, por serem contíguos, levando à expulsão de um dos termos da significação e permitindo que haja deslocamento de sentido. Estas lógicas são, no entanto, indissociáveis, elas se interpenetram e se confundem. Assim, se toda combinação envolve deslocamento e se toda substituição envolve condensação, analogia e contiguidade, por sua vez, são ambas transgressões do princípio diferencial associado ao eixo sintagmático da significação e tendem a se transformar, gradativamente, uma na outra (Laclau, 2011). Em termos políticos, é o mesmo que dizer que os conteúdos (diferenças ou demandas) associados(as), metonimicamente, em dada representação (um nome), tendem a se projetar de uma articulação contingente ao pertencimento essencial (Laclau, 2011), à sublimação de uma coisa, a cristalização metafórica, sempre inacessível como propriedade, mas constituída por movimentos de tentativa de reenvios a si.

A ilusão de um fechamento na significação, como um trabalho metonímico, como sensação de estabilidade de um sentido, teleologia ou finalismo, não resulta da sistematicidade do sistema, não é dada por algo interno ao sistema, pois, pontua Laclau (2011, p. 68): "a verdadeira possibilidade da significação está no sistema" como impossibilidade de representação que buscará formas de se constituir (e não na condição relacional das diferenças, tal como postulado por Saussure). A verdadeira possibilidade do sistema, como ressalta o Laclau, é a de seus limites, mas tais limites não podem ser eles mesmos significados. Se tratando de limites da significação, apenas podem se mostrar como quebras ou interrupções. Para Laclau (2011), esta é uma situação paradoxal que, se compreende a possibilidade da significação, ao mesmo tempo, consuma sua impossibilidade como bloqueio na expansão contínua da significação. Decorre disso que os limites nunca são neutros. Um limite autêntico implica uma exclusão capaz de sinalizar, pela possibilidade de realização do que está para além do sistema ou de sua fronteira, a impossibilidade do que se encontra no interior de tais limites. É nestes termos que

Laclau (2011, p. 69) considera que "os verdadeiros limites são sempre antagônicos", que o fechamento da significação (apenas parcial), a possibilidade de uma formação discursiva, decorre da definição de um exterior ou do estabelecimento de uma fronteira que demarque os limites da significação. A sistematicidade do sistema/formação resulta de uma exclusão que funda o sistema. Não há qualquer fundamento positivo no sistema e o sistema não pode significar a si mesmo em termos positivos, pois o que o funda é a exclusão enquanto tal.

O exterior é um elemento diferencial excluído da articulação ao ser *traduzido* como uma ameaça, um impedimento de realização das diferenças como tal. A constituição do sistema pelo antagonismo (uma diferença excluída dentre as demais) é o que torna possível a articulação equivalencial de diferenças em uma formação discursiva: é em relação a esta diferença expulsa da articulação que diferenças outras se fazem incluídas em uma totalidade. Tais diferenças não têm outra coisa em comum senão o antagonismo, o que permite dizer que é o antagonismo que torna possível uma equivalência entre elas. A equivalência, por sua vez, permite a articulação enquanto subverte a diferença, visto que impede que a diferença se apresente enquanto tal. Este é o processo nunca concluído de constituição da significação que imprime às identidades a impossibilidade de plenitude. Qualquer sentido será sempre apenas parcial, assim como qualquer identidade, cujo processo de constituição se faz atravessado tanto pela *lógica da diferença* quanto pela *lógica da equivalência* que a subverte.

Na Teoria do Discurso, estas fixações são entendidas como momentos da hegemonia política de um nome a sustentar o privilégio de certos sentidos para o social. Laclau (2000, p. 194) entende hegemonia como "a articulação contingente de elementos em torno de certas configurações sociais — blocos históricos — que não podem ser predeterminadas por nenhuma filosofia da história e que está esencialmente ligada às lutas concretas dos agentes sociais". *Articulação equivalencial de diferenças* (de sentidos, demandas para a formação, para a identidade, para a organização escolar, para o currículo etc.) perfaz, portanto, uma construção política de elementos não semelhantes (diferenças/discursos diferenciais). O que o currículo *é* ou *deve ser* compreenderá não mais que a interposição de um *nome* que, como esclarece Laclau (2011), se refere a coisas (diferenças) sem a mediação de uma descrição de algo presente no objeto ou no nome, pois o que um nome enuncia não se faz circunscrito a positividade de uma descrição[6] conceitual. "Nomear violenta a suposta unicidade que se espera que se respeite, dá existência e a retira ao mesmo tempo" (Bennington e Derrida, 1996, p. 81), pois um nome interpõe um sistema de predicados ou uma estrutura conceitual *centrada* em tal ou qual predicado (Derrida, 2001) numa operação da linguagem que não (e nunca) torna possível o (nome) próprio, pois que este depende da existência do outro, sem o qual jamais pode ser pronunciado. É assim que a hegemonia, que a normatividade desejosa por instituir *o que* o currículo *é* ou *deve ser*, que a política (como o privilégio de um nome ou) como "o nome próprio [,] apaga o próprio que promete de um nome" (Bennington e Derrida, 1996, p. 81).

Na configuração da hegemonia de um sentido para o currículo na política, a exclusão que a funda perfazendo o princípio de sua positividade reforça a inexistência de fundamento, o que, para Laclau (2011), enuncia a possibilidade de um *significante vazio* ou um significante do puro cancelamento de toda diferença, o nome próprio como portador da morte de seu portador. Significantes vazios e significantes flutuantes compõem o jogo da significação que, no campo da política, possibilitam as disputas por nomear o social e seus objetos, as disputas por hegemonização, como um jogo nunca findado entre o particular e o universal, como um jogo

---

6. Palestra intitulada "A construção discursiva dos antagonismos sociais", proferida por Ernesto Laclau no Programa de Pós-Graduação em Educação/ProPEd da Universidade do Estado do Rio de Janeiro em 11/10/2011. Disponível em: <http://www.ustream.tv/recorded/17818659> ou em: <http://www.uerj.br>, no ícone Eventos. Acesso em: 12 nov. 2011.

PENSANDO A POLÍTICA COM DERRIDA

nunca findado entre o próprio e o comum, como corrosão ou a morte em vida de toda normatividade para o currículo.

Esta corrosão da referência ao próprio, sintomática das buscas por assegurar uma significação última, também pode ser pensada como preocupação homóloga ao cenário projetado por Derrida, quando de sua reflexão sobre a tradução. Especialmente, tendo em conta as contribuições de Laclau, temos focalizado a tradução como aquilo mesmo que instabiliza qualquer dinâmica de conciliação, de transparência da relação com o outro (Lopes, Cunha e Costa, 2013). A alteridade, como aquilo desconhecido a que se busca responder a cada decisão por/de significação, marca a metáfora da Torre de Babel (Derrida, 2006), o desespero por controlar a edificação de um significado de ser Babel.

O convite feito por Derrida ao tensionar os limites e a inexorabilidade da tradução, como dinâmica de identificação no mundo, na relação com o outro, insta, argumentamos, em questionamentos (constitutivos da desconstrução) ao pensamento ocidental em sua busca por estruturação da textualização do/e no mundo. Esta textualização, marcada, como nas dinâmicas de equivalência e diferença em Laclau, por movimentos de tentativa de controle do incontrolável, reitera a possibilidade de leitura de que toda menção ao próprio, ao que se busca afirmar como tal, como mesmidade, implica uma revisitação traidora ao nome que se busca.

A tradução como condição para ser (em)

A atenção à desconstrução da perspectiva da escrita/textualização, em Derrida (1991; 2005), consiste na busca por criticar a secundarização da escrita em relação à fala, ao pensamento. Para o filósofo (Derrida, 2008), tal secundarização constitui o que denomina *logocentrismo*. Para ele, o logocentrismo consiste no privilégio da razão ocidental, das ideias filosóficas, do propósito animado, da intenção/consciência, da metafísica da presença. Com base nessas afirmações, Derrida (2005; 2008) propõe pensarmos a escrita como traição, promessa de substituição do falante, do pai falante, da origem do discurso. A escrita seria um aditivo à falta da presença do discurso vivo; funcionaria como um puro jogo de rastros/*traces* (Derrida, 1991).

Para ele, o rastro/*trace* não é uma presença, mas o simulacro de uma presença que se desloca, se transfere, se reenvia. Ele não tem propriamente lugar, o apagamento pertence à sua estrutura. Derrida fala do apagamento que desde o início o constitui como rastro, que o instala na mudança de lugar e o faz desaparecer na sua aparição, sair de si na sua posição. A escrita, marcada pelo que se poderia pensar como pulsão do rastro, é da ordem do "puro significante que nenhuma realidade, nenhuma referência absolutamente exterior, nenhum significado transcendente vem bordejar, limitar, controlar" (Derrida, 2005, p. 35).

Ainda que para o filósofo a intenção encontre seu lugar, pondera que deste lugar não há possibilidade de controlar a significação do outro (Derrida, 1991). Acrescenta que a escrita trai a suposta intenção, a tentativa de sustentação (ou envio) do pensamento, da razão, da presença, corrompendo e, portanto, dando vulto à crítica do filósofo à metafísica da presença. A escrita, entre os diferentes indecidíveis propostos por Derrida, é sintoma da *différance*, se doa à infinita substituição. Para Derrida (2005), a escrita faz a fala e o pensamento vivos e ofegantes dizerem o que jamais pensaram em dizer. A escrita é a oportunidade de toda intervenção, ainda que impossibilite o controle da significação; é toda forma de enunciação possível, haja vista ser sempre movimento de menção suplementar a uma origem que não se encontra, que não há. A escrita prescinde de um pensamento originário, do *logos*, pois o mimetiza, dubla, traduz. Extrapola um suposto pensamento originário, como tradução da intenção, por violência, por arrombamento; trama um movimento contínuo e subversivo de substituição. É a repetição na adição do suplemento, não tem propriedade alguma: é a própria indeterminação flutuante mobilizada no jogo de substituições.

Em distintos trabalhos, Derrida (2005) pensa a escrita assinalando seu dinamismo autônomo não só em relação a um suposto pensamento originário, como na relação com os interlocutores a quem se doa e trai seguidamente. O filósofo pontua que, mesmo que se tente reaver um sentido para a comunicação, a tradução não dá conta disso, pois jamais dá acesso à origem; ela opera remetendo aquilo com que se tem de lidar, nunca próprio a si, nunca presente a si, mas contaminante. Prometendo esse acesso, leva à disseminação constante dos sentidos do texto, independente do que quer que se faça na relação entre interlocutores/tradutores. Os interlocutores, nesse caso, mesmo permanecendo na unidade do significante, jamais conseguem fixá-lo em seu significado, não podem estabilizar o texto ou estancar o vazamento de sentidos circulantes. O envolvimento na escrita é, pois, a condição dada a todo envolvimento com a vida, com o mundo, com a política. É a essa perspectiva de envolvimento na linguagem, na política, que nos voltamos, buscando situá-la no pensamento de Derrida como forma de potencializá-la na compreensão da política e dos sujeitos envolvidos com ela/nela.

Mais do que isso, Derrida e Laclau sustentam a leitura de que a interação e a negociação só podem se estabelecer por meio da tradução, da tentativa de apreender o outro que escapa, da busca pelo acesso, pela significação da política. Nesse sentido, assinalamos a potência em focalizar a ideia de tradução proposta por Derrida como leitura interessante para as formas de decidir e ser na escrita política, tomada como aproximada à perspectiva de linguagem como opaca e como dinamização do texto da política.

Por avaliar a tradução como disseminação incessante da discursividade e, consequentemente, mantenedora das equivalências produzidas no todo diferencial, consideramos pertinente problematizá-la como operação contaminante e, intensamente, propulsora da política. Derrida (2006) chama a atenção para a tradução como um fazer marcado não por uma opção do sujeito frente ao texto em que se constitui o mundo e a política, mas como via condicional de significar e existir. Para Derrida, a *tradução* institui obstáculos irrefutáveis, que impossibilitam ao *tradutor/agente/sujeito* a manutenção ou reprodução de uma intenção "original" do *texto*. A tradução é um ato de envolvimento restrito ao mero transporte da informação ou conteúdo pertencente a determinado objeto de verdade (Derrida, 1991). É uma traição a qualquer contrato de verdade. A esse respeito, Derrida (2006) toma como emblemático o caso bíblico de "Babel", possuidora de um nome próprio e impróprio, uma torre que são várias torres. Babel é uma construção em desconstrução, pois não detém o que é de fato a torre: seu significado. Assim como Laclau (2011) reitera a importância do processo de nomeação, Derrida questiona se, quando nomeamos a torre, sabemos a que estamos nos referindo.

Com isso, insere novamente a crítica à suposta transparência da linguagem que caracteriza o pensamento ocidental. Enfatiza sua oposição às ideias logocêntricas, de que na tradução há locutores e receptores atuando de forma totalizada, consciente e intencional, na sustentação teleológica da unidade do sentido, o que não permitiria que nenhum *resto* (Derrida, 1991) se furtasse à totalização. Derrida (1991), em outra mão, pondera sobre um *resto* que sintomatiza a *disseminação* (Derrida, 2001), aquilo que escapa às tentativas de fixação do texto, da política, das regras e do horizonte do sentido. Para o filósofo (Derrida, 1991), a escrita/tradução, como busca de reconciliação com "a" intenção, não passa de um conjunto de *traces*, rastros e restos que marcam uma assimetria com aquilo que aspiramos ser a intenção, com a impossibilidade de uma compreensão total e com a consciência de dado sujeito como centro organizador.

Tal assimetria, em Ottoni (1997), é pensada como o lugar do inesperado, o espaçamento contingente e necessário para que o

PENSANDO A POLÍTICA COM DERRIDA

falante/tradutor se constitua como sujeito. Para o autor, não há razão no que diz respeito à transcendentalidade do termo que possa identificar um sujeito, a não ser por intermédio de sua performance em falar/traduzir. A incapacidade de acesso ao sentido originário é da ordem da própria intenção e iterabilidade, que impede qualquer presença plena ou consciência.

Em Derrida (1991), é pontuada a condição do escritor e a do leitor como sendo, em relação à escrita, a mesma. Ambos assumem a posição de tradutores/escritores, pois sua produção ocorre isenta de responsabilidade absoluta, de orientação consciente. Essa produção ocorre por meio da deriva essencial da escrita como estrutura iterativa. Há, no vazamento inserido por Derrida com a ideia de *trace*, a perspectiva de que se mobiliza incessantemente um trabalho corrosivo, ocasionado pelos restos que extravasam a significação. Desse vazamento não resultam intenções de ruptura. Ao contrário, esses restos são desdobrados no excesso da linguagem por meio do qual o *real* produz *trace* no sentido, possibilitando a visão da assimetria como ruptura com a intenção consciente. Com essa afirmação, somente pelo excesso da linguagem — dos restos/*traces* — é que se pode conjecturar uma subjetividade do inconsciente, um sujeito que se constitui na tradução da política, na tradução, como decisão, do texto em que ela se constitui. O resto (Derrida, 1991), como esse emblema da disseminação, expõe a dispersão de uma suposta intenção do falante e marca a perspectiva de que o processo de significação é causado pela articulação com um *contexto*, resultante de uma interlocução produzida pela linguagem (Ottoni, 1997).

O *trace*/resto/rastro é um acontecimento, uma irrupção produzida em determinado contexto. Fora do contexto de significação, assim como destacado por Laclau (2000; 2011), é impossível a consideração, a significação ou identificação do rastro, do acontecimento do rastro, pois é da ordem da imprevisibilidade, da emergência. Segundo Derrida (1991), tais fraturas desencadeiam a possibilidade desse jogo constitutivo da escrita (seu caráter aditivo/suplementar), da significação contextual. É uma produção causada em um contexto singular e contingente de rastros que não possui sentido anterior, não carrega conteúdo algum e não respeita nenhuma ordem, não faz referência à intenção ou origem alguma que não seja seu próprio acontecimento, seu ineditismo. Um contexto é sempre produtor da verdade possível a ele. Essa verdade será sempre "mentira" noutros contextos, porque (já) exposta como retomada, como menção, como objeto a ser calculado, repensado; não mais será lida como acontecimento (Derrida, 1996).

Derrida (1991) pontua sua ideia de contexto afastando-se da visão tradicional, que o concebe como um "dado" no mundo e acena para o contexto como uma construção neste mundo. Para Derrida (1991), é somente na suposição de estar na relação com algo comum, um nome na política, em dado momento que se supõem determinadas características ou propriedades. Para ele, um contexto é uma construção interpretativa, pautada na suposição de um consenso fundante, embora estruturalmente vago, inclinado à tentativa de coordenação do que se deve tratar entre seus limites e/ou a "prosseguir os diálogos no horizonte de uma inteligibilidade e de uma verdade do sentido" (Derrida, 1991, p. 350), de modo que regras ou acordos gerais possam se estabelecer.

Dada a preocupação com a ideia de contexto, Derrida (1996) pondera que, para uma verdade ser considerada mentira, precisaríamos provar que a intenção de outrora era essencialmente mentirosa, o que não é possível, uma vez que toda afirmação é contextual, toda articulação que funda uma verdade em dado contexto, ainda que noutro seja lida como não verdade, não pode ser comprovada como tal. Além disso, a própria construção de critérios de avaliação de uma afirmação (se verdade ou mentira) não seria mais do que outra mentira constituída/hegemonizada em outro dado contexto, o que as equalizaria em uma condição hipotética, como afirmações que precisam ser creditadas como verdadeiras e válidas.

Considerações finais

Tendo em vista que os sentidos disputam espaços no campo da discursividade, podemos também considerar que dado contexto se edifica diante de uma resposta ao outro que se pretende controlar. O que isso significa? Significa, por exemplo, que compreendemos como demandas do campo das políticas curriculares (sob diferentes matizes teóricos) os discursos que validam: as respostas para a desigualdade social via empregabilidade (BNCC ensino médio), a redução da educação ao ensino como resposta à qualidade socialmente referendada; a fixação de identidade docente para a formação inicial e continuada dos professores (vide Residência Pedagógica); as metas a serem cumpridas (PNE); a democracia como um valor em si (Pátria Educadora); a ideia de sujeito constituído na história, entre tantas outras tentativas de controle. Operamos muito mais nos enlaçamentos entre as demandas do que em cada demanda em si e sempre buscando manter a tensão e o conflito constitutivos dos processos decisórios (hegemônicos) que carregam a incomensurabilidade tradutora entre as cadeias equivalenciais e diferenciais. Entendemos com Laclau (Mendonça e Lopes, 2015, p. 27) que o universal é o momento em que uma comunidade encontra seu ponto de sutura, mas que também se trata de uma contingência radical, traída desde sempre no ato de sua asserção. Sendo assim, consideramos igualmente problemático operar a partir da compreensão de políticas como datadas, funcionais e totalizantes, pois isso recoloca dado determinismo, essencialismo e objetivismo, assim como compreende determinadas concepções pela clareza e a transparência dos fatos que advogam.

Tomamos a política curricular como inscrita pela equivocidade — entre uma ficção de sentidos e outra. Há, em toda inscrição, um espaçamento, uma lacuna constitutiva que fratura desde sempre a pretensão de plentitude de Babel, de uma construção no mundo, que se visa assegurar. Esse espaçamento pode ser também nomeado como vazio normativo a que nos referimos. Qual a potência de tal dispositivo para alavancar sentidos para as políticas curriculares? Se uma construção hegemônica está em constante ameaça, traduções contextuais constantes estão em cena. Um terreno movediço de negociação, enquanto espaço de poder vazio a ser disputado e nunca preenchido proporciona operar no vazio normativo e não no preenchimento pleno desse espaçamento.

O campo das políticas curriculares, em sua espectralidade, como campo de disputa de distintos projetos (conservadoras/liberais/neoliberais/críticas/pós-estruturais), ou entre tantos outros nomes cujos rastros da finalidade se fazem presentes-ausentes, mentirosos/verdadeiros, e cuja tradição de pensamento também nos marca, *não é* ou *deve ser* isso ou aquilo. Somos também convocados a oferecer respostas — aos textos das políticas curriculares em geral — e muito fortemente pautados pela normatividade. Operamos no limite: suportar o conflito discursivo daqueles que disputam "poder tudo dizer" tensionados sempre pelo "alguém vai (quer, deseja) tudo dizer". Ao ter em tela os nomes com os quais lidamos e tensionamos em nossas investigações (identidade, docente, ciclos, organização curricular, conhecimento, por exemplo), promovem-se reconfigurações ao "responder a" com todo o risco.

Trata-se de um risco inerente à oportunidade de estar na política, na negociação com a alteridade constitutiva de uma textualização incontrolável, porque sempre contestada. Um risco que (nos) expõe a todos os interessados na construção de algo, envolvidos, imbuídos em agendas distintas e, por tudo isso, impelidos à radical tomada de decisão nesse cenário indecidível.

Referências

BIESTA, Gert. *Beyond learning*. Democratic education for a human future. Boulder, Co: Paradigm Publishers, 2006.

BENNINGTON, Geoffrey; DERRIDA, Jacques. *Jacques Derrida*. Rio de Janeiro: Zahar, 1996.

DERRIDA, Jacques. *Margens da Filosofia*. Campinas: Papirus, 1991.

_____. *História da mentira*: prolegômenos. Estudos Avançados, v. 10(27), 1996.

_____. *Posições*. Belo Horizonte: Autêntica, 2001.

_____. *A farmácia de Platão*. São Paulo: Iluminuras, 2005.

_____. *Torres de Babel*. Belo Horizonte: Editora UFMG, 2006.

_____. *Dar la muerte*. Barcelona: Paidós, 2006.

_____. *Gramatologia*. São Paulo: Perspectiva, 2008.

_____. *A escritura e a diferença*. São Paulo: Perspectiva, 2011.

_____. *Monolinguismo do Outro*. Belo Horizonte: Chão da feira, 2016.

LACLAU, Ernesto. *Emancipação e diferença*. Rio de Janeiro: EdUERJ, 2011, p. 220p.

_____. *Nuevas Reflexiones sobre la revolución de nuestro tiempo*. Buenos Aires: Ediciones Nueva Visión, 2000.

LACLAU, Ernesto; MOUFFE, Chantal. *Hegemonía y estrategia socialista:* hacia una radicalización de la democracia. Buenos Aires: Fondo de Cultura Económica, 2011. 248p.

LOPES, Alice Casimiro. Normatividade e intervenção política: em defesa de um investimento radical. In: MENDONÇA, Daniel de; LOPES, Alice C. (Orgs.). *A teoria do discurso de Ernesto Laclau:* ensaios críticos e entrevistas. São Paulo: Annablume, 2015.

LOPES, Alice Casimiro; BORGES, Veronica. Currículo, conhecimento e interpretação. *Currículo sem Fronteiras*, v. 17, n. 3, p. 555-573, set./dez. 2017.

LOPES, Alice Casimiro; MACEDO, Elizabeth. *Teorias do Currículo*. São Paulo: Cortez, 2011.

LOPES, Alice Casimiro; CUNHA, Érika; COSTA, Hugo. Da recontextualização à tradução: investigando políticas de currículo. *Currículo sem Fronteiras*, Porto Alegre. v. 13, n. 3, p. 392-410, set./dez. 2013.

MACEDO, Elizabeth. Mas a escola não tem que ensinar? Conhecimento, reconhecimento e alteridade na teoria do currículo. *Currículo sem Fronteiras*, v. 17, n. 3, p. 539-554, set./dez. 2017. Acesso em: janeiro 2018.

MARCHART, Oliver. *Post-foundational political thought:* political difference in Nancy, Lefort, Badiou and Laclau. Edinburgh: Edinburgh University Press, 2009.

MENDONÇA, Daniel de; LOPES, Alice Casimiro. (Orgs.). *A teoria do discurso de Ernesto Laclau:* ensaios críticos e entrevistas. São Paulo: Annablume, 2015.

MOUFFE, Chantal. Democracia, cidadania e a questão do pluralismo. *Política & Sociedade.* n. 3, p. 11-26, out., 2003. Disponível em: <https://periodicos.ufsc.br/index.php/politica/article/viewFile/2015/1763>. Acesso em: 20 jul. 2018.

OTTONI, Paulo R. *Semelhanças entre uptake e trace*: considerações sobre tradução. Delta (online), v. 13, n. 2, 1997.

THIESEN, Juares da Silva. O currículo escolar e o fim das utopias pedagógicas: distopia ou reposicionamento de apostas? *Rev. Diálogo Educ.*, Curitiba, v. 17, n. 54, p. 1313-1333, jul./set. 2017.

VEIGA-NETO, Alfredo; MACEDO, Elizabeth. Estudos de Currículo: como lidamos com o moderno e pós-moderno. *ETD — Educação Temática Digital*, Campinas, v. 9, n. Esp., p. 234-252, out. 2008. Acesso em: janeiro de 2018.

VATTIMO, Gianni. *Introdução a Heidegger.* Lisboa: Edições 70, 1971.

8
A responsabilidade paradoxal do escritor:
o testemunho na literatura brasileira contemporânea*

Milena Magalhães

> Por que mentir, por que colocar no plano literário algo que é o grito da vida mesmo, por que dar aparência de ficção ao que é feito da substância inextirpável da alma e que é como a reivindicação da realidade?
>
> Antonin Artaud, *A perda de si*

> A lei da literatura tende, em princípio, a desafiar ou a suspender a lei.
>
> Jacques Derrida, *Essa estranha instituição chamada literatura*

---

* Agradeço as contribuições de Aline Gaspar Pereira e de Rosana Nunes Alencar que, amorosamente, me instigaram a fazer relações antes insuspeitadas.

1.

A concepção de literatura de Jacques Derrida mais dissemina-da já se posiciona no campo político, atestando-lhe um direito que está além das normas e que lhe confere um caráter a-disciplinar e a-institucional. Funciona como uma espécie de medida cautelar para garantir a suspensão da normatividade, sempre à espreita, tornando-a estranha à própria ideia de instituição. Não se ignora a natureza institucional da literatura, com suas prescrições e tutelas, mas o princípio do direito de "dizer tudo" infere como que uma saída, um *fora*, dos ditames impostos a outros discursos, como o filosófico, o histórico, o linguístico etc. Já em *Paixões*, Derrida preconiza a maneira como esse direito relaciona indissoluvelmente a literatura e a democracia, em uma frase-síntese que aponta o que está em jogo: "Não há democracia sem literatura, nem há literatura sem democracia" (1995, p. 47). A inscrição é, portanto, jurídica e política. Ao considerar a literatura como aquilo mesmo que investe contra as convenções, a propensão é reivindicar um espaço em que os próprios fundamentos do direito sejam constantemente reinterpretados: "A literatura é uma invenção moderna, inscreve-se em convenções e instituições que, retendo apenas esse traço, asseguram-lhe em princípio 'o direito de dizer tudo'. A literatura liga, assim, seu destino a uma determinada não-censura, ao espaço da liberdade democrática (liberdade de imprensa, de opinião, etc.)" (1995, p. 47). O traço-de-ligação entre democracia e literatura que associa esta ao "direito ilimitado de fazer todas as perguntas", direito autorizado pela sociedade, paradoxalmente, atesta também o direito à não-responsabilidade, à não-resposta absoluta. É um traço-de-ligação, portanto, sempre sob o risco de romper-se, uma vez que o conceito histórico de democracia conserva ao cidadão o direito de permanecer calado apenas sob certas circunstâncias e, geralmente, sob a condição de transferir a outro, legalmente instituído, a possibilidade de falar pelo que se calou.

É preciso atentar para este "em princípio", proferido por Derrida em outros momentos, para não incorrermos no risco de neutralizar o "dizer tudo", posicionando-o em uma clave conservadora que buscaria impor ao escritor o dever de responder a todas as injunções do presente, sem poder quedar ao silêncio nem escolher — entre tantas — a própria maneira de dizer sobre o mundo. Na entrevista que deu a Derek Atridge, traduzida no Brasil sob o título *Essa estranha instituição chamada literatura*, Derrida desdobra as consequências de seu posicionamento, postulando junto com a responsabilidade do escritor uma "certa irresponsabilidade" diante do que poderia transformar em conservadorismo o "poder revolucionário" de tudo dizer: "O escritor pode, igualmente, de fato ser considerado irresponsável. Ele pode, eu diria até que deve, às vezes, reivindicar certa irresponsabilidade, pelo menos no tocante a poderes ideológicos, do tipo zhdanoviano, por exemplo que tentam cobrar dele responsabilidades extremamente determinadas perante os órgãos sociopolíticos e ideológicos" (2014, p. 53). Os ditames da responsabilidade, sob o pretexto de injunções éticas ou políticas, não devem acarretar a sujeição a demandas estranhas à assinatura, ao nome próprio, que constituem a singularidade de uma obra, nem mesmo sob o pretexto de garantir a inclusão de pautas que estejam na ordem política do dia, sob o risco de resumir política a engajamento social. Também não é a afirmação de uma entidade autônoma compromissada tão somente com sua subjetividade. Na constituição de toda assinatura, está implicado o movimento em direção a uma alteridade, no qual se assume, desde logo, a contingência de interrogar o que se constitui como dever, obrigação e comprometimento.

Em 2016, o escritor Bernardo Carvalho se viu envolvido em um acalorado debate após ter dito em uma mesa redonda, cujo título era *Literatura hoje: por quê, para quê e para quem?*, na 14ª Flip — Festa Literária de Paraty, que a ele não interessava se o leitor lia ou não lia, pois o que lhe interessava era fazer sua literatura[1]. A repercussão negativa do seu posicionamento, à época, ressaltava, principalmente, o que soava como uma certa soberba do escritor. Afora o fato de boa parte das críticas não ter levado em consideração o contexto de fala, incluindo-se aí o descarte da pergunta que gerou a resposta, era nítida a vontade de exercer controle sobre a figura pública do escritor. Em vez do discurso de Carvalho ter sido visto como uma defesa à liberdade criativa, manifesta no requerimento de uma singularidade patente na expressão "minha literatura", predominaram as acusações de solipsismo, elitismo, que constantemente são aplicadas ao escritor e à literatura.

Ao se ignorar o que havia gerado a combatividade expressa de Carvalho (as relações do mercado literário que, por vezes, ditam os modos de escrita), a responsabilidade do escritor passou a confundir-se com a obrigação de justificar sua produção ante as demandas dos leitores. Daí que a reivindicação de "certa irresponsabilidade" tem a função de apontar a carga de injunções direcionadas ao artista de modo geral; imposições nem sempre elaboradas de modo evidente. Vincular literatura e democracia, pondo esta como um estado de direito que implica a não censura, é tratar também das relações conflitantes que constituem a cena literária, de modo que não é uma questão menor. E isso porque a produção da obra não está à parte no jogo de forças que envolve o autor e o leitor. Causa espécie uma opinião como a de Carvalho, e as suas contra-narrativas, porque estas fazem parte da construção da narrativa ampla sobre o que seria literatura e para que ela (ainda) serve. O título da mesa remete a essas justificações que são demandadas diuturnamente à literatura. Por isso, não se pode requerer responsabilidade sem dar destaque ao seu caráter aporético, resumido na expressão "[ser] irresponsável,

---

1. A frase dita foi: "Não me interessa se o leitor lê ou não lê; eu quero que se foda. O que eu quero é fazer minha literatura". Disponível em: <http://www1.folha.uol.com. br/ilustrada/2016/07/1788026-nao-me-interessa-o-leitor-diz-bernardo-carvalho-em-mesa-na-flip.shtml>. Acesso em: 3 jul. 2016

portanto, para ser absolutamente responsável" (Derrida, 1999, p. 89). Em *Donner la mort*, Derrida refere-se dessa maneira ao explicitar as aporias da responsabilidade absoluta, que exige, em geral, tanto um prestar contas generalizado como uma singularidade absoluta que inclui o silêncio e o segredo, gerando o risco do dissenso e da incompreensão. Em relação ao lugar do escritor, seria preciso romper com a tentação da generalidade e correr o risco do inconcebível, ou seja, construir a obra a partir do absolutamente singular, mesmo que isso signifique reafirmar incessantemente a contradição.

As decisões sobre o que cabe ou não ao escritor também se inserem no limite paradoxal de acatar o irrefutável, algo bastante complexo quando se trata de recompor os elementos factuais que participam da construção de uma obra. Para Didi-Huberman, tomar posição é estar situado no tempo, dispondo-se a afrontar algo sem perder a dimensão do desejo. Lembrando que "toda posição é, fatalmente, relativa", as tomadas de posição seriam da ordem do incalculável e do contraditório, engendradas por movimentos de aproximação e afastamento do mundo: "Não se sabe nada na imersão pura, no 'em si', no terreno do 'perto demais'. Não se saberá nada, tampouco, na abstração pura, na transcendência altiva, no céu do 'longe demais'" (Didi-Huberman, 2017, p. 15-16). Lembra a "justa distância" de Barthes, tão necessária ao reconhecimento do presente. Também se deve considerar esse relativismo ao se atribuir à literatura uma função crítica, entendida como obrigação de estabelecer um programa cujo posicionamento seja explícito. Para Derrida, atribuir uma função crítica à literatura "[s]ignificaria dar uma única finalidade à literatura, atribuir-lhe um sentido, um programa ou um ideal regulador, ao passo que ela poderia também ter outras funções essenciais, ou até mesmo não ter nenhuma função, nenhuma utilidade fora de si mesma." (2014, p. 52). Considerando-se o que separa Derrida de Barthes, é difícil não pensar no que este último em *O grau zero da escrita* descreve como a responsabilidade do escritor por sua forma, aludindo a uma moral da forma que já era então reação ao ambiente burguês assombrado com a linguagem das vanguardas e, por isso mesmo, pressionava por um retorno à essência do romance que fosse representativo de sua posição na sociedade moderna. Portanto, tomar partido da forma consistia em insurgir-se contra uma "escrita policial" colada nos ideários da época. Essa insurgência garantiria, por sua vez, a manifestação de novas formas, igualmente históricas, porém com um aparato capaz de encenar "a mais grave das rupturas, a da linguagem social" (Barthes, 2000, p. 36).

Voltando-se novamente ao presente, podemos lançar a hipótese de que a situação social de exigência de um posicionamento livre de ambiguidade continua como um dos componentes constitutivos do campo artístico e literário. Uma das maneiras de se relacionar com essa exigência — e é sobre esta que pretendo tratar — tem sido através de uma escrita em que a experiência do autor, no que se denomina de "escritas de si", é narrativizada para interpelar acontecimentos históricos geradores de fraturas na ordem dita democrática.

É inegável que o "trabalho de escritura", para usar a expressão de Didi-Huberman, é mediado pelo corpo a corpo com as coisas do mundo, porém mais importante do que destacar essa premissa como ponto de partida é compreender como isso se dá na poética de cada escritor. Invariavelmente, boa parte dos livros que traça os efeitos de um estado de exceção o faz em primeira pessoa. Essas narrativas que ora se configuram como memórias, ora como ficção, põem em pauta os sentidos da História e seus modos de arquivamento. Na medida em que não se pode determinar os limites da ficcionalidade no gesto autobiográfico, sendo o contrário também verdadeiro, trata-se de acatar o incalculável das narrativas que testemunham a relação com o mundo de maneira figurada, numa disposição ao mesmo tempo poética e política. Nesse sentido, o caráter, no mínimo, *duplo* do testemunho não pode ser menosprezado: à medida que se testemunha algo, dá-se também o testemunho do próprio fazer.

A crítica brasileira sempre tratou como exceção a narrativa de testemunho. A denúncia de omissão apontada para o trabalho do escritor, em comparação mesmo com a produção da América Latina, com especial ênfase à situação da Argentina, fértil no esmiuçamento de seu passado, nunca deixa de ser pauta ao se fazer o balanço do que se produz aqui em termos de registro de fatos históricos traumáticos pela via da ficção. Mesmo um livro como o de Eurídice Figueiredo (2017), que compila, examina e analisa textos literários associados ao período ditatorial brasileiro, aponta a falta nessa produção, embora trate de exemplares vigorosos que bem poderiam provar o contrário do que se dissemina como discurso corrente da crítica. Quando um livro pode ser considerado um romance histórico? Ou um testemunho? Um relato autobiográfico? Quando um relato autobiográfico pode ser também testemunho do outro? Qual é o grau de literalidade exigido em cada uma das determinações que definem os gêneros? Sem pretender responder a essas questões, mas sem deixar de apontar a necessidade de um estudo mais demorado a respeito, sobretudo quando a literatura brasileira contemporânea, em maior ou menor grau, confirma seu traço confessional, a intenção é manter-me próxima do pensamento de Derrida para refletir sobre os sentidos que se podem extrair de uma determinação como a da responsabilidade do escritor quando a ficção que leva sua assinatura, com um alto teor de testemunho, se detém nos momentos em que a democracia se suspende.

Para não incorrer no risco da generalidade, bastante comum, escolhi perscrutar as estratégias narrativas de dois livros, com procedimentos distintos entre si, mas que partem de um mesmo ponto: trata-se de obras em que i) a figura do autor é a mesma do narrador; ii) a narração gira em torno do núcleo familiar; iii) catalogados diferentemente, um como ficção e outro como memórias, testemunham cada um a história recente de duas ditaduras na América Latina: a da Argentina e a do Brasil. Refiro-me a dois livros lançados em 2015 pela Companhia das

Letras: *A resistência*, de Julián Fuks, ganhador do prêmio Jabuti de romance 2016, e *Ainda estou aqui*, de Marcelo Rubens Paiva, indicado ao prêmio Oceanos.

2.

Julián Fuks expõe logo na primeira frase de *A resistência* o contrato estabelecido com as noções de verdade e de intimidade, apontando o intervalo que há entre o poder e o desejo invocado no "dizer tudo": "Meu irmão é adotado, mas não posso e não quero dizer que meu irmão é adotado" (Fuks, 2015, p. 9). O título autodeclara o seu andamento narrativo. Trata-se de um testemunho que contesta o tempo todo a sua necessidade, pois o outro pelo qual se testemunha não pede para ser testemunhado, daí a multiplicação de interditos, volteios, supostos arrependimentos e inconfidências. O autor reconstitui a história de seu irmão adotado durante a ditadura argentina, conjugando a reflexão sobre sua própria história e de sua família com a violência da ditadura, do exílio dos pais no Brasil e do sentimento de inapropriação próprio de quem se sente herdeiro da história da família.

O livro é exemplar para demonstrar como a literatura brasileira contemporânea tem respondido às injunções de se pronunciar acerca do passado histórico. E é exemplar porque resiste à própria demanda, atestando a dificuldade de assegurar uma dada responsabilidade sem questioná-la. Os riscos são expostos e discutidos em uma linguagem que desconfia da descrição factual, trazendo à tona uma memória rasurada. Narradores de livros como *A resistência* estão sempre às voltas com o temor do esquecimento e como isso se produz na vivência do presente. A reelaboração do passado sustenta-se em lembranças que se embaralham, em conversas esparsas com familiares, carregadas de subentendidos, e, às vezes, em pesquisas que nunca se completam devido à inexistência de material de arquivo. *Mar azul*, de Paloma Vidal, e *Azul-corvo*, de Adriana Lisboa, também fazem parte dessa produção carregada de silêncios, em que há uma atrofia dos acontecimentos, sugerindo, mais do que demonstrando, uma ambiência de opressão e de violência.

Essa forma dissociativa, quase isolada, da referência faz com que um livro como *A resistência* não se encaixe, de imediato, no gênero testemunho. Os comentários dão conta da associação entre o autor, o narrador e a história narrada, bem como a narração em primeira pessoa, porém algo escapa, desarticula-se no que se refere ao gênero. O forte teor ensaístico do texto, de certa forma, barra a exigência de transparência, detalhamento e mesmo *prova*. A narrativa não se deixa aprisionar em uma estrutura facilmente reconhecível, o que se torna bastante fecundo para o porvir desse tipo de ficção, no sentido de que obras que expõem as fraturas do estado democrático de direito não devem isolar-se em um determinado tipo de registro. O privilégio dado à unidade abre brechas para a essencialização, obliterando outras configurações que podem ser tão ou mais potentes para expor a mutilação de corpos, exílio e luto que ocorrem em todo e qualquer período ditatorial.

No fundo, trata-se da velha discussão sobre a literalidade da palavra que, no caso, diz respeito à narração que advém da *observação* — "Há anos observo em meu irmão..." (Fuks, 2015, p. 15); da *indecisão* — "Não consigo decidir se isto é uma história" (idem, p. 25); da *resistência à concretude dos fatos* — "Do constrangimento de alguns velhos dias a lembrança é vívida, quase palpável, talhada de imagens nítidas demais, para que delas eu possa desconfiar. Paradoxalmente, parece mais difícil contá-las" (idem, p. 46); *da análise de vestígios* — "São perguntas vãs, eu sei, perguntas inconsequentes que a foto impõe ou sugere. É porque a foto cala que eu me obrigo a dizê-la, que eu insisto em traduzir sua retórica, em captar sua tortuosa sentença." (idem, p. 65). A observação, a indecisão, a resistência e os vestígios configuram um estranho testemunho, pois quem testemunha não assegura a sua presença; não diz ter estado presente; apesar disso, seu corpo está implicado naquilo que presenciou e, não tendo estado presente nos momentos-limites (nem sabe exatamente como identificá-los), de alguma forma, esteve; algo dele restou lá, pois testemunha o *ter estado* presente de outrem.

Há uma experiência poética da língua que antecede — ou percorre — o engajamento político do texto de Fuks, levando a termo a ideia de que quem testemunha não dá uma prova como garantia; carrega apenas sua "experiência, em princípio, singular e insubstituível" (Derrida, 2005, p. 35); expressa não somente pelos ditos, mas também pelos silêncios que resguardam o secreto. Em *Poétique et politique du témoignage*, Derrida assinala esse princípio para manifestar o caráter paradoxal de que todo testemunho carrega também sua impossibilidade; o direcionamento ao outro inaugura uma espécie de testamento que dispõe a este a guarda do segredo. De maneira abissal, o testemunho só se torna possível quando a prova do que é dito não está com aquele que detém a palavra. Ainda que tenha sido ele a presenciar o que conta, como *acteur*, sem provas, somente pode empenhar a sua palavra e manifestar-se no presente, quando a narração se contamina pelas percepções do que agora acontece. Essa estrutura acarreta, ainda, a possibilidade da mentira, do perjúrio e da má-fé a que está sujeito todo testemunho e aquele que lhe é destinatário. A questão da verdade é atravessada pela solicitação de um crédito; demanda-se que se acredite. E tal pedido não é estranho à performatividade discursiva de pôr em dúvida o que se diz. Aquele que narra, muitas vezes, assegura a crença ao titubear, ao marcar suas hesitações. A estratégia narrativa de *A resistência* opera nesse sentido: "Exagerávamos, é evidente, como ainda exagero agora, ciente de que as palavras distorcem, de que as perguntas também afirmam" (Fuks, 2015, p. 73). Há um apelo à crença inseparável do apontamento de que o saber não-objetivável é filtrado pela memória, que pode ser a do outro. É o apelo às ruínas descritas no relato: "Só quando recebeu aquela carta [a carta que atesta a morte da amiga da mãe do narrador, "vítima do terrorismo de Estado da ditadura civil-militar" argentina] pôde vasculhar em seu íntimo as ruínas calcificadas do episódio, pôde enfim tocá-las, movê-las, construir com o silêncio das ruínas, e com seus traços deformados, o discurso que proferiu em sua homenagem" (Fuks, 2015, p. 78). O segredo de arquivo, tanto tempo à espera de um ato oficial que o torne público, é novamente acessado; dessa vez, no espaço da obra que interroga o segredo no momento mesmo que o preserva, acatando a ruína, os traços deformados, para expor a solidão inelutável.

Outro tipo de segredo é da ordem do não querer saber, cuja abertura também se dá para os traumas da história, franqueando as relações controversas entre o privado e o público. O fato de a adoção do irmão ter ocorrido durante a ditadura argentina, sem ter seguido os ritos legais, propaga uma dúvida no narrador que o leva às Mães da Praça de Maio. Haveria relação entre a adoção do irmão e as que ocorreram durante os anos da ditadura, nos quais muitas crianças de pais considerados subversivos foram entregues para adoção, sobretudo, mas não somente, a famílias de militares? Seu irmão teria sido adotado sob as mesmas condições dos netos das Mães da Praça de Maio, agora avós, dispostas a encontrá-los? Esses atravessamentos permanecem no limiar devido à posição do narrador, que está no lugar de um outro durante quase todo o tempo. A recusa instalada não diz respeito ao ato de guardar o que é secreto, mas, sim, à diferença entre vivenciar e narrar. A quem cabe descobrir o segredo? O que narra ou o que teve sua vida implicada? Perguntas como essas são marcadas pela hesitação: "Hesito um instante na porta, não me decido a entrar [em frente à sede das Mães da Praça de Maio].... já percorri cada estante da livraria, já tomei um café em sua galeria, já me deixei impregnar por seus testemunhos, suas histórias, suas palavras de ordem. Agora descubro que não quero entrar, que estou parado na porta e não queria estar parado na porta. Que estou parado na porta porque queria que meu irmão estivesse em meu lugar"

(Fuks, 2015, p. 19). A prova de que isso não se resolve afigura-se na imagem antitética que recobre a inércia do narrador parado na soleira da porta e as imagens de levantes que costumam acompanhar as Mães da Praça de Maio.

Dois sentidos contraditórios de resistência estão em jogo e, no entanto, ambos têm em comum o fato de serem formas de engajamento. As Mães se levantam diante da morte das filhas e filhos pela ditadura argentina; contra o esquecimento proferem "seus testemunhos, suas histórias, suas palavras de ordem". Nas mobilizações, usam lenços brancos com dizeres, carregam faixas, portam retratos, num esforço coletivo que atravessa o tempo. Os levantes se reconstituem a cada vez, tendo como marca o luto coletivo transformado em solidariedade a serviço da revolta. Já o levante de Fuks, se assim podemos chamá-lo, é de outra ordem. Não se trata de um luto nem possui o apelo da coletividade. Entretanto, a mediação pela literatura lhe dá um caráter de sublevação singular que faz aparecer os levantes históricos marcados pela coletividade. Isto é, somente é possível falar, aqui, sobre as Mães porque o livro existe. Por sua vez, este se torna possível em razão de haver uma experiência interior que radicaliza o vivido, a ponto de torná-lo interpretável. A investigação do passado perpassa também as questões que podem modificar o porvir. Nesse caso, o mais difícil de ser contemporizado é justamente saber até onde se pode ir no lugar de outro, principalmente porque não está evidente se o que se refere ao outro também lhe diz respeito: "Pode um exílio ser herdado? Seríamos nós, os pequenos, tão expatriados quanto nossos pais? Devíamos nos considerar argentinos privados de nosso país, da nossa pátria? Estará também a perseguição política submetida às normas da hereditariedade?" (2015, p. 19). Ao se postar diante da porta, sem atravessá-la, as respostas a essas questões são, mais uma vez, dúbias, porém suficientemente elucidativas a ponto de especificarem que o que *resta* como segredo está exposto no espaço literário. O problema individual passa a ser um problema

PENSANDO A POLÍTICA COM DERRIDA

comum que respinga naquilo que mais está sujeito ao afeto: ao testemunhar sobre um outro, de que modo se deve (ou se pode) postar diante dele? Mais uma vez, não há resolução sem margem de erro. A possível saída insiste na "sinceridade" e na "sensibilidade" ("Será bom o bastante o livro que pude alcançar, será sincero o bastante este livro possível, será sensível?" — Fuks, 2015, p. 138), mas sobre qual sinceridade se fala? Essa preocupação traduz a diferença do gesto literário, cujo tratamento dado à noção de sinceridade não comporta uma relação inequívoca com a verdade. Como afirma Siscar ao tratar da obra de Ana Cristina Cesar (2011, p. 50): "[a] sinceridade é ambivalente, pois foge ao cálculo do que é real e do que é fingido, do que é projeto e do que é sintoma". A substância do real no texto, ainda que cause espanto e incompreensão, tornando certamente difícil o enfrentamento com os sujeitos que fazem parte desse real, está encenada no texto de Fuks, de modo que se encontra aí, nesse *tom*, uma maneira de responder, ainda nas palavras de Siscar, os "recalques e imperativos do real".

Quando analisa o poema de Celan, "Aschenglorie", em *Poétique et politique du témoignage*, Derrida chama a atenção para o tipo de responsabilidade que se deve reclamar a uma assinatura poética, lançando a hipótese de que "todo testemunho responsável envolve [*engaje*] uma experiência poética da língua" (2005, p. 9). Ao fazê-lo, ele chama a atenção mais uma vez para o caráter paradoxal dos termos "responsabilidade", "segredo" e "testemunho" ao serem tratados como um acontecimento singular ou no interior de um acontecimento singular, que é a experiência poética. A ficção de Fuks, ao performar a elaboração dos sentidos de resistência — a resistência à violência ditatorial; a resistência do filho adotado ao ambiente psicanalítico (e, portanto, analítico) da família; e, por fim, a resistência da narrativa de se entregar ao factual — testemunha, de fato, a resistência da literatura à completude, transbordando os limites impostos do seu gênero desde a catalogação.

3.

Já na época da publicação de *Ainda estou aqui*, de Marcelo Rubens Paiva, era possível constatar que o livro articulava, de pronto, outra relação com a democracia. E isso não apenas por tratar do período ditatorial brasileiro, por meio da rememoração de acontecimentos ao mesmo tempo íntimos e históricos, mas, sobretudo, por confrontar o não-acesso aos arquivos estatais — se existem — que tratam do assassinato de seu pai, o deputado Rubens Paiva, pela ditadura brasileira. Não há conformação à lei, às regras das instituições. O princípio foi, ao contrário, reunir o maior número possível de arquivos públicos e privados para fazer uma análise da monstruosidade do arquivo inacessível, pertencente ao Estado brasileiro, dando-lhe corporeidade, à revelia da permanência de seu segredo de polichinelo.

Assim, a montagem dos arquivos (notícias de jornais, peças processuais, fotografias etc.), orientada por razões distintas de arquivamento, indica a incompletude dos registros. O fato de, no Brasil, os arquivos da ditadura até hoje não terem sido abertos ao público consiste em uma prova irrefutável das razões políticas de seu fechamento. A rememoração, portanto, do passado recente traumático ampara-se em documentos não para confirmá-los, e sim para expô-los, conjurá-los, reforçando o seu caráter monstruoso.

Não existe arquivo sem o movimento de interpretação, classificação, hierarquização e seleção, como formas de controle, exercidas por pessoas e instituições autorizadas a "... escolher o que se guarda e o que não se guarda, aquilo a que se dá acesso, a quem se dá acesso, quanto e como etc." (Derrida, 2012, p. 130). Cada instituição determina seu modo de gestão, e isso não se distingue nos regimes democráticos e nos ditatoriais, instituindo uma organização que, embora possa ser legítima e política, não deixa de ser marcada pela violência do não acesso, ou do acesso restrito, que ajuda a manter sob vigília os seus desdobramentos. Contudo, nenhum arquivo é totalmente fechado, inclusive os que permanecem intactos por falta de acesso, pois a produção sobre o reprimido é potencialmente infinita, garantindo a sua sobrevivência fantasmática. Assim, o processo de interpretar, classificar, hierarquizar e selecionar, realizado por uma ou mais de uma instituição responsáveis por manter a ordem, pode ser constantemente posto à prova pelo trabalho deliberativo de *arcontes* não autorizados que forçam as leis de arquivamento. O movimento realizado por Paiva, em *Ainda estou aqui*, faz parte desse tensionamento da lei, operado por cortes e deslocamentos, em um exercício interpretativo ativo, que realinham com destreza o arquivo — público e privado — das memórias de sua família.

No resumo mais ligeiro de *Ainda estou aqui*, trata-se da história da mãe do autor, Eunice Paiva, que, no momento em que o livro está sendo escrito, sofre de Alzheimer. De maneira indissociável, é também a história do pai, torturado e morto pela ditadura militar, e a própria história de Marcelo Paiva como testemunha. A composição do livro sobre a história recente do país atesta um princípio de realidade e de construção de realidade que dá prova dos *fins* da literatura, que, na maioria das vezes, estabelecem contendas com o intuito de abrir a narrativa ao que não teve direito à memória: o renegado, o esquecido, o impróprio.

Dois lutos distintos percorrem o livro: um sem-fim e outro em etapas. Paiva traça um perfil comovente daquela responsável pelo título do livro, que, nos lampejos de lucidez, repete: "Ainda estou aqui". Destacar a presença e a ausência, o que há entre uma e outra, é um modo de convivência com o luto, cujo processo precisa ser inscrito e, ao mesmo tempo, esquecido, para a vida poder existir. O luto sem fim pelo pai e o luto por etapas pela mãe reforçam o caráter de testemunho de Paiva, que narra em primeira pessoa a história de dois outros; não quaisquer dois, mas de seus progenitores. Um "desaparece" repentinamente vítima das atrocidades da ditadura brasileira, e a outra "desaparece" aos poucos. Sua mãe ainda está viva no momento em que ele escreve sua história e, entretanto, não toma conhecimento da escrita. No livro, essas desaparições são inscrições de presença ligadas irremediavelmente à luta contra a ausência e o esquecimento. Na medida em que narra parte da história de sua família, é também testemunha da história. E o faz como sobrevivente, o que tem implicações no modo como organiza a narrativa de sua vida na literatura.

O título *Ainda estou aqui* produz, desde o início, uma cisão entre presente e passado que será desmembrada ao longo do livro. O advérbio "ainda" carrega, em seus sentidos imediatos, o presente e o passado. Pode ser tanto "até agora, até este momento (presente)" como "até então, até aquele momento (passado)". Essa coabitação, em um tempo subjetivo e histórico, é uma das maneiras de não deixar entregue ao esquecimento *o que aconteceu*, realçando o absurdo de uma ditadura militar nos confins do mundo — para que agora não mais aconteça.

A frase "Minha mãe, aos oitenta e cinco anos, não entrou no Estágio IV [do Alzheimer], o pior de todos. Sua vida tem muitos atos. Teremos mais um. Enquanto a morte do meu pai não tem fim" (Paiva, 2015, p. 263), no desfecho do livro, atesta que o sem-fim da morte do pai não pode ser narrado senão por uma linguagem que aceita aportar para além das aparências, indo ao limite de todos os possíveis. As memórias poderiam ter sido encerradas aí, mas, após esse final, que acaba por não se configurar como tal, estão, em forma de anexos, na íntegra, o acórdão da denúncia do Ministério Público Federal, a decisão do recebimento da denúncia pelo juiz da 4ª Vara Federal Criminal do Rio de Janeiro e uma nota do autor em que ele explica que "[o] caso Rubens Paiva está longe de terminar" (Paiva, 2015, p. 295).

A montagem engendrada no livro, que tem início com a imagem de uma fotografia dos pais no aeroporto de Brasília, nos anos 1960, e encerra-se com os documentos citados, historiciza de uma outra maneira o que está registrado na história brasileira de modo esparso e anônimo. A inexistência de uma imagem que comprove a morte do deputado assinala a omissão do Estado perante os acontecimentos da ditatura, marcada pela impessoalidade e generalidade dos arquivos incompletos. Entretanto, a materialidade da fotografia do arquivo pessoal — a mãe sorridente fixa o olhar para a câmera, enquanto o pai contempla despreocupadamente outro ponto — instala a *singularização* das figuras narradas. Nada nesse registro indica o que ocorreria pouco tempo depois, sob a anuência das autoridades de Brasília, a não ser o que historicamente está registrado e, agora, é traçado, de modo singular, no livro de memórias. Essa não indicação torna a imagem violenta. A placidez da cena entra em confronto com a crueldade dos acontecimentos. Segundo John Berger (2017, p. 39), "Uma fotografia, ao registrar o que foi visto, sempre e por sua própria natureza se refere ao que não é visto. Ela isola, preserva e apresenta um momento tirado e um *continuum*". A justaposição do visto e do dito cria uma camada de significações que, ao referir-se a esse *continuum* invisível da fotografia, interfere no nosso modo de olhá-la. O fato de fazer parte do acervo pessoal do escritor torna ainda mais patente a intimidade dos sujeitos retratados.

A propriedade da literatura de hospedar outros discursos, fazendo com que em um livro coabitem mais de um gênero, não deveria ser pacificada como normalmente se faz. O procedimento do livro de Paiva de misturar cartas pessoais, depoimentos, notícias de jornais, excertos de peças processuais sobre o caso do pai, com uma reflexão acurada acerca da debilidade das razões da ditatura brasileira, parasita outros registros discursivos, levando à exposição da brutalidade. A montagem dos documentos, do modo como realizada, não intenta o consenso nem objetiva a pacificação. Ao contrário, a literatura posta-se como o espaço da morte, realizando o enterro simbólico jamais presenciado. Somente assim torna-se possível conviver com a violência imposta: "A tática do desaparecimento político é a mais cruel de todas, pois a vítima permanece viva no dia a dia. Mata-se a vítima e condena-se toda a família a uma tortura psicológica eterna" (Paiva, 2015, p. 165). Não é pouco constatar que o relato traz à tona um discurso para confrontar a letra fria do discurso da lei. Não se trata de pensar o livro como documento. Ao contrário, Paiva questiona, perfura, os documentos da lei, da História, perturbando o arquivo da ditadura brasileira, quando o insere em um livro de memórias. É muito diferente, portanto, da reivindicação de legitimidade das instituições que garantiriam, em tese, a democracia. Nas palavras de Rancière, no inquietante livro *O ódio à democracia*, "O nome democracia implica e, a partir dele, se denuncia a própria política" (2014, p. 48). A ambivalência do estado democrático, estruturado historicamente como estado oligárquico, devido à garantia de direitos dos setores privilegiados, arrefece os sentidos do político. As instituições supostamente democráticas flertam com a imposição da força e a violação da própria soberania a cada vez que se sentem ameaçadas pelo povo naquilo que está na base do ideário democrático: a igualdade e o respeito às diferenças. No entanto, embora essa dinâmica estéril e opressora pareça perene, não cessa de ocorrer um deslocamento geral, apesar de menos aparente, que força as fronteiras e rediscute conceitos como soberania, representação, direito, ou seja, a própria política, desestabilizando os atos de legalização e legitimação e estabelecendo novas comunidades.

No capítulo intitulado "Merda de ditadura", explica-se didaticamente, em uma análise minuciosa dos acontecimentos, como as instituições mantiveram-se alinhadas aos atos dos militares, auxiliando na usurpação da democracia, para depois serem também subjugadas: "Muitos que, em 1964, conspiraram com os militares, na missão de impedir que comunistas tomassem o poder e o Brasil se transformasse numa diabólica ditadura do proletariado, perceberam a manobra e foram acusados pelos anticomunistas de ligações com comunistas" (Paiva, 2015, p. 90). Essa síntese demonstra como a dinâmica da força e do conluio foi desmontada e, ao mesmo tempo, como a generalidade do uso do termo "comunista" esteve ligada à dificuldade de tratar a democracia como "governo de qualquer um". A possível participação do povo, representado por um governo socialista, associou-se à ideia de "ditadura do proletariado", justificando, então, uma insurreição institucional com o intuito de barrar uma suposta insurreição popular.

A atividade investigativa do livro, que opera por montagens, associações e deslocamentos, apenas em parte pode ser vista como um procedimento advindo do jornalismo. Não se reivindica imparcialidade no registro. O primeiro capítulo, intitulado "Onde é aqui?", é tão mais impressionante, se pensarmos que os diversos trechos que tematizam a questão da memória atuam como uma *entrada* na literatura. Diante dos sintomas de perda da memória da mãe por conta do Alzheimer, Paiva institui outro suporte em suplemento ao que por ora desaparece — não exatamente em substituição. No lugar do silêncio, do alheamento e, todavia, não da confusão e da combatividade, próprios da doença, Paiva pratica uma escrita inflexível para a qual "[a] memória não é a capacidade de organizar e classificar recordações em arquivos. Não existem arquivos" (2015, p. 26). Mais do que isso, é a negação do arquivo como lugar ordenado, isento de contradições, no qual a sentença da não existência de arquivos está afim com a ideia não determinista de memória: "A acumulação do passado sobre o passado prossegue até o nosso fim, memória sobre memória, através de memórias que se misturam, deturpadas, bloqueadas, recorrentes ou escondidas, ou reprimidas, ou blindadas por um instinto de sobrevivência" (2015, p. 26). A potência de interrogar os arquivos se dá pela ruptura das fronteiras entre o público e o privado, o segredo e o não-segredo, o autorizado e o não-autorizado, a autoridade e o autoritarismo. Paiva escava os pontos críticos, cegos, reprimidos, geralmente escondidos e blindados, dos arquivos públicos. E o título do capítulo — "Onde é aqui?" — demonstra que se trata de interpelar o presente, evocando o passado de maneira a não deixar dúvidas de sua presença no "aqui" que é também um "agora": "Um fato hoje pode ser relido de outra forma amanhã. Memória é viva. Um detalhe de algo vivido pode ser lembrado anos depois, ganhar uma relevância que antes não tinha, e deixar em segundo plano o que era então mais representativo. Pensamos hoje com a ajuda de uma parcela pequena do nosso passado" (Paiva, 2015, p. 117). A lógica dos rastros que se apresentam a cada vez de maneira distinta conduz a uma memória em incessante transformação. A disposição de documentos, com a colagem de vozes sobrepostas, organizadas pela análise crítica do escritor, desconstrói a narrativa histórica pela mesma lógica.

A relação entre literatura e democracia assevera que esta, seja quando aparentemente está em curso, seja quando destituída por regimes ditatoriais, não é um regime estável que coincide com os seus princípios. As datas que recobrem a narrativa abrem uma fissura no conceito gasto de democracia, pois atestam a violência experimentada no passado como um contínuo que chega até ao presente, no sentido de que as estruturas que legitimam o espaço democrático são, ainda, as mesmas que apostam no esquecimento como dispositivo de leitura do passado. Vem daí a exigência de uma democracia por vir que atue como promessa de sobrevivência das resistências.

4.

Na pergunta que conjuga a mesa-redonda da 14ª Flip — *Literatura hoje: por quê, para quê e para quem?* —, chama a atenção o fato de o termo que inaugura as perguntas já esteja dado. Para a reflexão que importa aqui, a ausência de um "o quê" faz diferença, pois parece ser essa falta que autoriza as outras questões exercerem uma função de cobrança à literatura — *isso* que já está nomeado. Geralmente, quando se pergunta por que existe, para que serve e para quem se destina algo é já uma forma de atestar o desconforto causado pela *presença* (o desaparecimento de algumas

PENSANDO A POLÍTICA COM DERRIDA

disciplinas dos currículos escolares é sintoma dessa atribuição de desimportância). Nesse caso, a existência de um "o quê" seria determinante para explicitar o que aparece de modo subentendido e enviesado. A dependência entre "o quê" e as respostas dadas ao "por quê", "para quê" e "para quem" deveria ser enunciada, pois isso exigiria, inevitavelmente, a presença de um "quem". Quem responde, a quem e o quê — ou ao quê — atuam de maneira indissociável. Não deveriam jamais se excluir ou serem excludentes. Ao indagarmos sobre qual responsabilidade postular (da obra? diante do mundo? com o leitor?), é importante requerer a indeterminação do outro, jamais facilmente identificável, justamente para liberar o que responde em seu próprio nome do dever de acatar demandas específicas. Como aceitar uma incumbência, a partir de um cálculo, se a chance de prever a contra-assinatura, geralmente, é reduzida? Sempre é possível aludir à ordem prática, como as pesquisas de mercado, mas também aí seria preciso indagar acerca das situações específicas de tais pesquisas que apontam rumos à literatura baseadas apenas em dados mercadológicos, pois as solicitações feitas ao escritor naquilo que denominamos de "mundo" vão muito além desses dados.

A origem da definição de escrita autobiográfica já provém da exigência de dizer a verdade sobre o "mundo", a "realidade" ou, pelo menos, sobre aquilo que constitui o mundo daquele que profere "eu", o que se mostra, de imediato, uma imposição impossível. Os primeiros relatos relacionados ao gênero já são um pedido de perdão pela injúria. Páginas inteiras das *Confissões* de Rousseau giram em torno da mentira, a exemplo das *Confissões* de Santo Agostinho, evidenciando o traço iterável das obras. Os pedidos de perdão são, sobretudo, um efeito de retórica que gira em torno de um saber que não é, em princípio, informativo nem teórico, tampouco apenas performativo. O "fazer a verdade", que Derrida aventa como propriedade não apenas das confissões, mas da escrita em geral, trata-se antes de tudo do jogo de diferenças que sustenta a relação com o mundo exterior não como realidade determinada, mas como produção que rompe a continuidade dos fatos por meio de associações singulares que chamam a atenção para si. A troca do "dizer" pelo "fazer" expõe a estrutura ficcional contida nos fatos narrados, mas não somente isso; a disposição dos acontecimentos acaba por trazer à tona a disposição crítica da historicidade contida na obra. O escritor torna-se responsável por esse fazer — monstruoso, irresponsável —, e não pelo mundo, sobre o qual pede perdão, mas pelo qual rompe a soberba do silêncio.

A meu ver, a responsabilidade pela disposição dos aconteci-mentos, e não pelo acontecimento em si, é o que torna distintas as narrativas autobiográficas comentadas. Na moldura, tratam da história política na qual os sujeitos estão implicados, analisam o quanto as próprias vidas foram estruturadas por essa história, confrontam os acontecimentos ocorridos com suas famílias em busca de respostas e, para isso, interpelam violentamente tanto o passado como o presente. E o fazem como? Constroem persona-gens e situações cuja identificação é difícil de delimitar, mantendo a relação ambígua entre fato e ficção? Ou, ao contrário, primam por personagens e situações historicamente documentadas? São mais descritivas ou reflexivas? Tais questionamentos são poten-cialmente infinitos, dado o caráter aberto do movimento interpre-tativo. Para garantir uma reflexão que leve em consideração os traços diferenciais que constituem a singularidade de uma obra, deve-se considerar o paradoxo de que a singularidade absoluta, para ser percebida, carrega consigo a marca da repetição que, por um lado, a faz pertencer a um gênero e, por outro, diferir-se dele. Obviamente, quero chegar ao ponto que explicita a neces-sidade do escritor de se liberar de uma obrigação, quando e se esta é requerida para que, contraditoriamente, possa cumpri-la de modo diferido.

Ora, apontar as diferenças entre uma e outra obra, ainda mais quando não são escritas pelo mesmo sujeito, parece ser um atalho. Porém, diante de um cenário em que se produzem diagnósticos cada vez mais fechados sobre o estado de coisas da produção contemporânea, cuja interpelação à mudança é flagrante, apenas aparentemente essa é uma saída fácil, pois consiste em interpretar

PENSANDO A POLÍTICA COM DERRIDA

as tensões do campo literário. No entanto, requerer um intervalo para interrogar a exigência da curvatura aos ditames do tempo não é o mesmo que erigir uma planitude fechada em si mesma, mas, sim, sustentar a existência de um feixe de relações que necessita de elaboração para não se transformar em mera imposição. Levar isso em consideração tende a elaborar os sentidos da multiplicidade e da diversidade de vozes na produção literária brasileira contemporânea não como ponto de partida, não como definição imposta pelas leis, mas como ponto de chegada, na qual se acolhe toda e qualquer diferença, inclusive ou principalmente aquelas que parecem mais difíceis de ser acolhidas.

Se há uma relação indubitável nas narrativas autobiográficas, esta consiste na tensão estabelecida com a herança; aquele que escreve faz surgir uma escrita carregada de historicidade, seja porque a exposição da intimidade não se descola das questões que obsedam o tempo, seja porque se busca inquirir por meio do *ethos* da intimidade uma relação mais justa com a história do mundo, o que se traduz geralmente em uma interpretação a contrapelo. A historicidade dos corpos surge, mesmo ou sobretudo, quando denegada. A ficção de Fuks e as memórias de Paiva são livros escritos por autores que não estão entre aqueles cuja história tende a ser invisibilizada. Brancos, heterossexuais, de classe média intelectualizada, inevitavelmente, trabalham com essa herança. Porém o horror que as suas experiências singulares conjugam, operando como testemunhos potencializados pelo artifício da escrita, nos obriga a pensar sobre o "dentro", o "fora" e o que está às margens da obra sem fazer distinção entre um ou outro ou privilegiar um ou outro, mas partindo do princípio de que tudo forma o corpo da obra e, por isso, torna-se passível de investigação. Em outras palavras, a tarefa paradoxal do escritor, para cuja realização precisa aproximar-se e ao mesmo tempo tomar distância do mundo, coloca-o na condição de pensar tanto a sua poética como a política, a poética como política e a política como fantasma da poética, atribuindo-lhes sentidos sempre distintos.

Referências

ARTAUD, Antonin. *A perda de si*: cartas de Antonin Artaud. Seleção, organização e prefácio de Ana Kiffer. Trad. A. Kiffer; M. P. Fernandes. Rio de Janeiro: Rocco, 2017.

BARTHES, Roland. *O grau zero da escrita*. Trad. M. Laranjeira. São Paulo: Martins Fontes, 2000.

BERGER, John. *Para entender uma fotografia*. Organização, introdução e notas de Geoff Dyer. Trad. Paulo Geiger. São Paulo: Companhia das Letras, 2017.

DERRIDA, Jacques. *Paixões*. Trad. L. Z. Machado. Campinas: Papirus, 1995.

_____. *Donner la mort*. Paris: Galilée, 1999.

_____. *Essa estranha instituição chamada literatura*: uma entrevista com Jacques Derrida. Trad. M. D. Esqueda. Belo Horizonte: Editora UFMG, 2014.

_____. *Poétique et politique du témoignage*. Paris: Éditions de L'Herne, 2005.

_____. Rastro e arquivo, imagem e arte. Diálogo. In: *Pensar em não ver — escritos sobre as artes do visível*. In: MICHAUD, G.; MASÓ, J.; BASSAS, J. (Orgs.). Trad. M. J. de Moraes. Florianópolis: Editora da UFSC, 2012.

DIDI-HUBERMAN, Georges. *Quando as imagens tomam posição*. Trad. C. P. B. Mourão. Belo Horizonte: Editora UFMG, 2017.

FIGUEIREDO, Eurídice. *A literatura como arquivo da ditadura brasileira*. Rio de Janeiro: 7Letras, 2017.

FUKS, Julián. *A resistência*. São Paulo: Companhia das Letras, 2015.

LISBOA, Adriana. *Azul-corvo*. Rio de Janeiro: Rocco, 2010.

PAIVA, Marcelo Rubens. *Ainda estou aqui*. Rio de Janeiro: Objetiva, 2015.

RANCIÈRE, Jacques. *O ódio à democracia*. Trad. M. Echalar. São Paulo: Boitempo, 2014.

SISCAR, Marcos. *Ana Cristina Cesar*. Rio de Janeiro: EdUERJ, 2011.

_____. *Da soberba da poesia*: distinção, elitismo, democracia. São Paulo: Lumme Editora, 2012.

VIDAL, Paloma. *Mar azul*. Rio de Janeiro: Rocco, 2012.

9
Julgamento inaugural, competência crítica e cultura democrática

Nabil Araújo

É particularmente importante na conjuntura atual [...] compreender como uma forte adesão aos valores e instituições democráticos pode ser estabelecida, e que o racionalismo constitui um obstáculo a tal compreensão. A criação de formas democráticas de individualidade é uma questão de *identificação* com valores democráticos, e este é um processo complexo que tem lugar através de uma diversidade de práticas, discursos e jogos de linguagem.[1]

[...] a especificidade da democracia liberal [...] consiste na legitimação do conflito e na recusa a eliminá-lo através da imposição de uma ordem autoritária. [...] não se pode levar a sério a existência de uma pluralidade de valores legítimos sem reconhecer que eles entrarão em conflito. [...] apreender a natureza da política democrática requer um entrar em acordo com a dimensão de antagonismo que está presente nas relações sociais.

---

1. Salvo indicação contrária, as traduções de trechos em língua estrangeira citados neste artigo são de minha responsabilidade.

> [...] a desconstrução [...] é de fundamental importância para se apreender o que está em jogo na política democrática. [...] Como Derrida enfatiza, sem levar em rigorosa conta a indecidibilidade, é impossível pensar os conceitos de decisão política e de responsabilidade ética (Ibid., p. 9). [...] Como condições de possibilidade para a existência de uma democracia pluralista, conflitos e antagonismos constituem ao mesmo tempo a condição de impossibilidade de sua realização final (Ibid., p. 11).
>
> Chantal Mouffe, *Deconstruction and Pragmatism*

Preâmbulo

A seguir, apresentarei a crítica literária como uma das "práticas, discursos e jogos de linguagem" capazes de proporcionar aquela "identificação com valores democráticos" que, segundo Chantal Mouffe, se encontra na base da "criação de formas democráticas de individualidade". Para tanto, explicitando a "dimensão de antagonismo" inerente ao campo da crítica, buscarei caracterizar o ato crítico nos termos do *julgamento inaugural* que Jacques Derrida desvela no ato de justiça, julgamento atravessado, enquanto performance aporética, justamente pela *indecidibilidade* à luz da qual, insiste Mouffe, se torna possível "pensar os conceitos de decisão política e de responsabilidade ética". Por fim, delinearei o programa de uma pedagogia literária voltada para o desenvolvimento de uma competência crítica aporética que possa se colocar a serviço do debate ético-político numa esfera pública democrática.

I

A certa altura da "Introdução polêmica" com que abre *Anatomy of Criticism* [Anatomia da crítica] (1957), fazendo jus, aliás, ao título conferido a ela, Northrop Frye constata "que em

PENSANDO A POLÍTICA COM DERRIDA

nenhum aspecto há qualquer aprendizado direto da literatura ela mesma", evidenciando, na sequência, o grande equívoco contido na proposição de um estudo e de um ensino "de literatura":

> A física é um corpo organizado de conhecimento sobre a natureza, e quem a estuda diz que está aprendendo física, não natureza. A arte, como a natureza, tem que ser distinguida do estudo sistemático dela, que é a crítica. É, pois, impossível "aprender literatura": aprende-se sobre ela em certa medida, mas o que se aprende, transitivamente, é a crítica de literatura. De modo semelhante, a dificuldade frequentemente sentida em "ensinar literatura" emerge do fato de que isso não pode ser feito: a crítica da literatura é tudo o que pode ser diretamente ensinado (Frye, 1957, p. 11).

Mais de uma década antes, no prefácio à publicação de sua tese de livre-docência (1945), Antonio Candido havia subsumido na crítica literária o estudo e o ensino da literatura, nos seguintes termos:

> No cerne do estudo e do ensino da literatura está o problema crítico. De um modo geral, o problema literário apresenta três aspectos: a criação artística, o público e, entre ambos, uma série de intermediários cuja função é esclarecer e sistematizar. É o papel que compete às diferentes modalidades de crítica, desde a história literária até a resenha de jornal, e delas depende em boa parte a formação e o desenvolvimento da consciência literária. O ensino da literatura pode e deve ser considerado um aspecto da crítica (Candido, 1988, p. 9).

À luz de Frye, esta última sentença de Candido ainda soa equívoca: tratar-se-ia de reconhecer não que o "ensino da literatura" é um "aspecto da crítica", e sim, antes, que o que se ensina, quando se diz "ensinar literatura", *é a própria crítica* — e não "a literatura". A rigor, não se aprende nem se ensina literatura, pois ela não é "uma matéria de estudo" [*a subject of study*], insiste Frye (Ibid., p. 11), mas "um objeto de estudo" [*an object of study*]; em razão de este objeto consistir de palavras, chegamos a confundi-lo com uma disciplina, explica o autor (p. 11-12), sendo que: "As bibliotecas refletem a nossa confusão ao catalogar a crítica como uma das subdivisões da literatura".

A literatura, em suma, é o objeto; a crítica, o conhecimento desse objeto (passível, como tal, de estudo e ensino acadêmicos). Mas qual é a natureza desse conhecimento? Qual é a natureza, afinal, da crítica literária? O que é crítica literária?

Na abertura de um livro recente que tem esta última interrogação por título, Fabio Durão sentencia:

> Concebida como uma **pergunta**, *O que é a crítica literária?* exige uma **resposta** por meio de uma **definição**, algo como "a crítica literária é a apreciação fundamentada dos méritos e das falhas, das qualidades e dos defeitos de uma obra de literatura". A definição é boa para se decorar; ela ajuda você a fazer uma prova, ou a mostrar a alguém que sabe do que está falando. Isso, porém, não o levará muito longe, porque uma definição não contém espaços vazios: com ela não há muito o que fazer. Se, por outro lado, o ponto de interrogação for entendido como fazendo surgir uma **questão**, tudo se modifica. Diferentemente da pergunta, a questão não precisa ser unívoca e não precisa ser concisa — para dizer a verdade, não precisa nem mesmo ter um fim. O conceito de crítica literária, neste caso, passará a abranger vários vetores distintos, linhas de desenvolvimento que se complementam e reforçam, mas que também entram em tensão e até mesmo se contradizem (Durão, 2016, p. 10).

Lida, entretanto, a referida definição de crítica literária, com a devida atenção, e a dicotomia proposta por Durão afigura-se um tanto apressada. Vejamos: "a crítica literária é a apreciação fundamentada dos méritos e das falhas, das qualidades e dos defeitos de uma obra de literatura". Tomada em sua acepção dicionarizada de "avaliação", "julgamento", *apreciação* remete, aí, para a própria etimologia da palavra *crítica* (do grego *krínein*, "julgar"). "Como revela de pronto a etimologia", observa, a

PENSANDO A POLÍTICA COM DERRIDA

propósito, Massaud Moisés, em seu *Dicionário de termos literários*, "a crítica pressupõe, necessariamente, o ato de julgar, isto é, conferir valor às coisas, no caso obras literárias." (Moisés, 1974, p. 113). Concebida nesse seu núcleo semântico mínimo e incontornável, ainda haveria, entretanto, o que indagar. Da "apreciação" em questão, se diz que ela é "fundamentada"; mas há, de fato, um fundamento para o julgamento crítico? Um, mais de um? Qual, quais? E por quê? Ora, disso dependeria diretamente o próprio juízo proferido pelo crítico acerca da obra criticada: "méritos" ou "falhas, "qualidades" ou "defeitos", à luz de que parâmetro, de que critério, de que regra? Para Antoine Compagnon, essas são as próprias perguntas da Teoria da Literatura concebida como "crítica da crítica", ou *metacrítica*:

> O que você chama de literatura? Quais são seus critérios de valor?, perguntará ela aos críticos, pois tudo vai bem entre leitores que compartilham das mesmas normas e que se entendem por meias palavras, mas, se não é o caso, a crítica (a conversação) transforma-se logo em diálogo de surdos. Não se trata de reconciliar abordagens diferentes, mas de compreender por que elas são diferentes (Compagnon, 1999, p. 22).

Na introdução a *The mirror and the lamp* [O espelho e a lâmpada] (1953), obra clássica de historiografia da crítica (em cuja leitura se apoia Fabio Durão em seu livro), M. H. Abrams enunciará, nos seguintes termos, a grande dificuldade implicada por essa tentativa de compreender por que, e em que, as diversas abordagens críticas são diferentes:

> Não é apenas que respostas a questões como "O que é a arte?" ou "O que é poesia" divirjam entre si. O fato é que muitas teorias da arte não podem, em absoluto, ser prontamente comparadas, porque lhes falta um solo comum no qual se encontrar e se chocar. Elas parecem incomensuráveis porque enunciadas em termos diversos,

ou em termos idênticos com significação diversa, ou porque são parte integral de sistemas mais amplos de pensamento que diferem em suposições e procedimentos. Como resultado, é difícil encontrar o ponto no qual elas concordam, no qual discordam, ou, mesmo, quais são os pontos em disputa (Abrams, 1953, p. 5).

Como historiador da crítica, Abrams reconhece, então, como "necessidade primeira", a de encontrar "um quadro de referência simples o bastante para ser prontamente manuseável, todavia flexível o suficiente para que, sem violência indevida contra qualquer conjunto de declarações sobre arte, traduza tantos conjuntos quanto possível num único plano de discurso" (p. 5). Assim:

Quatro elementos, na situação total de uma obra de arte, são discriminados e salientados, por um ou outro sinônimo, em quase todas as teorias que visam ser abrangentes. Primeiro, há a *obra*, o produto artístico em si mesmo. E uma vez que este é um produto humano, um artefato, o segundo elemento comum é o artífice, o *artista*. Terceiro, a obra é considerada como tendo um assunto que, direta ou indiretamente, é derivado de coisas existentes — como sendo sobre, ou significando, ou refletindo algo que ou é, ou mantém alguma relação com, um estado objetivo de coisas. Este terceiro elemento, consista ele de pessoas e ações, ideias e sentimentos, coisas materiais e eventos, ou essências suprassensíveis, tem sido frequentemente denotado por aquela palavra-que-vale-para-tudo, "natureza"; mas nos permitamos usar, ao invés, o termo mais neutro e abrangente, *universo*. Como último elemento temos o *público*: os ouvintes, espectadores ou leitores aos quais a obra é endereçada, ou a cuja atenção, de todo modo, ela se torna disponível (p. 6).

Com o quadro de referência composto por essas quatro coordenadas da crítica estética, tendo a *obra* no centro, circundada pelo *artista* que a produziu, o *universo* a que se refere e o *público* a que se destina, Abrams se considera apto a dispor teorias críticas diversas para fins de comparação. "Embora qualquer teoria

PENSANDO A POLÍTICA COM DERRIDA

razoavelmente adequada leve em alguma conta todos os quatro elementos, quase todas as teorias", constata o autor, "exibem uma orientação discernível em direção a apenas um deles". Em suma: "um crítico tende a derivar de um desses termos suas principais categorias para definir, classificar e analisar uma obra de arte, bem como os principais critérios pelos quais ele julga seu valor" (p. 6). Com isso, sistematiza-se, ademais, em quatro amplas classes, as tentativas de explicação da natureza e do valor de uma obra de arte: "Três explicarão a obra de arte sobretudo relacionando-a a outra coisa: o universo, o público ou o artista", observa Abrams, acrescentando: "A quarta explicará a obra considerando-a em isolamento, como uma totalidade autônoma, cuja significação e valor são determinados sem nenhuma referência para além de si mesma" (p. 7).

Após uma síntese histórica, de Platão e Aristóteles a Wellek e Warren, Abrams conclui, a propósito das quatro grandes orientações que constituíram a tradição crítica ocidental, que "cada uma delas pareceu, a várias mentes argutas, adequada para uma crítica satisfatória da arte em geral" (p. 28), e postula uma "progressão histórica" [*historic progression*] na história da crítica, segundo a qual a teoria mimética (foco no universo) platônico-aristotélica, agregada à teoria pragmática (foco no público), perdurará hegemonicamente da era helenístico-romana até o século XVIII, sendo, então, destronada, no século XIX, pela teoria expressiva (foco no autor) da crítica romântica; em meados do século XX, "certa forma do ponto de vista objetivo" (foco na obra em si) já tinha ido longe o bastante "para substituir seus rivais como o modo reinante de crítica literária", reconhece Abrams (p. 28), escrevendo no auge do New Criticism no mundo acadêmico anglófono. Décadas mais tarde, Abrams refirmará o valor de seu quadro de referência em história da crítica, defendendo ser ele capaz de definir "certas mudanças de foco em larga escala durante 2.500 anos de especulação ocidental sobre a identidade da poesia [...] e os tipos de critérios pelos quais poemas devem ser avaliados" (Abrams, 1989, p. 3).

Já pelo final do milênio, Compagnon retomará explicitamente o esquema classificatório de Abrams (cf. Compagnon, 1999, p. 139), mas sem endossar o evolucionismo latente do teórico e historiador americano. "Na crítica, os paradigmas não morrem nunca, juntam-se uns aos outros, coexistem mais ou menos pacificamente e jogam indefinidamente com as mesmas noções", alerta, com efeito, Compagnon (p. 17). Esta multiplicidade vertiginosa de perspectivas, produz, de um ponto de vista sincrônico e contemporâneo, uma situação em que a resposta do crítico às perguntas que lhe cabe responder em sua práxis confunde-se, ela própria, com uma complexa *escolha*:

> várias respostas são possíveis, não compossíveis; aceitáveis, não compatíveis; ao invés de se somarem numa visão total e mais completa, elas se excluem mutuamente, porque não chamam de literatura, não qualificam como literária a mesma coisa; não visam a diferentes aspectos do mesmo objeto, mas a diferentes objetos. [...] não é possível tudo ao mesmo tempo. Na pesquisa literária, "mais é menos", motivo pelo qual devemos escolher (p. 26).

Mas qual é a natureza, afinal, da *escolha*, da *decisão* no coração do ato crítico? Decide-se *acerca de quê? A partir de quê? Com base em quê?* Eis aí os insuspeitados "espaços vazios" de uma definição mínima e incontornável de crítica literária. Eis aí a "questão" no coração da definição, evocando "vetores distintos, linhas de desenvolvimento que se complementam e reforçam, mas que também entram em tensão e até mesmo se contradizem".

II

Numa instigante abordagem contemporânea do problema, Florian Klinger, no intuito de "alcançar um entendimento acerca da crítica que mantenha contato com a tradição do conceito

PENSANDO A POLÍTICA COM DERRIDA

(enraizada na retórica, na poética e na estética)", busca "definir sua propriedade epistemológica", de modo a "separar o discurso crítico, tanto da ciência como do discurso literário", postulando que o paradigma que preenche essa tarefa "é o juízo, que forma a noção determinante do discurso crítico", e arremata: "A palavra crítica vem do grego *krinein*, julgar (distinguir, selecionar, decidir). O seu exercício, a sua prática, é *krisis*, juízo, crise" (Klinger, 2014, p. 19). Mas qual a natureza, afinal, desse exercício, dessa prática? Klinger esclarece:

> pode-se dizer, então, que o juízo acontece em situações "críticas", entendendo-se por situação crítica aquela em que uma decisão é requerida embora não se conte com padrões — uma situação que não pode ser decidida por meio da razão. [...] Como não se dispõe de um critério preestabelecido, o ato do juízo tem de estabelecer seus próprios padrões justificadores (p. 20).

Ora, qualquer leitor minimamente familiarizado com a reflexão estética na modernidade reconhecerá aí uma paráfrase livre da definição kantiana de "juízo reflexivo", modalidade judicativa que Kant contrapõe ao que chama de "juízo determinante". Segundo Kant (1974, p. 88), a faculdade de juízo determinante opera "sob leis transcendentais universais que o entendimento dá", o que faz dela uma faculdade estritamente "subsuntiva" [*subsumierend*]: "a lei lhe é estabelecida [*vorgezeichnet*] *a priori*, e, por isso, não tem necessidade de pensar uma lei para si mesma de modo a poder subsumir [*unterordnen*] o particular na natureza ao universal". A faculdade de juízo reflexiva, em compensação, "tem a obrigação de elevar-se [*aufzusteigen*] do particular na natureza ao universal", necessitando, assim, de um princípio que, não podendo tomar da experiência, cabe tão somente a ela própria fornecê-lo a si mesma como lei, e não buscá-lo em outro lugar, "caso contrário, seria ela faculdade de juízo determinante", observa Kant (p. 88). Em suma: "a faculdade de juízo reflexiva deve subsumir sob uma lei que ainda não está dada e, por isso, é, de fato, apenas um princípio de reflexão sobre objetos, para os quais objetivamente nos falta por completo uma lei ou um conceito de objeto que fosse suficiente como princípio para casos que ocorrem" (p. 334).

Com Kant, e a partir dele, o juízo reflexivo por excelência, o próprio paradigma desse julgamento carente de princípio ou fundamento, será justamente o *juízo de gosto*, de modo a instaurar o que, em outra ocasião, chamei de "modernidade crítica":

> aquela conjuntura na qual o crítico estético-literário tem reservados a si, e como nunca antes, um domínio e uma jurisdição que lhe seriam próprios e exclusivos, *ao mesmo tempo* que se vê privado do fundamento necessário à tomada de posse do referido domínio e ao exercício legítimo da referida jurisdição — fundamento esse que, portanto, deve ser doravante buscado, conquistado pelo crítico, e por ele estabelecido, finalmente, de maneira consensual (Araújo, 2016, p. 209).

Essa busca pelo fundamento autoinstituidor e autolegitimador da crítica estético-literária — em outras palavras: pelo elemento capaz de converter o juízo estético de reflexivo em determinante — traduziu-se numa progressiva emergência de pretensas respostas à subjetivação radical da estética no âmbito da modernidade pós-kantiana. Estudando em detalhe as principais delas surgidas ao longo dos séculos XIX e XX, concluí que se revelam "respostas possíveis *mas não compossíveis*" à busca pelo fundamento crítico, isto é, "elas não são, como respostas, concomitantemente possíveis, mas mutuamente excludentes, e isso em sua origem mesma: a própria emergência de uma delas *como resposta* implica justamente a negação das demais *como respostas*" (p. 209). E ainda: "Qualquer uma delas, pois, que emerja dessa disputa como 'a' resposta há de permanecer assombrada por aquela incompossível possibilidade outra que tivera de negar e recalcar para se instituir e se legitimar como resposta" (p. 209).

Na medida mesma em que essas *possibilidades de respostas incompossíveis* se prenunciam agonisticamente no horizonte crítico contemporâneo (no sentido do que afirma Compagnon na passagem citada ao final da seção anterior), a própria natureza da "decisão" implicada pela "situação crítica" é que deve ser reconsiderada: Klinger está certo ao postular que a decisão a ter lugar numa situação crítica "tem de estabelecer seus próprios padrões justificadores", mas não porque, nesse caso, "não se conte com padrões"; e sim, ao contrário, pela virtualidade de padrões *possíveis*, ainda que não *compossíveis*.

O amparo para sua reflexão, Klinger a encontra em toda uma tradição de "pensadores acerca do juízo", a saber, segundo ele, "Aristóteles, Quintiliano, Paulo, Niccolo Machiavelli, Baltasar Gracián, Giambattista Vico, Immanuel Kant, Carl Schmitt, Ludwig Wittgenstein, Hannah Arendt e Jean-François Lyotard" (Klinger, 2014, p. 19-20). Chamo a atenção para a ausência, nesta série, justamente de um autor que logrou conceber o "ato do juízo" nos termos daquela aporeticidade que Klinger não apreende: Jacques Derrida.

III

A título de comparação, pensemos nos dois últimos nomes da série de Klinger. Hannah Arendt, em suas célebres *Lectures on Kant's Political Philosophy* [Lições sobre a filosofia política de Kant] (1982), esforça-se por formular o julgamento político na base do juízo reflexivo kantiano; já em *Le différend* [O diferendo] (1983), de Jean-François Lyotard, o juízo reflexivo é mobilizado como instrumento de questionamento das estruturas determinantes e dogmáticas de julgamento nas sociedades modernas. No livro em que mais especificamente se dedicou a uma problemática análoga, *Force de loi* [Força de lei] (1994), Derrida caracteriza a justiça como "uma experiência do impossível", "uma experiência da aporia" (Derrida, 1994, p. 38), enfatizando, a propósito, a irredutibilidade da justiça ao direito:

> Cada vez que as coisas acontecem, ou acontecem satisfatoriamente, cada vez que se aplica tranquilamente uma boa regra a um caso particular, a um exemplo corretamente subsumido, segundo um juízo determinante [*jugement déterminant*], o direito, talvez e às vezes, se beneficia disso, mas se pode ter certeza de que a justiça não se beneficia jamais. O direito não é a justiça. O direito é o elemento do cálculo, é justo que haja direito, mas a justiça é incalculável, ela exige que se calcule com o incalculável; e as experiências aporéticas são experiências tão improváveis quanto necessárias da justiça, isto é, momentos em que a *decisão* entre o justo e o injusto não é jamais garantida por uma regra (p. 38).

A justiça seria, pois, irredutível ao direito na (des)medida mesma de sua incalculabilidade, em franca oposição ao caráter calculável e regrado do julgamento jurídico, aí, então, denominado e caracterizado em termos reconhecidamente kantianos: um *"jugement déterminant"* — um "juízo determinante", dir-se-ia em português —, no qual "se aplica tranquilamente uma boa regra a um caso particular, a um exemplo corretamente subsumido". A ênfase de Derrida na *incalculabilidade* do "ato de justiça", da decisão aí implicada, em contraposição à *calculabilidade*, à *normatividade* do direito, pareceria evidenciar, a princípio, um movimento análogo ao de Arendt e Lyotard. Mas este é apenas um *primeiro* movimento em *Force de loi*, e a complexidade da relação entre justiça e direito que ali se revela transcende a dicotomia kantiana de um juízo reflexivo contraposto a um juízo determinante.

"Tudo seria ainda simples se essa distinção entre justiça e direito fosse uma verdadeira distinção, uma oposição cujo funcionamento permanecesse logicamente regulado e dominável", afirma, com efeito, Derrida (1994, p. 49), alertando: "Mas acontece que o direito pretende se exercer em nome da justiça,

PENSANDO A POLÍTICA COM DERRIDA

e que a justiça exige ser instalada num direito que deve ser implementado (constituído e aplicado) pela força" (p. 49-50). Daí: "A desconstrução se encontra e se desloca sempre *entre* os dois" (p. 50; grifo meu). E o que se dá *entre* a justiça e o direito, *entre* o incalculável e o cálculo, não se traduz em dicotomia, e sim, Derrida insiste, em *aporia*. É do caráter aporético, pois, da decisão a ter lugar nesse *entre*, do caráter aporético da *"décision du juste"*, que é preciso, então, tratar:

> Nosso axioma o mais comum é que para ser justo — ou injusto, para exercer a justiça — ou a violar, devo ser livre e responsável por minha ação, por meu comportamento, por meu pensamento, por minha decisão. Não se dirá de um ser sem liberdade, ou ao menos que não é livre em tal ou tal ato, que sua decisão é justa ou injusta. Mas essa liberdade ou essa decisão do justo deve, para ser, e ser dita tal, ser reconhecida como tal, seguir uma lei ou uma prescrição, uma regra. Nesse sentido, em sua própria autonomia, em sua liberdade de seguir ou de se dar a lei, ela deve poder ser da ordem do calculável ou do programável, por exemplo como ato de equidade. Mas se o ato consiste simplesmente em aplicar uma regra, em desenvolver um programa ou em efetuar um cálculo, ele será dito, talvez, legal, conforme ao direito, e talvez, por metáfora, justo, mas se erraria em dizer que a *decisão* foi justa. Pura e simplesmente porque não houve, nesse caso, decisão (Derrida, 1994, p. 50).

Neste enunciado tripartido, composto de um "axioma" sucedido por duas sentenças adversativas (*Mas... Mas...*), traduz-se, pois, o que se poderia chamar de a estrutura aporética do "ato de justiça", da "decisão do justo": (i) só exerço/violo a justiça, só decido justa/injustamente, se sou *livre e responsável pela minha decisão*; (ii) *mas* essa decisão, para ser reconhecida como tal, *deve seguir uma lei/prescrição/regra, deve poder ser da ordem do calculável/ programável*; (iii) *mas* se me limito, aí, a aplicar uma regra, a desenvolver um programa, a efetuar um cálculo, *não houve decisão*.

Desse modo, "para que uma decisão seja justa e responsável", conclui Derrida, é preciso que "ela seja ao mesmo tempo regrada e sem regra, conservadora da lei e suficientemente destruidora ou suspensiva da lei para dever em cada caso reinventá-la, rejustificá-la, reinventá-la ao menos na reafirmação nova e livre de seu princípio" (p. 51). Isso significa, *por um lado*, "que nenhuma regra existente e codificada pode nem deve absolutamente garanti[-la]", pois, se assim ocorre, "então o juiz é uma máquina de calcular", em conformidade com "uma parasitagem irredutível pela mecânica ou pela técnica que introduz a iterabilidade necessária dos julgamentos", de modo que "não se dirá do juiz que ele é puramente justo, livre e responsável" (p. 51). Contudo, *por outro lado*, alerta Derrida, "não se o dirá também se ele não se refere a nenhum direito, a nenhuma regra, ou se, porque não toma por dada nenhuma regra para além de sua interpretação, ele suspende sua decisão, detém-se no indecidível, ou então improvisa fora de qualquer regra e de qualquer princípio" (p. 51-52).

Aí avulta um importantíssimo esclarecimento de Derrida acerca do estatuto do indecidível na desconstrução. "Associa-se frequentemente o tema da indecidibilidade à desconstrução", afirma ele, retrucando: "Ora, o indecidível não é somente a oscilação entre duas significações ou duas regras contraditórias e muito determinadas, mas igualmente imperativas";[2] "não é somente a oscilação ou a tensão entre duas decisões" (p. 53). "Indecidível", conclui, "é a experiência daquilo que, estranho, heterogêneo à ordem do calculável e da regra, *deve* entretanto — é de *dever* que é preciso falar — entregar-se à decisão impossível, levando em conta o direito e a regra" (p. 53). Se não ocorre, portanto, *por um lado*, uma verdadeira decisão, a não ser a partir de um horizonte de indecidibilidade — "Uma decisão que não passasse pela prova do indecidível não seria uma decisão livre, não passaria da

---

2. Por exemplo, "o respeito ao direito universal e à equidade, mas também à singularidade sempre heterogênea e única do exemplo não subsumível" (Ibid., p. 53).

aplicação programável ou do desenvolvimento contínuo de um processo calculável. Ela seria, talvez, legal, não seria justa" (p. 53) —, *por outro lado*, "no momento de suspense do indecidível [*dans le moment de suspens de l'indécidable*], ela também não é justa, pois somente uma decisão é justa" (p. 53).

Em outras palavras, o "suspense do indecidível" — o *deter-se no indecidível* — é a própria negação da justiça, na medida mesma em que é a negação da decisão, do *dever* de "entregar-se à decisão impossível, levando em conta o direito e a regra". O "excesso da justiça sobre o direito e sobre o cálculo", o "transbordamento do inapresentável sobre o determinável", alerta Derrida, "não pode e não deve servir de álibi para se abster das lutas jurídico-políticas, no interior de uma instituição ou de um Estado, entre instituições ou entre Estados" (p. 61); isso porque: "Abandonada a si própria, a ideia incalculável e doadora da justiça está sempre o mais perto do mal, de fato do pior, pois pode sempre ser reapropriada pelo cálculo o mais perverso" (p. 61); em suma: "a justiça incalculável *manda* calcular" (p. 61) — isto é: *decidir*; isto é: *julgar*. Em que termos, afinal, definir esse julgamento?

> Para ser justa, a decisão de um juiz, por exemplo, deve não somente seguir uma regra de direito ou uma lei geral, mas deve assumi--la, aprová-la, confirmar seu valor, por um ato de interpretação reinstaurador, como se, no limite, a lei não existisse anteriormente, como se o juiz a inventasse ele mesmo em cada caso. Cada exercício da justiça como direito só pode ser justo se for um "julgamento novamente fresco", se posso dizer, traduzindo assim livremente *"fresh judgement"*, esta expressão inglesa que tomo de empréstimo junto ao artigo de Stanley Fish, *"Force"*, em *Doing What Comes Naturally*. O novo frescor, a inicialidade desse julgamento inaugural [*l'initialité de ce jugement inaugural*] pode muito bem repetir qualquer coisa, ou melhor, deve ser conforme a uma lei preexistente, mas a interpretação reinstauradora, reinventiva e livremente decisória do juiz responsável requer que sua "justiça" não consista somente na conformidade, na atividade conservadora e reprodutiva do julgamento (p. 50-51).

Se não se confunde, pois, com o juízo determinante, no qual "se aplica tranquilamente uma boa regra a um caso particular, a um exemplo corretamente subsumido", o julgamento que Derrida então denomina "inaugural" também não se confundiria com o juízo reflexivo, posto que, nele, tudo se passa apenas *comme si*", isto é, "*como se* a lei não existisse anteriormente", "*como se* o juiz a inventasse ele mesmo em cada caso", e não, de fato, numa ausência efetiva e absoluta de toda e qualquer lei ou regra, já que ele "deve ser conforme a uma lei pré-existente", já que, nele, a decisão "deve seguir uma regra de direito ou uma lei geral". Mas como conceber, afinal, o cumprimento deste "dever" em termos de uma verdadeira *reinstauração/reinvenção* da lei/regra (julgamento inaugural), e não meramente de sua *aplicação* (juízo determinante)?

Aqui se faz necessário retomar o que Derrida afirma acerca do indecidível como a urgência mesma de uma decisão impossível a partir "[d]a oscilação ou [d]a tensão entre duas decisões"; a partir "[d]a oscilação entre duas significações ou duas regras contraditórias e muito determinadas, mas igualmente imperativas". Ora, trata-se, aí, como se vê, não de uma ausência absoluta de regras (juízo reflexivo), e sim, ao contrário, de uma potencial abundância delas; na medida, contudo, em que as regras em questão seriam *igualmente imperativas*, e, a um só tempo, *contraditórias entre si*, elas se apresentam, no momento do julgamento, como igualmente possíveis, *mas não compossíveis*, isto é, não possíveis *ao mesmo tempo*. Daí que uma decisão seja requerida não apenas em face do objeto do julgamento ("bom" ou "mau", "culpado" ou "inocente" etc.), mas também, e concomitantemente, em relação à própria regra que permitiria, enfim, o julgamento do referido objeto como "isto" ou "aquilo". Daí que a regra emerja, em cada caso, como o efeito de uma decisão impossível — em contraste com a mera aplicação de uma regra *a priori* a um caso particular —, decisão esta que, ao largo da pretensa "tranquilidade" que acompanha o juízo determinante, permanecerá, como tal, assombrada pelo indecidível: "Uma vez passada a prova

PENSANDO A POLÍTICA COM DERRIDA

do indecidível", explica Derrida (1994, p. 54), "ela novamente seguiu uma regra, uma regra dada, inventada ou reinventada, reafirmada: ela não é mais *presentemente* justa, *plenamente* justa". Isso porque: "Em nenhum momento uma decisão parece poder ser dita presentemente e plenamente justa", prossegue Derrida; "ou bem ela não foi ainda tomada segundo uma regra, e nada permite dizê-la justa, ou bem já seguiu uma regra [...] que, por sua vez, nada garante de modo absoluto; e ademais, se estivesse garantida, a decisão seria reconvertida em cálculo, e não se poderia dizê-la justa" (p. 54). Em suma:

> É por isso que a prova do indecidível, da qual acabo de dizer que deve ser atravessada por toda decisão digna desse nome, não é jamais passada ou ultrapassada, não é um momento superado ou relevado (*aufgehoben*) na decisão. O indecidível permanece preso, alojado, ao menos como um fantasma, mas um fantasma essencial, em toda decisão, em todo acontecimento de decisão (p. 54).

O fantasma essencial do indecidível é o fantasma mesmo da ausência de garantia que assombrará o *"événement de décision"* implicado pelo julgamento inaugural, "sempre um momento finito de urgência e de precipitação" e nunca "a consequência ou o efeito daquele saber teórico ou histórico, daquela reflexão ou daquela deliberação" (p. 58), pois: "Mesmo se o tempo e a prudência, a paciência do saber e o domínio das condições fossem, por hipótese, ilimitados, a decisão seria estruturalmente finita", conclui Derrida (p. 58), "decisão de urgência e de precipitação, agindo na noite do não saber e da não regra. Não da ausência de regra e de saber, mas de uma reinstituição da regra que, por definição, não é precedida de nenhum saber e de nenhuma garantia como tal". E ainda:

> Se nos fiássemos numa distinção maciça e nítida do performativo e do constativo [...], deveríamos colocar essa irredutibilidade da urgência precipitativa, essa irredutibilidade profunda da irreflexão

e da inconsciência, [...] na conta da estrutura performativa dos "atos de linguagem" e dos atos *tout courts* como atos de justiça e de direito, quer tais performativos tenham um valor instituidor, quer sejam derivados e suponham convenções anteriores. [...] Mas como um performativo não pode ser justo, no sentido da justiça, a não ser se fundando sobre convenções, e, logo, sobre outros performativos, escondidos ou não, ele conserva sempre em si alguma violência irruptiva. Ele já não responde às exigências da racionalidade teórica. E jamais o fez, jamais pôde fazê-lo, disso se tem uma certeza *a priori* e estrutural (p. 58-59).

Pode-se dizer, em suma, que o julgamento inaugural tem lugar como *performance irruptiva* de uma decisão impossível, melhor dizendo, de uma *dupla decisão no indecidível* — uma decisão acerca do objeto do julgamento *ao mesmo tempo* que acerca da própria regra a permitir o julgamento do referido objeto, ato de justiça enquanto tal sem garantia.[3] E se tomamos, pois, o julgamento inaugural como o julgamento "em si mesmo", no sentido de ser o único a verdadeiramente *fazer justiça*, fica claro em que medida ele pode, pela via da contaminação por uma "lógica judicial" (calculabilidade, normatividade), degradar-se em "juízo determinante" (no qual o juiz "aplica tranquilamente uma boa regra a um caso particular, a um exemplo corretamente subsumido"); mas também, pela via de algum voluntarismo subjetivista, degradar-se em "juízo reflexivo" (no qual o juiz "não se refere a nenhum direito, a nenhuma regra" e "improvisa fora de qualquer regra e de qualquer princípio").

---

3. Enfatizo, aqui, a natureza *performática* do *"jugement inaugural"* de modo a evidenciar sua dimensão discursiva, pública, não psicológica por assim dizer, justificando, ademais, com isso, a tradução da expressão derridiana por "julgamento inaugural", ao invés de "juízo inaugural". Não se trata de desautorizar, simplesmente, a segunda opção. Ambos os vocábulos, "julgamento" e "juízo" são frequentemente empregados de modo intercambiável na tradução seja de *jugement* (francês), seja de *judgement* (inglês), seja de *Urteil* (alemão); "juízo", contudo, parece-me favorecer, neste caso, em função de seus ecos kantianos praticamente incontornáveis em nossa língua, uma compreensão equivocadamente subjetivista do ato judicativo de que aqui me ocupo.

PENSANDO A POLÍTICA COM DERRIDA

Assim concebido, o acontecimento do julgamento inaugural, sua estrutura performativa, bem como os riscos que ele corre em sua performance, isso tudo não poderia ser prerrogativa do campo jurídico. De fato, "a justiça incalculável *manda* calcular. E primeiramente no mais próximo daquilo a que se associa à justiça, a saber, o direito, o campo jurídico que não se pode isolar em fronteiras seguras", afirma, com efeito, Derrida (p. 61-62), "mas também em todos os campos de que não se pode separá-lo, que nele intervêm e que já não são somente campos: o ético, o político, o técnico, o econômico, o psicossociológico, o filosófico, o literário etc.".

Pensemos aqui neste último "campo", o "literário", naquilo, justamente, que ele tem de mais essencialmente relacionado ao campo jurídico (e ao ético, e ao político...), a saber, a *judicatividade* constitutiva e incontornável da crítica estético-literária. "O conceito de crítica", afirma, com efeito, Derrida (p. 80), comentando Walter Benjamin, "na medida em que implica a decisão sob a forma de julgamento e a questão a respeito do direito de julgar, tem assim uma relação essencial, em si mesma, com a esfera do direito". Isso projeta no horizonte crítico aquela mesma "oscilação" entre "regras contraditórias e muito determinadas, mas igualmente imperativas" que Derrida divisa quando trata do indecidível, mas também a mesma urgência de uma decisão impossível em face dessa "oscilação", a mesma urgência, em suma, de um julgamento inaugural.

Isso impele, ademais, a uma reformulação pedagógica no "campo literário", a repotencializar, contemporaneamente, o que se convencionou chamar de "ensino de literatura".

IV

Para o norteamento dos currículos e conteúdos mínimos da Educação Básica, nossa Lei de Diretrizes e Bases (LDB) postula o estabelecimento de um conjunto de "competências" a serem enfocadas pela escola, no sentido de levar o aluno a utilizar o conhecimento em situações que requerem decisões pertinentes.[4] Pode-se reconhecer, com Frye e com Candido, a existência de uma demanda pedagógica pela crítica literária, ou, mais especificamente, por algo como uma *competência crítica* no âmbito do que se convencionou chamar "ensino de literatura", demanda essa claramente expressa, aliás, nos *Parâmetros Curriculares Nacionais para o Ensino Médio* (PCNEM) voltados para a área de "Linguagens, códigos e suas tecnologias: Língua portuguesa",[5] no momento em que se postula como competência de "investigação e compreensão" a ser desenvolvida pelo aluno: "Emitir juízos críticos sobre manifestações culturais". Esclarece-se, aí, que: "A formulação de opiniões sustentadas por argumentos é condição para construir um posicionamento sobre manifestações culturais que se sucedem no tempo e no espaço"; e que: "Não basta considerar algo como belo ou não; é preciso saber de que premissas se parte para valorizar determinados procedimentos de ordem estética, sem perder de vista que tais valores são variáveis no tempo e no espaço" (Brasil, 2002, p. 65).

Ora, parece evidente que essa competência não pode ser desenvolvida por aquela, dentre as "diferentes modalidades de crítica" evocadas por Antonio Candido, que se consolidou como modelo hegemônico de estudo literário em nosso Ensino Médio: a "história literária" — mais especificamente, a História da Literatura Brasileira, focada num conjunto de autores e obras canônicos distribuídos por estilos de época que se sucedem, cronológica e progressivamente, dos séculos XVI/XVII à contemporaneidade. Uma história literária arquitetada e difundida de modo a antes ocultar do que explicitar a "premissa" em que se baseia para

---

4. Explicitamente, no Artigo 9º, Inciso IV, implicitamente, nos Artigos 35 e 36.

5. Enfatize-se que os PCNs são o primeiro documento oficial no Brasil que explicita e detalha as competências a serem adquiridas pelos alunos em todas as áreas de conhecimento, e que, nisso, serão seguidos pela Base Nacional Comum Curricular (BNCC).

PENSANDO A POLÍTICA COM DERRIDA

"valorizar determinados procedimentos de ordem estética" — no caso, como pertencentes ao honorável conjunto da Literatura Brasileira — não pode proporcionar ao aluno a possibilidade de "construir", por meio da "formulação de opiniões sustentadas por argumentos", um "posicionamento sobre manifestações culturais que se sucedem no tempo e no espaço", à guisa de um verdadeiro "juízo crítico" sobre os autores e obras com que trava contato, já que o próprio modo pelo qual os autores e obras em questão são então apresentados e estudados pressupõe que o juízo crítico acerca dos mesmos *já tenha sido formulado*, e de maneira peremptória: tal como no campo religioso, a canonização (de autores e obras), também aí, implica uma instância ativa (o sujeito da canonização), circunscrita a um restritíssimo círculo de autoridade, e uma instância passiva (os beneficiários do cânone), extensiva a todos aqueles a quem cabe submeter-se às decisões da autoridade canonizadora, reproduzindo *acriticamente* seus posicionamentos. As atividades pedagógicas de um ensino literário assim concebido convertem-se, de acordo com os PCNEM, numa "camisa de força incompreensível": "A história literária costuma ser o foco da compreensão do texto; uma história que nem sempre corresponde ao texto que lhe serve de exemplo. O conceito de texto literário é discutível. Machado de Assis é literatura, Paulo Coelho não. Por quê? As explicações não fazem sentido para o aluno" (Brasil, 2000, p. 16). E ainda:

> Outra situação de sala de aula pode ser mencionada. Solicitamos que alunos separassem de um bloco de textos, que iam desde poemas de Pessoa e Drummond até contas de telefone e cartas de banco, textos literários e não-literários, de acordo como são definidos. Um dos grupos não fez qualquer separação. Questionados, os alunos responderam: "Todos são não-literários, porque servem apenas para fazer exercícios na escola". E Drummond? Responderam: "Drummond é literato, porque vocês afirmam que é, eu não concordo. Acho ele um chato. Por que Zé Ramalho não é literatura? Ambos são poetas, não é verdade?". Quando deixamos

o aluno falar a surpresa é grande, as respostas quase sempre surpreendentes. Assim pode ser caracterizado, em geral, o ensino de Língua Portuguesa no Ensino Médio: aula de expressão em que os alunos não podem se expressar (Brasil, 2000, p. 16).

Mas, em se permitindo, afinal, o aluno simplesmente "se expressar", como aí se sugere, quais seriam as consequências disso para o ensino de literatura, ou melhor, para o desenvolvimento da *competência crítica* no Ensino Médio? Nada boas, de acordo com as *Orientações Curriculares para o Ensino Médio* (OCEM), documento no qual (em vista, justamente, da passagem acima citada) os PCNEM são acusados de uma "ênfase radical no interlocutor, chegando ao extremo de erigir as opiniões do aluno como critério de juízo de uma obra literária, deixando, assim, a questão do 'ser ou não ser literário' a cargo do leitor" (Brasil, 2006, p. 58). Na prática, essa postura seria encarnada por um "professor que lança mão de todo e qualquer texto, de Fernando Pessoa a *raps*, passando pelos textos típicos da cultura de massa" e que "se considera libertário (por desconstruir o cânone) e democrático (por deselitizar o produto cultural)", mas cuja postura, pretensamente "libertária ou democrática", não passaria, no fim das contas, de "permissiva" (p. 56).[6] Daí, a pergunta: "Qual seria então o lugar do *rap*, da literatura de cordel, das letras de músicas e de tantos outros tipos de produção, em prosa ou verso, no ensino da literatura?" (p. 56), à qual se apresenta a resposta: "Sem

---

6. É patente, com efeito, nos PCNEM, a inflexão conceitual da "literatura" para a "cultura", então definida como "toda manifestação que emana das trocas sociais e é transmitida através das gerações", incluindo-se, aí, "a língua, a música, a arte, o artesanato, entre tantas outras" (BRASIL, 2002, p. 63), bem como o imperativo de "aceitação" e "respeito" às manifestações culturais, nacionais e internacionais, em toda sua diversidade: "A observação de que os valores presentes em cada momento histórico são variáveis pode conduzir com mais consistência à aceitação de determinados produtos levando em conta seu contexto"; "Os bens concernentes às diversas culturas costumam revelar uma dupla faceta: por um lado, expressam valores locais; por outro lado, sintetizam simbolismos universais. Por ambos os motivos devem ser respeitados e preservados" (p. 69).

PENSANDO A POLÍTICA COM DERRIDA

dúvida, muitos deles têm importância das mais acentuadas, seja por transgredir, por denunciar, enfim, por serem significativos dentro de determinado contexto, mas isso ainda é insuficiente se eles não tiverem suporte em si mesmos, ou seja, se não revelarem qualidade estética" (p. 56-57). Em suma: "Qualquer texto escrito, seja ele popular ou erudito, seja expressão de grupos majoritários ou de minorias, contenha denúncias ou reafirme o *status quo*, deve passar pelo mesmo crivo que se utiliza para os escritos canônicos" (p. 57).

A se tomar, então, a "qualidade estética" como o "crivo que se utiliza para os escritos canônicos", dir-se-ia explicitada, enfim, a "premissa" normalmente empregada para "valorizar determinados procedimentos de ordem estética" em detrimento de outros. Assim sendo, poder-se-ia postular: *são canônicos os textos literários que possuem qualidade estética*. Esta, por sua vez, se identificaria com aquilo que, num texto literário, estimula a "fruição estética", a saber: "a sensação de estranhamento que a elaboração peculiar do texto literário, pelo uso incomum de linguagem, consegue produzir no leitor" (p. 55). Mas avultam, com isso, então, dois problemas. O primeiro é o de determinar por que razão, afinal, o "estranhamento" (gerado pelo "uso incomum de linguagem"), e não algum outro efeito ou característica, é que deve ser tomado como indicador maior da qualidade estética de um texto. A associação entre "estranhamento" e "literariedade" remonta ao formalismo russo (escola de teoria literária dos anos 1910-20), e como se lê, a certa altura, nas próprias OCEM:

> Houve diversas tentativas de estabelecimento das marcas da literariedade de um texto, principalmente pelos formalistas e depois pelos estruturalistas, mas essas não lograram muito sucesso, dada a diversidade de discursos envolvidos no texto literário. Mais recentemente, deslocou-se o foco do texto para o leitor (visto esse como co-produtor do texto) e para a intertextualidade, colocando-se em questão a autonomia e a especificidade da literatura (p. 55-56).

O segundo problema é que, mesmo se se aceitasse o "uso--incomum-de-linguagem-a-gerar-estranhamento" como indicador maior de uma pretensa qualidade estético-literária, o reconhecimento dessa característica nos textos efetivos estaria longe de ser inequívoco, havendo sempre, como admitem as OCEM, "uma boa margem de dúvida nos julgamentos" (p. 57). Em se tomando, por exemplo, a tradição romanesca no Brasil, simplesmente não se pode comprovar haver um mesmo "uso de linguagem", dito "incomum", compartilhado por figuras tão díspares quanto Macedo, Alencar, Machado, Azevedo, Lima Barreto, Mário de Andrade, Graciliano Ramos, Clarice Lispector e Guimarães Rosa, a um só tempo inverificável em outros romancistas reputados "sem qualidade estética" — a menos, é claro, que se esteja apoiado, nesse caso, na boa e velha autoridade canônica, invertendo-se, aliás, o postulado acima esboçado, numa evidente petição de princípio: *possuem qualidade estética os textos literários que são canônicos*. Eis-nos de volta à estaca zero.

Essa, portanto, a grande cisão no pensamento acerca do ensino de literatura nos documentos oficiais do MEC. Para além, contudo, da oposição entre permissividade multiculturalista e autoritarismo canônico — ambos os posicionamentos inaptos a desenvolver a competência crítica do aluno —, permanece o grande desafio a ser enfrentado por uma pedagogia literária na contemporaneidade: "Ou bem nos empenhamos na construção de competências que permitam ao aluno emitir juízo crítico sobre os bens culturais ou continuamos a nos conformar com o dogmatismo, cristalizado no *magister dixit*" (Brasil, 2002, p. 51).

V

Não pode haver modificação efetiva na pedagogia literária de nível médio sem mudança efetiva na pedagogia literária de nível superior (voltada para a formação do professor da educação básica). Em nossos cursos de Letras, contudo, essa preocupação pedagógica com uma prática voltada para a formação do futuro docente tende a ser negligenciada em favor de um conteúdo puramente teórico, provavelmente na confiança de que a referida dimensão prático-pedagógica será contemplada pelas disciplinas que o graduando deve cursar na Faculdade de Educação ("Didática", "Estágio supervisionado", "Práticas pedagógicas em avaliação da aprendizagem" etc.). Sem negar a importância dessas disciplinas, o fato é que quase nunca o conteúdo teórico específico abordado em Teoria da Literatura se verá devidamente relacionado com a prática pedagógica exercitada por elas, gerando-se, com isso, certa "esquizofrenia" acadêmica do graduando em Letras quanto à literatura: dominará um conteúdo teórico desprovido de uma prática pedagógica que lhe seja inerente e exercitará uma prática pedagógica desvinculada do conteúdo teórico específico assimilado nas disciplinas de Teoria da Literatura.

No que se refere à demanda pedagógica de que aqui me ocupo, o grande desafio é o de proporcionar ao graduando uma formação a um só tempo teórica e prática em crítica literária, de modo a habilitá-lo como leitor crítico de literatura e autor de textos críticos sobre literatura, levando-o a refletir, além do mais, sobre esse mesmo processo formativo, na perspectiva de uma eventual prática pedagógica como professor de literatura no Ensino Médio (com vistas, justamente, àquela demanda por competência crítica prevista para esse nível de ensino).

Faço, a seguir, o relato de uma prática pedagógica que se apresenta como resposta a esse desafio; nascida como uma experiência didático-pedagógica ainda na época do meu doutorado em Estudos Literários na UFMG (cf. Araújo, 2017), ela vem sendo reafirmada e aprimorada, desde então, ao longo de minha atuação como professor de Teoria da Literatura na graduação em Letras da UERJ, tendo ensejado, nesse trajeto, duas premiações voltadas para a inovação e a excelência no ensino superior.[7]

* * *

De um curso sobre crítica literária, poder-se-ia esperar que buscasse fornecer, de partida, uma definição teórica tão completa quanto possível de seu objeto — "a crítica" —, a ser, então, apreendida pelos alunos e aplicada por eles na leitura de textos literários, tarefa que se converteria, ela própria, em objeto de avaliação pelo professor. O fato, contudo, é que num campo tão acentuadamente heterogêneo como o da crítica, constituído por inegáveis divergências conceituais e metodológicas, esse procedimento pedagógico dedutivo (que parte da assimilação de uma teoria geral para a aplicação da mesma em objetos particulares) assume, inevitavelmente, um caráter dogmático: o professor, que já fez, de antemão, sua escolha teórico-metodológica, a impõe como verdade doutrinária aos alunos, privando-os, com isso, justamente da reflexão acerca dos fatores envolvidos numa escolha como essa. Desse modo, optei por um procedimento pedagógico indutivo, que parte da análise e da produção de textos críticos particulares pelos alunos rumo a uma consciência crítica geral amadurecida, com vistas à "construção de competências que permitam ao aluno emitir juízo crítico sobre os bens culturais".

Assim, lendo e analisando um conjunto representativo de textos de crítica literária publicados nos últimos anos na imprensa brasileira, pudemos, juntos, identificar duas perguntas básicas a que visam responder todos eles em relação à obra literária que então criticam, seja ela de que gênero for, a saber: (1) "O que é

---

7. O Prêmio Professor Rubens Murillo Marques da Fundação Carlos Chagas, em 2014, e o Prêmio Docência Dedicada ao Ensino Anísio Teixeira, concedido pela Sub-Reitoria de Graduação da UERJ, em 2015 (Cf. Araújo, Nabil. Formação literária para os novos tempos. *Aproximando*, Rio de Janeiro, v. 2, n. 3, p. 1-5, 2016. Disponível em: <http://latic.uerj.br/revista/ojs/index.php/aproximando/article/view/113>. Acesso em:).

este texto literário?" e (2) "Qual é o valor deste texto literário?";
identificamos também, não obstante, a despeito desse escopo
comum, uma variedade de critérios divergentes utilizados pelos críticos no esforço de resposta a tais questões, a saber: (1) o
conceito de literatura como *representação* da realidade e como
efeito decorrente dessa representação no leitor; (2) o conceito de
literatura como *expressão* da subjetividade autoral; (3) o conceito
de literatura como *estrutura ficcional de linguagem*. Em vista dessa
acentuada heterogeneidade de critérios críticos, a sensação generalizada, a princípio, foi a de que a crítica seria uma atividade que
se dá *na ausência de um critério de valor*, apoiando-se, desse modo,
tão somente no gosto pessoal do leitor. Requisitados a elaborar,
eles próprios, em relação a uma narrativa literária lida em sala
de aula, um texto crítico que respondesse às duas perguntas
básicas da crítica, cada um dos alunos permitiu-se, portanto,
num primeiro momento, apoiar-se em seu próprio gosto pessoal,
escorando-se, além do mais, numa terminologia que remontava
ao ensino escolar de literatura.

A isso, seguiu-se uma dinâmica pedagógica que seria bem
definida como um procedimento de *levantamento e verificação de
hipóteses*. Posto que a tendência prevalente nos primeiros textos
críticos dos alunos era a de tomar a narrativa lida em sala como
representando um determinado estado de coisas de natureza
social ou política, e isso com vistas a algum tipo de ensinamento
de fundo moral ou moralizante a ser supostamente assimilado
pelo leitor, a primeira hipótese que se impunha era a de que a
teoria crítica correta fosse justamente a que toma a literatura
como REPRESENTAÇÃO de uma dada realidade ou estado de
coisas, mas também, e sem prejuízo da primeira função, como
EFEITO a ser gerado no leitor por uma tal representação — como
o faz, aliás, a tradicional teoria dos *gêneros literários* veiculada
por nossos programas escolares, fundamentalmente voltada
(ao menos no que tange aos gêneros *dramático* e *épico*) para as
regras ou parâmetros de representação (mas também de efeito)

a que um texto deveria conformar-se a fim enquadrar-se neste ou naquele gênero particular. Ocupando-nos, assim, numa sequência de aulas expositivas e num seminário, de um conjunto selecionado de textos teóricos atinentes à referida perspectiva dos gêneros, solicitei, em seguida, que os alunos elaborassem uma nova leitura crítica da narrativa, agora à luz dos textos teóricos estudados, produzindo, com isso, um novo texto crítico, teoricamente orientado. Na avaliação desse texto crítico, destaquei (por escrito, nos próprios trabalhos, e oralmente) a necessidade não apenas de coerência entre a teoria crítica empregada pelo aluno e suas afirmações acerca da narrativa enfocada, mas também de uma argumentação consistente, amparada em citações dos textos estudados em sala de aula, a fim de justificar o juízo de valor então proferido.

Eis que se aventa, então, em nosso curso, uma segunda hipótese a ser verificada: e se a teoria crítica correta fosse mesmo, antes, aquela que toma a literatura como EXPRESSÃO das "experiências", dos "sentimentos", das "ideias" do escritor? Lançando mão do mesmo procedimento adotado quando da primeira verificação de hipótese, ocupamo-nos, num primeiro momento, em aulas expositivas e num seminário, de um conjunto selecionado de textos teóricos centrados na questão da autoria na literatura (e contrários ao enquadramento crítico por gêneros literários), para que, na sequência, os alunos elaborassem uma nova leitura crítica da narrativa, produzindo, com isso, um novo texto crítico, teoricamente orientado. Na avaliação desse texto crítico, enfatizei (por escrito, nos próprios trabalhos, e oralmente) as necessidades anteriormente postuladas, dessa vez utilizando trechos dos próprios textos produzidos nas duas etapas como exemplos do que deveria ser feito e do que deveria ser evitado (em termos de argumentação, de procedimentos técnicos do trabalho acadêmico etc.).

Na terceira e última etapa de nossa experiência pedagógica, tratou-se de verificar uma terceira e última hipótese de trabalho:

a de que a teoria crítica correta seria, na verdade, a que considera a literatura *em si mesma*, estritamente como estrutura ficcional de LINGUAGEM. Em aulas expositivas e num seminário, como de costume, ocupamo-nos primeiramente de textos teóricos centrados na questão da estrutura literária (e contrários à abordagem biográfico-psicológica da literatura), à luz dos quais os alunos elaboraram uma última leitura crítica da narrativa, produzindo um último texto crítico, teoricamente orientado. Na avaliação desse texto crítico, recapitulei (por escrito, nos próprios trabalhos, e oralmente) as necessidades anteriormente postuladas, comparando trechos dos textos produzidos nas três etapas por cada aluno, de modo a enfatizar o desenvolvimento da proficiência argumentativa individual ao longo do processo.

Finda essa última etapa, impunha-se a sensação de uma progressão histórica na crítica literária: da teoria "mimético-pragmática" de filiação platônico-aristotélica às teorias ditas "objetivas" do século XX, passando pelas teorias "expressivas" de filiação romântica. Parece mesmo haver, num caso como esse, uma tendência automática a se confundir *progressão* (temporal) com *progresso* (epistemológico), e isso, provavelmente, por força da arraigada concepção acumulativista de conhecimento científico em função da qual, como observa Kuhn (1996, p. 171): "Estamos profundamente acostumados a ver a ciência como aquele empreendimento que se aproxima cada vez mais de algum objetivo estabelecido de antemão pela natureza". Mas que evidências haveria, afinal, no caso de nossa experiência pedagógica, de que a última etapa da mesma corresponderia, de fato ou de direito, a um ponto de chegada *natural* da demanda pela teoria crítica correta e pela leitura crítica correta da narrativa?

Não há dúvida de que se podem encontrar junto aos textos teóricos estudados na referida etapa fortes argumentos em favor da concepção da *literatura-como-linguagem* em detrimento das demais, bem como da necessidade de se pautar a leitura crítica pela obra-em-si, isolada de quaisquer fatores externos. Mas o que ficou comprovado ao longo do percurso é que argumentos não menos fortes podem ser encontrados junto aos conjuntos de textos estudados em cada uma das duas outras etapas, argumentos a favor, respectivamente, da concepção da *literatura-como-representação-e-e-feito* e da concepção da *literatura-como-expressão-de-uma-dimensão--autoral*. Podemos, no fim das contas, identificarmo-nos, cada um de nós, com este ou aquele argumento deste ou daquele teórico, mas isso, por si só, não nos autoriza a alçá-lo, a tal argumento, ao estatuto de meta-argumento universal, isto é, de parâmetro metateórico e meta-histórico à luz do qual se decretar a validade ou a invalidade das teorias críticas em geral. Sobretudo quando se está, quanto a isso, numa posição institucionalmente privilegiada como a do professor em face de seus alunos, a adoção tácita de um argumento como meta-argumento a ser intersubjetivamente compartilhado só poderia desembocar numa prática crítica naturalizada (doutrinária, portanto).

As diferentes leituras críticas empreendidas afiguravam-se, pois, todas elas, possivelmente corretas, mas não *compossivelmente* corretas, já que mutuamente excludentes entre si. Uma escolha era assim requerida: uma decisão entre as diversas possibilidades de leitura crítica correta. Ora, uma leitura crítica não pode, a rigor, afigurar-se "correta" senão à luz de um dado princípio de correção, daquele princípio epistemológico-axiológico que a tornaria factível, enfim, como *correta*, havendo, entretanto, nesse caso, tantos possíveis princípios de correção quantos eram os posicionamentos teóricos então em disputa — e também isso comporia, portanto, a matéria da referida decisão. Foi dessa decisão, de seus pressupostos e suas consequências, que nos ocupamos na conclusão de nossa experiência pedagógica.

Ficou patente que a decisão em jogo no ato crítico diz respeito não apenas ao juízo de gosto em face da obra lida, mas também, e de um só golpe, ao princípio teórico à luz do qual o referido

PENSANDO A POLÍTICA COM DERRIDA

juízo de gosto se faz possível — princípio teórico esse que, por isso mesmo, não se encontra, em nenhuma medida, dado *a priori* e pronto para ser aplicado, mas que deve ser obtido no próprio ato crítico, o que se quer então chamar de ato crítico confundindo-se, na verdade, em larga medida, com essa *obtenção* de princípio. Apenas que essa obtenção — enfatize-se — traduz-se numa determinada escolha, numa determinada decisão, aquela entre possibilidades diversas e divergentes de princípios teóricos para o juízo de gosto inerente à prática crítica, uma *decisão em ato*, portanto. Assim, uma conclusão como: "A lição de toda a crítica é que não temos nada em que confiar ao fazer nossas escolhas a não ser em nós mesmos" (Richards, 1956, p. 328-329) apontaria para uma operação que se dá não num vácuo absoluto de regras ou princípios, e sim, ao contrário, *num horizonte de possibilidades múltiplas e divergentes de regras ou princípios*, em vista das quais se requer, então, uma decisão (um "julgamento inaugural", dir-se-ia com Derrida).

A angústia inerente à escolha crítica não seria, pois, a da carência total de princípios, mas, antes, a da *abundância de potenciais princípios*. Isso posto, as teorias críticas já não podiam ser nem simplesmente ignoradas nem simplesmente aplicadas ao texto literário; sua manifestação em ato, por assim dizer, implicava, agora, um *trabalho consciente* por parte do leitor crítico: não um mero exercício de relativismo judicativo pelo qual o leitor se servisse livremente, e sem maiores consequências, deste ou daquele instrumental de leitura de acordo com sua conveniência, mas a performance responsável de uma determinada decisão crítica bem como de sua *justificativa*.

Se se toma, portanto, com os PCNEM, a "formulação de opiniões sustentadas por argumentos" como a "condição para construir um posicionamento sobre manifestações culturais que se sucedem no tempo e no espaço", conclui-se, aqui, que apenas um procedimento pedagógico indutivo, que parte da análise e da produção de textos críticos particulares pelos alunos rumo a uma consciência crítica geral amadurecida, será capaz de possibilitar aquela "construção de competências que permitam ao aluno emitir juízo crítico sobre os bens culturais" requisitada pelos PCNEM.

* * *

É preciso, pois, em suma, proporcionar ao graduando em Letras, futuro professor de língua e literatura, uma formação teórico-prática em crítica literária na qual, assumindo-se como protagonista do processo, veja-se capaz de, progressivamente:

a) apreender a dupla dimensão constitutiva do juízo crítico como instância discursiva: *cognitiva* (que busca responder *o que é*, afinal, o texto criticado) e *valorativa* (que busca responder *quanto vale*, afinal, o texto criticado);

b) reconhecer a multiplicidade bem como a contingência histórica dos critérios de valor tradicionalmente empregados em crítica literária: o da relação entre literatura e realidade; ou entre literatura e efeito moral; ou entre literatura e vida do escritor; ou entre literatura e linguagem etc.;

c) perceber que, apesar dessa multiplicidade e dessa contingência, uma *decisão* entre os possíveis critérios de valor se faz necessária para que haja juízo crítico, e que, portanto: "A formulação de opiniões sustentadas por argumentos é condição para construir um posicionamento sobre manifestações culturais que se sucedem no tempo e no espaço" (Brasil, 2002, p. 65);

d) desenvolver, em seus próprios textos críticos, o tipo de argumentação antes referido;

e) refletir acerca desse processo formativo em seu comprometimento com o imperativo pedagógico antidogmático de "construção de competências que permitam ao aluno emitir juízo crítico sobre os bens culturais" (Brasil, 2002, p. 51).

PENSANDO A POLÍTICA COM DERRIDA 257

Faz-se necessária, assim, uma sequência didática estruturada de modo a atender a esse programa pedagógico:

1. Leitura e análise coletivas de textos críticos publicados em periódicos de circulação nacional, acompanhadas de reflexão acerca da natureza e do escopo da atividade crítica;

2. identificação dos diversos e divergentes critérios de juízo crítico presentes nos referidos textos e das vertentes críticas caracterizadas pela ênfase neste ou naquele critério;

3. leitura de texto literário selecionado pelo professor e elaboração individual de um texto crítico sobre ele com base na referida reflexão e no conhecimento prévio (escolar) do aluno;

4. leitura e discussão coletiva de textos teóricos representativos da *primeira* das vertentes críticas anteriormente identificadas (item 2) e reelaboração individual do texto crítico com base nesses textos;

5. leitura e discussão coletiva de textos teóricos representativos da *segunda* das vertentes críticas anteriormente identificadas (item 2) e reelaboração individual do texto crítico com base nesses textos;

6. leitura e discussão coletiva de textos teóricos representativos da *terceira* das vertentes críticas anteriormente identificadas (item 2) e reelaboração individual do texto crítico com base nesses textos;

7. reflexão acerca da *decisão*, inerente ao juízo crítico, entre critérios divergentes de valor e acerca da necessidade de *argumentação* para fundamentar essa decisão; discussão acerca da incapacidade do ensino literário tradicional (História da Literatura Brasileira) em desenvolver a competência crítica dos alunos e acerca da necessidade de mudanças pedagógicas nesse sentido.

Referências

ABRAMS, Meyer H. *The mirror and the lamp*: romantic theory and the critical tradition. London/Oxford/New York: Oxford University Press, 1971 [1953]. [Ed. bras.: ABRAMS, M. H. *O espelho e a lâmpada*: teoria romântica e tradição crítica. São Paulo: Editora Unesp, 2010.]

_____. Types and orientations of critical theories. In: _____. *Doing things with texts*: Essays in criticism and critical theory. New York/London: W. W. Norton & Company, 1989, p. 3-30.

ARAÚJO, Nabil. Da teoria como resposta: a modernidade crítica e o (ter) lugar da teoria literária. In: CECHINEL, André (Org.). *O lugar da teoria literária*. Florianópolis: EdUFSC; Criciúma: Ediunesc, 2016a, p. 179-215.

_____. Por uma pedagogia literária do "como se". In: CECHINEL, André; SALES, Cristiano (Orgs.). *O que significa ensinar literatura?* Florianópolis: EdUFSC; Criciúma: Ediunesc, 2017, p. 31-57.

BRASIL. *Orientações curriculares para o ensino médio*: Linguagens, códigos e suas tecnologias. Brasília: Ministério da Educação, 2006.

_____. *Parâmetros Curriculares Nacionais*: Linguagens, códigos e suas tecnologias. (Ensino Médio) Brasília: Ministério da Educação, 2000.

_____. *PCN+ Ensino Médio*: Orientações educacionais complementares aos Parâmetros Curriculares Nacionais: Linguagens, códigos e suas tecnologias. Brasília: Ministério da Educação, 2002.

CANDIDO, Antonio. *O método crítico de Sílvio Romero*. São Paulo: Edusp, 1988 [1945].

COMPAGNON, Antoine. *O demônio da teoria*: literatura e senso comum. Trad. de Cleonice P. B. Mourão e Consuelo F. Santiago. Belo Horizonte: Ed. UFMG, 1999.

DERRIDA, Jacques. *Force de loi*: le fondement mystique de l'autorité. Paris: Galilée, 1994. [Ed. bras.: DERRIDA, Jacques. *Força de lei*: o fundamento místico da autoridade. Trad. de Leyla Perrone-Moisés. São Paulo: Martins Fontes, 2007.]

DURÃO, Fabio Ackcelrud. *O que é crítica literária?* São Paulo: Nankin/ Parábola, 2016.

PENSANDO A POLÍTICA COM DERRIDA   259

FRYE, Northrop. *Anatomy of criticism*: four essays. Princeton (NJ): Princeton University Press, 1957. [Ed. bras.: FRYE, Northrop. *Anatomia da crítica*: quatro ensaios. Trad. de Marcus de Martini. São Paulo: É Realizações, 2014.]

KANT, Immanuel. *Kritik der Urteilskraft*. Frankfurt am Main: Suhrkamp, 1974 [1790]. [Ed. bras.: KANT, Immanuel. *Crítica da faculdade do juízo*. Trad. de Valério Rohden. 2. ed. Rio de Janeiro: Forense Universitária, 2002.]

KLINGER, Florian. Sobre o juízo — a fundação epistemológica da crítica. Trad. de Márcia A. Franco e Janaína Senna. In: PEDROSA, Celia; DIAS, Tania; SÜSSEKIND, Flora (Orgs.). *Crítica e valor*: uma homenagem a Silviano Santiago. Rio de Janeiro: Fundação Casa de Rui Barbosa, 2014, p. 19-27.

KUHN, Thomas S. *The structure of scientific revolutions*. 3. ed. Chicago/London: The University of Chicago Press, 1996. [Ed. bras.: KUHN, Thomas S. *A estrutura das revoluções científicas*. 9. ed. Tradução de Beatriz V. Boeira e Nelson Boeira. São Paulo: Perspectiva, 2005.]

MOISÉS, Massaud. *Dicionário de termos literários*. São Paulo: Cultrix, 1974.

MOUFFE, Chantal. Deconstruction, Pragmatism and the politics of democracy. In: _____ (Org.). *Deconstruction and Pragmatism*. Routledge: London/New York, 1996, p. 1-12. [Ed. bras.: MOUFFE, Chantal. Desconstrução, pragmatismo e a política da democracia. In: _____ (Org.). *Desconstrução e pragmatismo*. Rio de Janeiro: Mauad X, 2016, p. 9-25.]

RICHARDS, Ivor A. *Practical criticism*: a study of literary judgement. New York: Harcourt, Brace & World, 1956 [1929]. [Ed. bras.: RICHARDS, I. A. *A prática da crítica literária*. Trad. de Almiro Pisetta e Lenita Maria R. Esteves. São Paulo: Martins Fontes, 1997.]

10
O corpo das mulheres em cenas de tradução e perdão na Comissão da Verdade na África do Sul*

Viviane Veras

> Quando as mulheres tomam a palavra, elas falam em nosso nome... Falam por nós, que estamos tomadas demais pela dor para poder falar. Porque sempre, sempre, em casos de cólera e de frustração, os homens usam o corpo das mulheres como campo de batalha.
>
> Thenjiwe Mtintso[1]

---

* Este capítulo é uma retomada, pelo viés dos relatos das mulheres, do artigo "Quando traduzir é (re)escrever (um)a história: o papel dos intérpretes na Comissão da Verdade na África do Sul", *TradTerm*, São Paulo, v. 21, 2013, p. 257-282.

1. Presidente da Comissão Parlamentar pela Igualdade dos Sexos (detida e torturada em 1979). Durante a fala de abertura, saúda e apresenta as mulheres sobreviventes das violações dos direitos humanos que vêm dar o testemunho do que "sofreram diretamente". Em *La douleur des mots* (1998/2004, p. 254), a escritora e jornalista Antjie Krog relata essa

> Para Mandela e Tutu é fácil perdoar... A vida lhes deu razão. Na minha vida, nada, nada mudou para mim desde que meu filho foi morto e incinerado por aqueles bárbaros... Nada. Eu não posso perdoar.
>
> Charity Kondile[2]

Em 1983, Jacques Derrida participa de uma exposição itinerante destinada a correr o mundo até que chegue o dia em que possa ser doada a um governo livre e democrático da África do Sul, como promete o prefácio do catálogo dessa exposição. O ensaio *A última palavra do racismo*[3], um gesto francamente político, vai se juntar a uma centena de outras obras e formará com elas a base de um museu contra o *apartheid*. É essa a palavra chamada, em caixa alta, a abrir o texto como uma espécie de esconjuro: "APARTHEID: que esse reste o nome, doravante, a única denominação no mundo para o último dos racismos. Que assim permaneça, mas que venha um dia em que seja somente para memória do homem", e que, enfim, "a coisa que ela nomeia não exista mais" (1987, p. 353). É a última palavra, e também uma palavra que língua alguma traduziu, "como se todas as línguas recusassem a equivalência", nada de tradução para tal palavra, mas, pontua Derrida, "nada de racismo sem uma língua", e se pode ser o ocidente do racismo, o fim, o último, o pior, devemos nos lembrar, Derrida insiste, de que se trata também do racismo como "coisa do Ocidente" (p. 355). A exposição itinerante nasce no exílio, *ailleurs*, e já se põe em movimento como uma espécie de satélite da humanidade, um alerta, um testemunho, uma exposição desse racismo que não se pode reduzir ao que sempre já existiu, porque, diferente de todos

---

fala de Thenjiwe Mtintso e dá ao capítulo 13 o título "Les corps des femmes comme champ de bataille".

2. Relato citado por Antjie Krog (2004, p. 151). Jacques Derrida (2004, p. 138) vai retomar essa fala mais adiante neste capítulo.

3. O ensaio foi republicado em 1987, e é essa a edição que citamos. Esta e todas as traduções não referenciadas são de minha responsabilidade.

PENSANDO A POLÍTICA COM DERRIDA   263

os outros, é um racismo de Estado, que no entanto se justifica e condena em nome de Cristo (p. 355). Essa *última palavra*, trazida com Derrida para o início deste texto, expõe ainda o que o apelo à etimologia dessa palavra (do holandês *apart* — separado + *heid* — em inglês *hood*), embora a deslocasse, assemelhava-a a outras — uma forma de transigência, de contemporização? —, deixando talvez de sublinhar o que nela resta intraduzível e imperdoável[4].

Em nome da Lei

O *apartheid* já vigora na África do Sul desde 1909, mas vem a ganhar letras de lei em 1948, final da Segunda Grande Guerra, momento em que ali se consolida a dominação branca (pessoa evidentemente branca ou aceita como tal) sobre todas as pessoas denominadas não-brancas (negros — *natives*, asiáticos, mestiços — *coloured*), e permanece até 1994, apesar das várias formas de resistência a esse regime. O fim desse sistema de poder considerado, em 1973, por instituições e autoridades internacionais um crime contra a humanidade assinala, sim, uma mudança no país, agora sob pressão essencialmente econômica, e o que se promete como garantia de uma transição relativamente pacífica para um novo regime, um regime democrático, com o estabelecimento da *Comissão da Verdade e Reconciliação* [*Truth Reconciliation Commission*] em dezembro de 1995. As sessões públicas tiveram início na cidade sul-africana de *East London*, em 15 de abril de 1996, e se encerraram em outubro de 1998, com o envio do Relatório Final[5] a Nelson Mandela.

---

4. Sobre a participação e a determinante contribuição de Jacques Derrida em relação à questão do racismo, da colonização e da ditadura, ler Nascimento (2005).

5. 7 volumes da *TRC Report* (Disponível em: http://www.justice.gov.za/trc/report/) e os 86 episódios reunidos pelo jornalista Max Du Preez em vídeo com interpretação simultânea (*voice-over*) legendados, *Yale School of Law* (http://trc.law.yale.edu/video_episodes.htm). Acesso em: mar. 2018.

Para participar da Comissão inscreveram-se 21.290 vítimas, das quais 19.050 foram declaradas vítimas de "graves violações dos direitos humanos". Vieram dar seu testemunho 2.200 sobreviventes. Quanto às demandas de anistia, foram 7.116 pedidos, dos quais 1312 foram concedidos e 5.143 rejeitados[6]. A despeito dessa brutal estatística, o próprio relatório afirma, no início do volume I, que "a narrativa conta apenas uma pequena parte de uma história muito mais ampla de abuso dos direitos humanos na África do Sul" (p. 24).

Com base na reforma política de 1994, e na legitimação constitucional de 12 línguas oficiais[7] — sepedi, sesoto, setswana, siswati, tshivenda, xitsonga, afrikaans, inglês, isinembele, isi-xhosa, isizulu e a Língua Africana de Sinais — o texto da *Comissão (Truth Reconciliation Commission — TRC Report)* determina que ninguém seja discriminado com base na língua que fala.

> Oferecendo às vítimas um local em que pudessem contar suas histórias em suas próprias línguas, a *Comissão* não só ajudou a revelar fatos reais sobre abusos do passado, mas auxiliou também na criação de uma "verdade narrativa". Assim fazendo, ela também procurou contribuir para o processo de reconciliação, garantindo que a verdade sobre o passado incluísse a validação das experiências subjetivas individuais de pessoas que haviam sido previamente silenciadas (*TRC.* v. 1, cap. 5, p. 112).

A verdade seria garantida pela tradução? E o perdão?

Os trabalhos da *Comissão* Sul-Africana de *Verdade e Reconciliação* começam pela escuta das narrativas das vítimas (os primeiros seis meses do trabalho no Comitê de Violações dos

---

6. As estatísticas estão detalhadas por região, gênero, idade etc. *TRC Report*, v. I, cap. 6. Disponível em: http://www.justice.gov.za/trc/report/finalreport/Volume%201.pdf. Para trechos em inglês, valho-me do *The American Heritage Dictionary of the English Language* (2000).

7. Na maioria dos textos consultados, são 11 línguas, mas Annelie Lotriet (2001) registra ainda a Língua de Sinais Sul-Africana (South African Sign Language), também reconhecida como língua oficial na nova Constituição.

Direitos Humanos), seguidas dos depoimentos dos torturadores (dirigidos ao Comitê de Anistia). O objetivo do *Comitê de Reparações e Reabilitações* seria elaborar e fazer valer um sistema de compensações para as vítimas de tortura (o sistema deixou e deixa, até hoje, muito a desejar).

Considerada a mais eficaz das iniciativas de reconciliação e de justiça — comparada às formas de anistia que até então haviam vigorado, por exemplo, em países latino-americanos, à exceção do Brasil[8] —, a *Comissão* teve seus trabalhos marcados por episódios dramáticos e carregados de emoção. Gravadas em vídeos, algumas das narrativas de mulheres (a maioria das vítimas) que perderam filhos e maridos mostram quase sempre, ao lado delas, outra pessoa que por vezes parece amparar, envolver, mas também conter, sofrear seus corpos, como tentando evitar que se lancem em alguma estranha *coreografia*, especialmente quando se põem a chorar alto — "um comportamento já assimilado aos comportamentos de uma negra", e insuportável, como relata Antjie Krog (2004, p. 269-270), para as mulheres brancas, europeias, que reprovam essa falta de controle, e acabam tomando-a como exemplo que reforça o estereótipo da irracionalidade, recrimina a loucura do arbitrário que Derrida põe em cena na voz espectral de Hegel.

Em nome de Cristo

No palco da *Comissão*, presidido pelo Arcebispo anglicano Desmond Tutu, tudo passa pela mediação dos 17 comissários que

---

8. No tratamento dado à questão no Brasil, a amnésia que se liga à anistia total e irrestrita torna-se um perdão institucionalizado, e é com ele que se acoberta um passado de violação dos direitos humanos, inviabilizando até os dias atuais o direito de todos ao reconhecimento do passado e de seus crimes, nutrindo uma cultura de impunidade que vem ganhando fôlego, juntamente com o racismo.

conduzem os trabalhos, e pelos intérpretes — sempre em mais de uma língua. Os papéis não são fixos, mas a urgência que vai se impondo com o passar dos meses tende a fixá-los e, mais para o final do segundo ano, a apressá-los. O inglês, a língua de tradução (a língua de chegada), não é a língua das vítimas, e o problema maior está no fato de que também não é a língua materna da maioria dos intérpretes das línguas africanas: quase todos têm línguas maternas (se é possível dizer que língua é essa) diferentes do inglês.

Nesse contexto, como definir língua materna e qual a sua importância para o trabalho dos intérpretes? Para Jacques Derrida (2004), além do problema de o inglês ser a língua do *apartheid* e da religião cristã encarnada na figura de Desmond Tutu, há o perigo de "tomar por evidente a tradução dos idiomas africanos". Toda a tradução da anistia vai se fazer, continua Derrida, na forma de um perdão (*forgiveness*) condicionado ao arrependimento, ignorando "todas as genealogias culturais e simbólicas que trabalham as palavras" (p. 116), e submetendo as línguas africanas a um processo geral de cristianização. Por mais que seja bem intencionada [e Derrida admite que certamente o é], essa tradução é "uma violência aculturante, para não dizer colonial, que não se limita a uma questão superficial de retórica, de língua ou de semântica" (2004, p. 137). Trata-se ainda, e sempre, de tradução e perdão, a partir da forma como Tutu traduz o *ubunto*, fazendo dela a "palavra de reconciliação" que abre espaço para o perdão.

Os tradutores e intérpretes, testemunhas imprescindíveis para a realização desses trabalhos, são alertados para não se deixarem contaminar, para não se envolverem, não modificarem o tom de sua voz, permanecerem neutros — como se fosse possível evitar as distorções, "essa tela irredutível dos idiomas" que é ao mesmo tempo "uma superfície de deformação, difração e reflexão" (Derrida, 2004, p. 140). Protagonistas, e não somente mediadores, os intérpretes assumem ora a posição de vítima ora a de perpetrador (carrasco, algoz, culpado), uma vez que falam em primeira pessoa e, muitas vezes, surpreendem-se divididos

PENSANDO A POLÍTICA COM DERRIDA   267

entre traduzir e testemunhar, entre permanecer o profissional neutro, despercebido, anônimo, e ser leal à efêmera comunidade de uma língua que reclama direitos e que é, em vários casos, essa mais de uma língua materna.

Em nome do Pai

E, no entanto, para Tutu, tudo se faz com o objetivo de perdoar, perdoar e esquecer o passado, deixar que enfim caia o pano sobre essa cena. Derrida (2004, p. 142) traz os argumentos apresentados pelo arcebispo com relação ao caso das mães dos Sete de *Gugulethu*, todos mortos... que havia provas em vídeos... que as mães viram tudo "horrorizadas"... "mas nos agradeceram por lhes termos revelado o que tinha se passado". E uma das mães, indagada sobre o que pensava da polícia... o que queria que fizessem com ele, responde que não deseja nem mesmo vê-lo preso, ela o perdoa.

Esse perdão da mulher de quem se espera que esteja pronta a perdoar é um perdão calculado, acordado para ser esquecido e, portanto, nos termos de Derrida, perfeitamente perdoável. Traz então outra testemunha; uma mulher negra que não está "disposta a perdoar". É essa mulher, Charity Kondile, que fala em epígrafe neste trabalho[9]. Eis a citação trazida por Derrida em tradução para o francês e que retraduzo para o português.

> Nenhum governo pode perdoar. (*Silêncio.*) Nenhuma comissão pode perdoar. (*Silêncio.*) Somente eu posso perdoar. (*Silêncio.*) E não estou disposta a perdoar.

---

9. Não encontrei essas partes do testemunho entre as transcrições disponíveis no site oficial da Comissão. Encontrei-a no livro de Krog e, mais recentemente, entrevistada no documentário de Khalo Matabane, *Nelson Mandela: The Myth and Me*.

A Sra. Kondile não é virtuosa e, no entanto, diz a verdade. A verdade é mulher? Tem um gênero? Tem sexo?, pergunta Krog (2004, p. 254). Verdade da mulher que resiste, que não se submete à economia dessa troca.

O sistema legal geralmente exige do intérprete a neutralidade, a *faceless voice*, mas admite, observa Ruth Morris (2010, p. 20), que não é isso o que ocorre na prática, considerando que os próprios intérpretes se veem como indo além do estritamente linguístico — no caso da África do Sul, trazem consigo a vivência cultural dos que não têm o inglês como primeira língua e que podem "ter também suas próprias reflexões sobre o que está se passando no processo do qual são indiscutivelmente uma parte" (p. 22). Para a autora, a despeito das prescrições e proscrições dos códigos de ética e conduta profissional, os intérpretes — mais especialmente em situações de violações de direitos humanos — "não deixam na porta [da sala da corte, delegacias, comissariados etc.] sua humanidade"; prova disso, acrescenta, é que muitos dos que trabalharam na *Comissão* Sul-africana não resistiram às pressões, enquanto outros apresentaram sintomas pós-traumáticos (p. 23).

A intérprete Khetiwe Marais[10], mesmo disposta ao gesto de hospitalidade, não escapa à contingência do que escuta e que diz respeito àquilo que se transmite na voz da vítima e do torturador, e à dor das palavras. Com a história que se narra na língua que vai se pôr em tradução irrompe também o inarticulado, o grito — eis a dificuldade de traduzir, de dar lugar ao som e à fúria desse fora do sentido em tradução. Nesse (em) vão, o acontecimento não se diz, e escorre a fala errante, abandonada, escandida pelas contingências... A palavra cala. A memória dá voltas, luta contra e pelo esquecimento, interrompe-se, hesita, não se deixa transladar em palavras. Quando falha em interpretar — porque lhe faltam palavras ou comete erros, ou porque seu corpo se torna escandalosamente

---

10. Essa intérprete, filha de nômades, fala as 11 línguas oficiais. Além da entrevista citada aqui, há também uma entrevista em vídeo com ela e outras intérpretes neste link: https://vimeo.com/1112108. Acesso em: 29 abr. 2018.

falante — interrompe o testemunho e se faz testemunha, encenando a precariedade da verdade e da reconciliação. A intérprete diz em entrevista a Christine Anthonissen (2008, p. 178):

> Algumas vezes, as pessoas estavam atormentadas demais para descrever o que tinha acontecido, e eram incoerentes, então, você não quer imitar [*mimic*]... Mas quer atravessar essa incoerência sem tirar dela sua integridade. Então você tenta não ser claro com palavras claras e conceitos precisos que não vinham dessa pessoa, essa pessoa está desesperada e você tem que deixar passar como essa pessoa também sente nisso tudo...

No mesmo volume, logo nas páginas de abertura (p. 21), há um destaque para a questão levantada por Ruth Morris (2010) sobre os intérpretes, incluindo também a equipe de pessoas encarregadas das transcrições, especialmente no caso do testemunho das mulheres:

> Os intérpretes, por exemplo, tiveram o trauma não somente de ouvir ou ler sobre as atrocidades, mas também de terem tido de falar em primeira pessoa [...] *Eles me despiram e abriram uma gaveta e enfiaram meu peito na gaveta e então fecharam a gaveta violentamente em meu mamilo!* [ou] *Eu tomei seu café e em seguida atirei em sua cabeça. Então queimei seu corpo. Enquanto estávamos fazendo isso, olhando seu corpo queimar, ficamos saboreando um "braai"* [churrasco]...
> O chefe da seção que digitava as transcrições das audiências contou-me: *Enquanto você digita, você não sabe que está chorando até que sente e vê as lágrimas caindo em suas mãos.*

Tratadas como pretas

A abordagem adotada pela *Comissão da Verdade* sul-africana concebia a exposição pública da vivência do trauma como uma experiência libertadora e terapêutica para as vítimas, encerradas que estavam/estão em um sistema político no qual a família, a igreja, a escola e todas as instituições promoviam a segregação como modo de vida. E Derrida (2004, p. 144-145), lendo Krog, vai além e afirma que o estupro não é uma violência entre outras. É sempre o homem que viola, e o testemunho encena no corpo essa violação. A violência é sexual: está presa não porque é ativista, mas puta. Uma proposta foi não conceder anistia a nenhum desses torturadores, mas, nessas condições, ninguém viria dar depoimento algum. A aposta vai residir então em valorizar essas narrativas marginais que trazem com elas esse saber do corpo, e o corpo que sabe desafia e esgarça a história oficial, de forma a poder construir com esses corpos um futuro alicerçado no reconhecimento de um passado traumático e doloroso.

A *Comissão* produz seu arquivo, seu itinerário, temporalidade e continuidade. Para Derrida, a questão de uma política do arquivo é a questão política por excelência (2001, p. 16). Dado que não há arquivo sem futuro, assim como não há passado morto, o arquivo se apresenta como possibilidade contínua de abertura, como promessa: *"o arquivo sempre foi um penhor, e como todo penhor, um penhor de futuro"* (p. 31, grifo do autor). Contra o que tendemos a pensar, a memória é a questão do futuro, e no caso do arquivo é sempre o futuro anterior que decide, é sempre nessa temporalidade que o arquivo terá sido.

Considerando o relatório da *Comissão* (*TRC Report*) como arquivo, são precisas as observações de Wendy Corry e Martin Terre Blanche (2000) quanto ao fato de só haver transcrições em inglês, deixando de lado a complexidade do próprio trabalho de tradução, e salientando o fato de que a experiência vivida na língua africana escolhida pela testemunha vai mudar de tons e cores no contexto inglês. O exemplo citado é a transcrição do relato de Gejane Pauline Mbiba, uma sobrevivente cuja história é bastante fragmentada, com sentenças curtas, em *staccato*, que podem aparecer como incoerências na tradução, quando "a verdade

PENSANDO A POLÍTICA COM DERRIDA

que elas [sobreviventes] contam é baseada em uma forma mais intricada de autorreflexão" (2000, p. 13). O caso é especialmente delicado na África do Sul, que busca, nos palcos da *Comissão*, dar voz ao que foi silenciado pelo regime opressor do *apartheid* racial. Para Sean Field (2012), os historiadores sul-africanos ainda veem essas narrativas orais (traduzidas e transcritas) como simples lembranças, imagens que vêm à tona de repente como *stories*, fontes "não-primárias", suplementos que preenchem alguns vazios da *History*, essa, sim, baseada em fontes escritas autorais.

Trabalhando com um retorno ao arquivo, Zannie Bock, Ngwanya Mazwi, Sifundo Metula e Nosisi Mpolweni-Zantsi (2006) analisam nove excertos de narrativas (original, tradução do intérprete, tradução dos autores e transcrição no site) em que as condições de trabalho dos intérpretes e transcritores, reconhecidamente precárias, vão interferir no estabelecimento da *verdade* buscada pela *Comissão*: o fato de haver intérpretes cuja língua materna não era o inglês, a barreira dos tabus, o tom marcadamente emocional, a espetacularização da cobertura midiática. Os textos transcritos das audiências (especialmente no volume VII) não fazem menção ao idioma em que foram narrados os relatos ou depoimentos, exceto quando ocorre algum problema de interpretação. É possível pensar que o intérprete testemunha precisamente quando se torna visível (são muitos os problemas técnicos relatados). Como em outros trabalhos com os arquivos — este e mais um mostrado a seguir —, há um aviso de cuidado com o que se lê nos volumes do *TRC Report*; recomendação sem dúvida justa, e que não se reduz a um cuidado em simplesmente buscar a verdade na língua original.

Os excertos 7 e 8 são partes do testemunho da Sra. Mhlawuli, no momento em que conta como seu sogro, pai de seu marido Sicelo[11], buscou e encontrou o local do massacre, e reproduz, em

---

11. Sicelo Mhlauli foi um dos quatro ativistas anti-apartheid de Cradock, Eastern Cape, sequestrados pela Polícia de Segurança. Baleado e esfaqueado, também teve seu corpo queimado. Os seis policiais não conseguiram a anistia.

seguida, parte desse relato sobre a morte do marido. Os autores observam que na versão do intérprete há um erro que se deveria não a um desconhecimento do xhosa, mas, provavelmente, à pressão da interpretação simultânea, sempre rondada pelo inesperado. A palavra *ingqushu* é traduzida para o inglês *something very suspicious* (algo muito suspeito), quando o mais adequado seria *like a battlefield* (como um campo de batalha), dado que a referência era ao local do massacre. Além disso, continuam, as palavras *father-in-law* e *daughter-in-law* não traduzem a intimidade que transparece em xhosa. Quanto à versão da *web*, além de a edição estar destinada à compreensão dos leitores, o choro da testemunha é eliminado; as repetições de *my child*, escrupulosamente mantidas pelo(a) intérprete e autores, são excluídas, reduzindo a intensidade emocional. Como a pergunta do comissário é sempre editada, a compaixão, que a expressão facial e postura corporal mostram no vídeo, se perde.

> Tradução para o inglês (trecho da interpretação em *voice-over* e modificada pelos autores)
>
> Mrs. Mhlawuli:
>
> (7) My father, my father-in-law was also in that group / that went to look for these bodies / he says to me, "Nolitha my child / I saw the place where they killed my child / it was like a battlefield there / there is a lot of his blood there / and it's evident that they killed him / and burned him there ..."
>
> (8)... I suppose they also made certain remarks / but they went there and looked / my father found that Really! It is him, Sicelo / he says "my child the condition that he is in" / he told me on his arrival and said / "my child the condition that he is in / is frightening[12] / my child they burned my child / my child, they killed my child horribly" [cries]
>
> Mr. Smith: Are you — are you prepared to continue Mrs Mhlawuli?

---

12. Os autores indicam que *iyoyikisa* havia sido traduzida pelo/a intérprete por "disappointing", e que a pessoa encarregada da transcrição provavelmente considerou-a muito branda para o contexto (2006, p. 20).

PENSANDO A POLÍTICA COM DERRIDA

Versão da Web

Mrs. Mhlawuli:

(7) My father-in-law was among the group that was searching for the bodies. And he said, "Nolita, my child, I saw a place where they killed my son. There was something very suspicious, there was blood. It is clear that they killed him, they burned him at the same place ..."

(8)... I understand there were also remarks. My father in law had a look and confirmed that one was Sicelo. He said the condition in which he was in was really shocking. They had burned him terribly.

Mr. Smith: Are you prepared to continue? (2006: 18-19)[13]

Concluindo as análises, os autores fazem uma ressalva: "deve-se notar, no entanto, que os achados referidos acima não podem ser generalizados para todos os testemunhos", uma vez que são muitos os fatores que podem ter interferido no trabalho dos intérpretes em cada ocasião (2006, p. 24). A (re)escrita recontextualiza os relatos e também reclama atenção para a tradução audiovisual, tradução como mediação, mas também midiatizada: os arquivos estão no site oficial da TRC, em Yale, além de publicações impressas.

---

13. Sra. Mhlawuli: (7) Meu pai, meu sogro também estava nesse grupo/que foi procurar esses corpos/ ele me disse: "Nolita, minha filha / eu vi o lugar em que mataram meu filho / lá era como um campo de batalha / tinha muito sangue lá / e é evidente que mataram ele / e enterraram lá..." (8)... eu suponho que eles também fizeram alguns comentários / mas eles foram lá e olharam / meu pai achou que Realmente! É ele, Sicelo / ele diz "meu filho a condição em que ele está" / ele me contou quando chegou e disse / meu filho a condição em que ele está / é assustadora / meu filho eles queimaram meu filhinho / meu filhinho, eles mataram meu filhinho horrivelmente" [chora] Sr. Smith: A Sra... a Sra. Está preparada para continuar, Sra. Mhlawuli?

Versão da web: (7) Meu sogro estava com o grupo que estava procurando os corpos. E ele disse: "Nolita, minha filha, vi o lugar em que mataram meu filho. Havia algo muito suspeito, tinha sangue. É claro que eles o mataram e queimaram no mesmo lugar..." (8)... eu entendo que houve também comentários. Meu sogro deu uma olhada e confirmou que aquele era Sicelo. Ele disse que a condição em que ele estava era realmente chocante. Eles o tinham queimado terrivelmente. Sr. Smith: A Sra. está preparada para continuar?

Os trechos estão disponíveis em: http://www.justice.gov.za/trc/hrvtrans%5Chrvel1/calata.htm. Acesso em: 26 mar. 2018.

Lætitia Bucaille (2007, p. 316) chama a atenção para o tratamento dado aos que vêm testemunhar, muitas vezes marcado pela compaixão e que termina por acentuar muito precisamente o papel de vítimas, dando atenção menor ao ato de coragem que terá sido para cada uma comparecer frente à *Comissão* e contar sua história. Para a autora, a categoria binária torturador-vítima transtorna o viés político da luta das militantes, das mulheres que haviam participado ativamente das lutas anti-*apartheid*. Enfim, entre as escuras duas margens de cada verdade em tradução, elas "correm o risco de se tornarem prisioneiras de uma identidade vitimada e, consequentemente, privadas dos frutos de sua própria vitória" (p. 317).

É sempre preciso considerar que entre o acontecimento que a vítima se dispõe a relatar em diversas línguas, os membros da comissão, o(a)s intérpretes e outras testemunhas, há uma interrupção na qual se encarna um estranhamento que a distorção, o lapso/erro de tradução, a "economia" da transcrição impõem ao testemunho. No movimento da transmissão inscreve-se a descontinuidade, a falha (fora) da tradução — e pode bem ser que para lidar com tais distorções sejam propostas boa parte das teorias.

Tradução — loucura — perdão

É o estranhamento provocado pelo testemunho de Notrose Nobomvo Konile, uma das mães dos sete jovens assassinados em março de 1986 pela Polícia de Segurança no incidente nomeado *Gugulethu Seven* que leva as três pesquisadoras Kopano Ratele, Nosisi Mpolweni e Antjie Krog (2007) a retornar ao arquivo e tentar escutar de novo o relato da Sra. Konile. Das mães que vêm testemunhar — Cynthia Ngewu, Irene Mtsingwa e Eunice Thembiso Miya — a Sra. Konile é a última, e seu depoimento é considerado incoerente, ininteligível em alguns trechos, enfim, um

PENSANDO A POLÍTICA COM DERRIDA

texto estranho, marcado por rupturas inacessíveis à interpretação, e que vão além da "estranha fatalidade[14]" de as palavras inglesas e xhosa não coincidirem, deixando lacunas entre si — o que a análise das gravações e transcrições revela é que a estranheza do relato da Sra. Konile estava ligada a diversos fatores: diferente das outras mães, morando em área rural, ela não havia visto seu filho na televisão e não recordava o último contato com ele vivo; havia tentado sepultá-lo em sua vila, segundo sua tradição, e o pedido havia sido negado — para ela, era mais importante enterrar o filho ao lado dos ancestrais que na tumba erguida para os sete heróis na Cidade do Cabo. De volta à vila, A Sra. Konile havia perdido sua casa e passado a viver em extrema pobreza, e é nessa situação que ela comparece para testemunhar.

Encontramos, enfim, nesse trabalho, o problema dos caminhos percorridos pelo relato das vítimas: além de erros e lapsos de interpretação e transcrição, há "códigos e referências culturais que não sobrevivem ao processo de interpretação" (2007, p. 190). De acordo com Antjie Krog, entre os fatores que provocaram seu estranhamento de testemunha em relação a esse texto fragmentado está sua própria capacidade de escuta — de pesquisadora, escritora, poeta, jornalista e, mais especificamente, branca e falante de africâner — e a inaudibilidade que o relato da Sra. Konile impunha, quando, por exemplo, fala de um sonho premonitório e, desviando-se do foco na morte do filho — a que deveria se ater seguindo a estrutura da *Comissão* — parece mais preocupada em voltar para casa.

Para Sandra Young (2012), o trabalho com o testemunho da Sra. Konile apresenta-se como uma forma de hospitalidade (no sentido derridiano do termo) oferecida a marginalizados, mas acaba por acomodar o relato a um *frame* interpretativo.

---

14. Retomo aqui o que leio como lamento de James Strachey, tradutor de Freud, no prefácio a *Os chistes e sua relação com o inconsciente* (1905/1989). O tradutor fala das dificuldades de traduzir o alemão de Freud.

Apesar das boas intenções, afirma a autora, o que o trabalho mostra é a impossibilidade de obter uma coerência em nome seja da hospitalidade, seja da democracia, seja do *ubuntu*[15]. O que acontece é que essa mãe, diferente das outras, "recusa a catarse em favor da insistência em sua devastação, em não ser capaz de ser uma *pessoa*" (2012, p. 124, grifo da autora). O testemunho da Sra. Konile não adere à estrutura narrativa imposta pela Comissão.

A despeito das discordâncias, as autoras de ambos os trabalhos sustentam suas posições em relação ao arquivo e ao próprio trabalho de pesquisadoras. Nesse contexto, a instituição do arquivo implica o que Derrida chamou de função patriárquica que, como arquivo arquivante, "determina também a estrutura do conteúdo arquivável em seu próprio surgimento e em sua relação com o futuro. O arquivamento tanto produz quanto registra o evento" (2001, p. 29). Quanto às traduções e transcrições... Recordemos a preocupação da intérprete Khetiwe Marais em dar lugar à "incoerência" dos relatos, buscando manter sua integridade.

O fato de Antjie Krog (2007, p. 197) confessar: "toda vez que leio o trecho em que a Sra. Konile rejeita os *boers* sinto-me estranhamente perturbada [*unsettled*][16]" não precisa ser tomado, como o faz Sandra Young (2012), como mera falência das boas intenções. Digo "mera", porque entendo que assim ainda se diz pouco. Quanto às escutas do(s) relato(s) dessa mulher, também considero possível entender a hospitalidade não como uma solução, mas justamente como abertura ao outro como diferença,

---

15. Em língua xhosa, o termo *ubuntu* (mais ou menos traduzível como "ser com o outro") refere-se ao espírito de solidariedade que preserva a estabilidade do grupo. Para Jacques Derrida (2004, p. 116), o termo serve para definir a missão da *Comissão* e para traduzir a própria "reconciliação".

16. O trabalho é uma publicação conjunta, mas há partes identificando as questões que mobilizaram cada autora. A palavra *unsettled* pode ser lida como uma des-colonização, um deslocamento dessa terra que os ancestrais da autora haviam colonizado.

PENSANDO A POLÍTICA COM DERRIDA

como sua diferença — o que é praticamente impossível, afirma Jacques Derrida (2003), mas deve permanecer no horizonte (como faz a intérprete citada há pouco) — oferecer hospitalidade mesmo sabendo que ela tem que ser negociada a cada instante.

A transmissão dos primeiros relatos das vítimas/sobreviventes na *Comissão Verdade e Reconciliação* sul-africana foi parte do trabalho da então poeta e jornalista Antjie Krog[17] (2004), que fez a cobertura das sessões itinerantes da *Comissão* para a rádio estatal sul-africana (*South African Broadcasting Corporation*) durante dois anos, de 1996 a 1998. Transmitidos pelas equipes de rádio e televisão, além de jornais e revistas, os relatos e depoimentos atravessaram o país, a diversidade de línguas e de classes sociais, provocando diversos tipos de reação. Com os pedidos de anistia, aparece também a grande dificuldade em lidar com a reconciliação, e é ela o objetivo maior da *full disclosure* — o réu deve dizer "toda a verdade"; verdade suficiente para produzir um consenso e (re)escrever a história do povo, e que, como afirma Barbara Cassin, "não está aí, sempre dada [...], mas ligada ao tempo, a uma ocasião", enfim, a verdade em jogo na Comissão é uma verdade "não ontológica, porque *après coup*, e não epistemológica, porque plural" (2004, p. 45-46).

Há uma resistência à verdade e à reconciliação. Segundo Grahame Hayes (1998, p. 46), os perpetradores resistem à verdade que faz deles culpados ou cúmplices; as vítimas temem a verdade pela dor que traz, mas também porque traz com ela "essa coisa chamada reconciliação". O autor lembra que um dos *banners* nos cenários da Comissão dizia: *Just revealing in not healing*, o que significava dizer que a cura [*healing*] dependia não só da revelação [*revealing*], mas do como, do contexto e do que era revelado; diretrizes cuja ênfase nos valores cristãos e no perdão, sugeriam — senão impunham — escolher perdoar.

---

17. Falo do livro *La douleur des mots*, traduzido do inglês sul-africano *Country of my skull*: guilt, sorrow and the limits of forgiveness in the New South Africa (ver referências).

Rebecca Saunders (2008) discute pontualmente a impossibilidade de traduzir o sofrimento das vítimas na linguagem dos Direitos Humanos, embora admita que, mesmo padronizada e universalizada, essa linguagem possibilitou o reconhecimento de eventos da história traumática da África do Sul e a identificação das vítimas. A crítica da autora refere-se mais especificamente ao fato de a memória traumática "não respeitar a racionalidade própria dos princípios dos direitos humanos" (p. 54) e exibe a falta de relevância que é apontada em grande parte dos relatos das vítimas. A autora toma tradução, no sentido amplo, como tradução "forçada" do sofrimento para "a linguagem austera dos direitos" (p. 54), mas toma por "natural" (uma tradução entre outras) o trabalho dos tradutores e intérpretes, sequer mencionado em toda essa discussão.

Contudo, a despeito da falta de preparo mais técnico de muitos dos intérpretes, nem sempre os equívocos estavam relacionados à fluência de cada um em uma ou outra(s) língua(s). O problema não se reduz a algo como traduzir o indizível, mas ao fato de não haver palavras nas línguas africanas não-brancas-cristãs (não vive nelas a racionalidade reclamada por Saunders para os princípios dos direitos humanos). Como diz Khetiwe Marais a Christine Anthonissen (2008, p. 178): "Nós criamos o vocabulário da TRC [...] Se surge uma palavra nova, ou você lida com o conceito (faz uma paráfrase) ou lida com o lado emocional da palavra (e oferece uma conotação)".

Ancorada na oralidade e no tempo presente, na ocasião oportuna, a narrativa, afirma Walter Benjamin (1994, p. 201) instaura o narrador no centro daquilo "que ele retira das experiências que conta [...] e incorpora à experiência dos ouvintes" — ouvinte esse "livre para interpretar a história como quiser, e com isso o episódio narrado atinge uma amplitude que não existe na informação" (p. 203). O narrador pode, então, "recorrer ao acervo de toda uma vida", à própria experiência, mas também à alheia, "assimilando à sua substância mais íntima aquilo que sabe por ouvir dizer" (p. 221). No contexto da *Comissão* sul-africana, que recupera na modernidade o valor desse tipo de transmissão, os intérpretes tornam-se uma espécie de "tradutores do passado", no sentido que Márcio Seligmann-Silva (2003, p. 64) dá a essa tarefa, em *des*-encontro endividado com o original, mas que pode deixar o que considero um saldo positivo: nada do que um dia aconteceu pode — daí em diante — ser considerado perdido para a história.

A entrada de Freud e Clinton no palco arquitetado por Jacques Derrida (2004, p. 153) traz com ela o humor e a ironia do chiste. Nessa cena de perdão, uma cena freudiana, o poeta judeu alemão Heinrich Heine, à beira da morte, escuta o confessor que, chamando sua atenção para a Graça divina, consola-o dizendo que Deus perdoará seus pecados. Diz-se, conta Freud, que Heine lhe teria respondido: *Bien sûr qu'il me pardonnera: c'est son métier.* "Decerto me perdoará: é seu ofício". Decerto o impulso hostil aí se mostra na forma de certo menosprezo nessa comparação entre o perdão divino e uma profissão como outras — a do astuto psicanalista que se põe à escuta desses ditos espirituosos. Mas, continua Freud (1989, p. 107-108), importa o que se pode depreender daí. No poeta moribundo revela-se a consciência de haver se criado um Deus, a fim de servir-se dele nessa ocasião. No contratempo do chiste do poeta que cria e é criado pela obra, arrisco dizer que terá sido um dom sem doador.

Derrida (2004, p. 154), valendo-se dessa cena, anuncia a entrada de Bill Clinton, o Chefe do Estado mais potente do mundo. Contudo, o que está em jogo no pedido de perdão de Clinton, em sua língua planetária, é uma manobra obscena que não faz rir e não conta com a graça, mas — como agudamente aponta Derrida — com o lucro antecipado nas transmissões midiáticas no espaço público.

A via escolhida pela África do Sul para traduzir e (re)escrever sua história é a via do *ubuntu*, palavra que permanece de certa forma intraduzível e aberta a outras traduções. Quanto às mulheres, dirá depois Antjie Krog, "nunca conseguiram reverter o estereótipo no seio da Comissão: as mulheres são vítimas; os homens, combatentes e chefes... Enquanto os *manne*, os homens, se ocupam da Grande Política... Reparação e Reconciliação são *coisas de mulheres*" (2004, p. 320, grifos da autora).

Depois de ouvir a história da mão de Sicelo Mhlawuli, decepada e exposta dentro de uma vasilha em cima da mesa do policial — a mão de um macaco, diz ele a um detento, a mão de um comunista —, e que ia diariamente à casa do morto e balançava a mão para a mulher e a filha, provocando risos, Antjie Krog afirma: "nenhum poema deveria sair dessa experiência..." (2004, p. 75). Mas é justamente um poema que se anuncia no final de seu livro: "vejo minha mão escrever, por todos nós, todas as vozes, todas as vítimas", e leio aí um poema, talvez o que Jacques Derrida chamou de um *speech act*, "um gesto pelo qual se oferece ou propõe a reconciliação, estendendo a mão" (2004, p. 111).

Referências

ANTHONISSEN, Christine. On interpreting the interpreter — experiences of language practitioners mediating for TRC. *Journal of Multicultural Discourses*, v. 3, n. 3, p. 165-188, 2008.

BENJAMIN, Walter. O narrador: considerações sobre a obra de Nikolai Leskov. In: *Magia e técnica, arte e política*: ensaios sobre literatura e história da cultura. Tradução de Sérgio Paulo Rouanet. São Paulo: Brasiliense, 1994, p. 197-221.

BOCK, Zanie; MAZWI, Ngwanya; METULA, Sifundo; MPOLWENI-ZANTSI, Nosisi. An analysis of what has been "lost" in the interpretation and transcription process of selected TRC testimonies. *Stellenbosch Papers in Linguistics* PLUS, v. 33, p. 1-26, 2006.

BUCAILLE, Laetitia. Vérité et réconciliation en Afrique du Sud — Une mutation politique et sociale. *Politique étrangère*, n. 2, p. 313-325, 2007. Disponível em: <http://www.cairn.info/revue-politique-etrangere-2007-2-page-313.htm> Acesso em: 20 out. 2011.

CASSIN, Barbara. Amnistie et pardon: pour une ligne de partage entre éthique et politique. In: CASSIN, B.; CAYLA, O.; SALAZAR, Ph-J. (dir.) *Vérité, reconciliation, reparation*. Paris: Seuil, 2004, p. 37-57.

CORRY, Wendi; TERRE BLANCHE, Martin. Where does the Blood come from?: True Stories and Real Selves at the TRC Hearings. *PINS (Psychology in society)*, n. 26, p. 6-17, 2000.

DERRIDA, Jacques. Le dernier mot du racisme. In: *Psyché. Inventions de l'autre*. Galilée, 1987.

_____. *Mal de arquivo*: uma impressão freudiana. Tradução de Cláudia de Moraes Rego. Rio de Janeiro: Relume-Dumará, 2001.

_____. Le futur antérieur de l'archive. In: Artières, Philippe; Léger, Nathalie (dir.), *Questions d'archives*, IMEC, 2002, p. 41-50.

_____. *Anne Dufourmantelle convida Jacques Derrida a falar da hospitalidade*. Tradução de Antonio Romane. São Paulo: Escuta, 2003.

_____. *Versöhnung, ubuntu, pardon: quel genre?* In: Cassin, B.; Cayla, O.; Salazar, Ph-J. (dir.) *Vérité, reconciliation, reparation*. Revue semestrielle *Le genre humain*. Paris: Seuil, v. 43, p. 111-156, 2004.

FIELD, Sean. The Politics of Disappointment: trauma, 'healing' and regeneration in post-apartheid South Africa. *Oral History, Community, and Displacement,* 2012. Disponível em: <http://www.riehr.com.ar/archivos/Investigacion/PoliticsofDisappointment.pdf> Acesso em: abr. 2018.

FREUD, Sigmund. *El chiste y su relación con lo inconciente.* Org. com. e notas de James Strachey com a colab. de Anna Freud. Tradução direta do alemão de José L Etcheverry, *Obras completas: Sigmund Freud.* Buenos Aires: Amorrortu, 1989 [1905].

HAYES, Grahame. We Suffer Our Memories: Thinking About the Past, Healing, and Reconciliation. *American Imago,* v. 55, n. 1, p. 29-50, 1998.

KROG, Antjie. *La douleur des mots.* Tradução de Georges Lory (do ingles sul-africano *Country of my skull:* guilt, sorrow, and the limits of forgiveness in the New South Africa 1998). Arles: Actes-Sud, 2004.

KROG, Antjie; MPOLWENI, Nosisi. Archived Voices: Refiguring Three Women's Testimonies Delivered to the South African Truth and Reconciliation Commission. *Tulsa Studies in Womens' Literature,* v. 28, n. 2, p. 357-374, 2009.

LOTRIET, Annelie. Sign Language Interpreting in South Africa: Meeting the Challenges. *Critical Link,* v. 2, 2001. Disponível em: <http://criticallink.org/?s=lotriet> Acesso em: ago. 2011.

MORRIS, Ruth. Images of the court interpreter Professional identity, role definition and self-image. *Translation and Interpreting Studies,* v. 5, n. 1, p. 20-40, 2010.

NASCIMENTO, Evando. O perdão, o adeus e a herança em Derrida — atos de memória. In: *Jacques Derrida:* pensar a desconstrução. São Paulo: Estação Liberdade, 2005, p. 9-41.

RATELE, Kopano; MPOLWENI-ZANTSI, Nosisi; KROG, Antjie. *Ndabethwa lilitye:* Assumption, translation and culture in the testimony of one person before the South African Truth and Reconciliation Commission. *Tydskrif Vir Letterkunde,* v. 44, n. 2, p. 189-204, 2007.

SAUNDERS, Rebecca. Sobre o intraduzível: sofrimento humano, a linguagem de direitos humanos e a CVR da África do Sul. Tradução de Thiago Amparo. *SUR — Revista Internacional de Direitos Humanos,* ano 5, n. 9, p. 53-75, 2008.

SELIGMANN-SILVA, Márcio. Reflexões sobre a memória, a história e o esquecimento. In: *História, memória, literatura*: o testemunho na era das catástrofes. Campinas, SP: Editora da Unicamp, 2003, p. 59-88.

STRACHEY, James. Prefácio. In: FREUD, Sigmund, *El chiste y su relación con lo inconciente* [1905]. Org. com. e notas de James Strachey com a colaboração de Anna Freud. Trad. direta do alemão de José L Etcheverry. *Obras completas: Sigmund Freud.* Buenos Aires: Amorrortu, 1989.

The American Heritage Dictionary of the English Language. New York: Houghton Mifflin Company, 2000.

Truth And Reconciliation Of South Africa. Report, 1998. Disponível em: <http://www.doj.gov.za/trc> Acesso em: ago. 2008.

VERAS, Viviane. Quando traduzir é (re)escrever (um)a história: o papel dos intérpretes na Comissão da Verdade na África do Sul. *TradTerm*, São Paulo, v. 21, p. 257-282, 2013. Disponível em: <https://www.revistas.usp.br/tradterm/article/download/59429/62599> Acesso em: abr. 2018.

Yale School of Law. The South African Truth and Reconciliation Commission Videotape Collection (Org.). Max Du Preez. Disponível em: <http://trc.law.yale.edu/video_episodes.htm> Acesso em: jul. 2008.

YOUNG, Sandra. Hospitality and the Politics of Evidence in a Post-Apartheid Archive: Critical Reflections on *There Was This Goat* and the challenge of alterity'. *Research in African Literatures,* v. 43, n. 2, p. 115-137, 2012. Disponível em: <http://history.msu.edu/hst830/files/2013/09/Young_HospitalityinaPostapartheidArchive.pdf> Acesso em: mar. 2018.

11
Tradução e o (ter) lugar da relação*

Mauricio Mendonça Cardozo

> O que é que uma pessoa é, assim por detrás dos buracos dos ouvidos e dos olhos?
>
> Guimarães Rosa, *Grande Sertão: Veredas*

> Ein Ohr, abgetrennt, lauscht.
> Ein Aug, in Streifen geschnitten,
> wird all dem gerecht.
>
> Paul Celan, *WEISSGRAU*

> Im Räumen spricht und verbirgt
> sich zugleich ein Geschehen.
>
> Martin Heidegger, *Die Kunst und der Raum*

---

* Este texto é uma versão modificada do texto "Escuta e responsabilidade na relação com o outro em tradução", publicado na edição de número 15 da revista *outra travessia* (UFSC), em 2013.

É comum à epígrafe a condição de fragmento, o acidente do recorte, a incidência de um corte que a delimita, de um corte que a aparta como parte, do corte que é redução, interrupção, separação e espaçamento, mas que, em razão disso tudo, é também abertura. Pois que, pela posição que ocupa e que a define — não somente acima, não somente no começo, mas, a um só tempo, como parte integrante e parte à parte de um novo texto —, é comum à epígrafe, a partir do corte que lhe dá sentido, abrir-se como condição de início desse outro texto e, nessa condição, ressignificar-se à medida que o ressignifica.

Aqui, três recortes de três obras de duas línguas de três nomes que assinam e se deixam assinar como Rosa e Celan e Heidegger. Nas relações em epígrafe, a frase de todo um romance, os versos do fim de um poema, a proposição de uma filosofia por vir e mais, três outros interrompidos, inscritos no corpo de um texto outro: um texto sobre o outro como questão e sobre os regimes de indistinção do outro; um texto sobre o corte e sobre a relação como interrupção; um texto sobre a responsabilidade e sobre a escuta; um texto sobre a tradução e, em tudo isso, um texto sobre o (ter) lugar da relação.

A questão do outro, o outro como questão: regimes de indistinção

A figura do outro é bastante frequentada no campo de discussão da tradução. Há certas vertentes do pensamento *moderno* sobre a tradução — que não podemos deixar de fazer remontar, por exemplo, ao pensamento de nomes como Rousseau, Hamann, Herder, ou a reflexões em sua esfera mais ou menos direta de influência, de nomes que vão de Goethe e Schleiermacher a Hölderlin —, para as quais a própria questão do dimensionamento da figura de *um outro* representa um dos gestos fundantes de seu estatuto de modernidade. Também nesses contextos, um pensamento dito *moderno* — abreviando aqui o inabreviável de tão ampla discussão — significa, mais amplamente, um pensamento que se abre aos impactos da longa passagem de uma compreensão do homem como indivíduo, inscrito nas ordens dadas de seu mundo, para uma compreensão do homem como sujeito, entregue as suas próprias formas de inscrição nas ordens de um mundo que tanto ele transforma quanto o transforma.

Podemos dizer, nesse sentido — assumindo aqui o ônus da simplificação —, que o pensamento dito clássico sobre a tradução estaria mais centralmente inscrito nas problemáticas do enquadramento (numa determinada ordem do discurso — a exemplo da produtividade das discussões em torno do ideal do bem traduzir) e do pertencimento (à determinada ordem, como a da tradição, a da polis[1] etc. — a exemplo da centralidade da *imitatio* e da *aemulatio*, como questão e como prática). Já o pensamento dito moderno sobre a tradução, sem pressupor necessariamente uma superação das questões discutidas desde a Antiguidade — fundadas numa matriz retórica ou no horizonte de seus valores —, viria somar a estas uma dimensão de alteridade *na* e *da* tradução, dando estatuto de questão tanto à ideia de que toda tradução articula um modo de relação com o outro quanto ao pressuposto de que, ao fazer isso, toda tradução constitui ocasião propícia para a percepção não apenas de um outro, mas, também, de si mesmo e da ordem relacional que é fundante desse eu e desse outro da relação tradutória.

É no sentido dessa percepção *relacional* que a tradução se colocaria a serviço da *Bildung* romântica, como podemos ler, por exemplo, a partir da clássica conferência de Schleiermacher[2]. Nesse texto, ao enumerar uma sequência de distinções entre várias

---

1. Rousseau dirá, por exemplo: "Un citoyen de Rome n'étoit ni Caïus, ni Lucius; c'étoit un Romain". ROUSSEAU, Jean-Jacques. *Emile ou De l'éducation*, 1841, p. 24.

2. SCHLEIERMACHER, Friedrich. Sobre os diferentes métodos de tradução. In: HEIDERMANN, Werner. *Clássicos da teoria da tradução*, 2001, p. 26-87.

formas e campos da prática tradutória, o filósofo, teólogo e tradutor alemão recorta exatamente a modalidade de tradução (de relação tradutória) que lhe parece a mais adequada aos propósitos pedagógicos e políticos da *Bildung*, ao mesmo tempo em que, num movimento duplo, tanto identifica a ordem particular de relação que a tradição francesa de tradução equaciona entre o próprio e o outro quanto vislumbra um caminho, diferente do francês, para os destinos da tradução em língua alemã — bem como para os destinos da língua alemã via tradução. Para Schleiermacher, interessa especialmente um determinado modo de traduzir, leia-se: um modo determinado de equacionar e articular uma relação com o outro, um modo de relação a partir do qual o outro não seja reduzido ao próprio de modo indistinto, um modo de relação a partir do qual o outro possa agir sobre nós na surpresa e no assombro de sua diferença, como força transformadora. É nesse sentido mais específico que o adensamento das questões do outro e da relação com o outro pode ser considerado traço fundador de um estatuto de modernidade no pensamento sobre a tradução — projetando-se, até hoje, como questões candentes do pensamento contemporâneo.

No campo específico dos Estudos da Tradução, esse pensamento ganharia novo fôlego a partir das décadas de 80 e 90 do século XX, mais notoriamente na voz de teóricos contemporâneos da tradução como Antoine Berman e Lawrence Venuti, aquele em sua defesa de uma tradução antietnocêntrica[3], este ao problematizar as consequências, para o tradutor e para o outro em tradução, de um modo dominantemente domesticador de traduzir no contexto anglo-americano[4].

Todavia, a despeito de o pensamento desses autores ser referência corrente na pesquisa contemporânea da área — amparando ou fundamentando reflexões que, ao problematizarem

---

3. BERMAN, Antoine. *L'épreuve de l'étranger*, 1984.

4. VENUTI, Lawrence. *The translator's invisibility*, 1995.

PENSANDO A POLÍTICA COM DERRIDA

questões de ordem ética e política, partem em defesa do outro (do estrangeiro, do estranho) ou, em minhas palavras, procuram romper com um regime de indistinção do outro na tradução —, ainda são discretos[5] os esforços voltados para a discussão da questão suscitada pela citação de Guimarães Rosa em epígrafe: afinal, aquém e além de seus buracos, que outro é esse que defendemos?

No contexto deste ensaio, mais interessa a pergunta de inspiração Rosiana do que sua resposta, pois a pergunta pressupõe uma dúvida que coincide com a questão que, aqui, é central: a propósito desse outro — o outro de que tanto falamos, que defendemos por princípio ético, que traduzimos ou que deixamos escapar em nossas traduções —, não nos parece que possamos assumir que esse outro esteja dado, ainda que frequentemente nos refiramos a ele como se estivesse. Não podemos tomar o outro como algo inequívoco, como plenamente totalizável na figura que dele fazemos, como perfeitamente apreensível nessa nossa forma reduzida do outro que fazemos valer *como o outro*.

A dúvida implícita na pergunta do narrador rosiano lembra-nos de que não podemos simplesmente confundir nossa certeza da factualidade da existência do outro como um outro — que funda nossos mais diversos compromissos éticos e políticos — com uma certeza da possibilidade de percepção do outro em toda sua alteridade, na totalidade e na singularidade de sua alteridade factual. Em outras palavras: o fato de que o outro existe como um outro não garante nossa percepção dele como tal. Como um valor de operação, o que percebemos e circunscrevemos como sendo o outro impõe-se como um valor de outro na economia de nossa relação com um outro factual, mas isso não implica assumirmos,

---

5. Exceção seja feita ao trabalho *A singularidade na escrita tradutora*, de Maria Paula Frota, publicado em 2000, que pode ser visto como um enfrentamento direto dessas questões no campo de interface da tradução e da psicanálise. Infelizmente, a incorporação dessa discussão como contraponto ou modalização de certa recepção dos trabalhos de Lawrence Venuti e Antoine Berman ainda se mostra bastante discreta.

como pressuposto, a possibilidade de paridade ou coincidência entre esse outro e as percepções que temos dele.

Como se sabe, isso não é exatamente uma novidade. Ao menos desde Hume, ou Kant, nenhuma vertente de pensamento a que se possa chamar de moderna ignorou as limitações e incongruências desse pressuposto. O que há — talvez assim se possa precisar melhor o problema — é que, pelos mais variados motivos — sem descartar aqui os de ordem operacional, que, no entanto, nunca se apresentam como meramente operacionais —, talvez seja comum nos fazermos indiferentes a essa diferença, talvez deixemos muitas vezes de considerar essa diferença (entre o outro e uma percepção nossa do outro) como um dado consequentemente relevante no modo como pressupomos o outro, discutimos o outro e nos colocamos em relação com o outro; talvez nos deixemos simplesmente acomodar numa espécie de *regime de indistinção*, em que a redução do outro, com que operamos inevitavelmente em qualquer circunstância relacional, deixa de apenas valer o outro circunstancialmente, como o outro de determinada relação, e passa a totalizá-lo nos limites dessa forma redutora de alteridade — destaque-se aqui: em nossos limites de redução do outro, não nos limites do outro. Nesse regime de indistinção, é como se naturalizássemos a possibilidade de desprezar essa diferença não desprezível, uma diferença cuja dimensão, nos termos do dimensionamento levinassiano do outro, será sempre *in-finita*.

O que é o outro em sua alteridade? Eis uma pergunta que permanece em aberto e que, de certo modo, responde-se também ao manter-se em aberto, por manter-se como questão, ao menos na medida em que a esse não-fechamento da questão corresponda uma aceitação da condição de irredutibilidade do outro e da parcialidade de nossas percepções.

O que é o outro para mim, para você, para nós? Eis uma pergunta que começa a se responder à medida que nos damos conta de que sua resposta não é inequívoca, de que há inúmeras respostas para essa pergunta e de que, portanto, é preciso romper com esse regime de indistinção do outro, em suas mais diversas formas de se evidenciar, pois: há um outro que vai além do que represento desse outro para mim; há um outro que não corresponde simplesmente à forma decalcada de um outro eu; há um outro cuja existência não se define exclusivamente à minha diferença — nenhum outro se esgota nos termos da relação com um determinado eu, como mero *efeito de espelho*;[6] enfim, há um outro aquém e além de sua diferença em relação a mim, à revelia de meus buracos ou mesmo à parte o fato de eu ser alguém que tem ou não buracos.

Flagrar o impacto desses regimes de indistinção sobre o modo de pensar a relação com o outro — procurando entender como esse modo de pensar, por sua vez, impacta sobre práticas relacionais como a tradução — é um gesto decisivo para pensar o próprio dimensionamento da alteridade do outro na relação, em suas semelhanças e diferenças conosco e para além da relação conosco. E pensar o outro nessas suas continuidades e descontinuidades implica pensar, também, em que medida o corte e a interrupção, como formas de ruptura com esses regimes de indistinção, podem ser entendidos como gestos constitutivos não apenas de um regime menos indistinto de percepção do outro em sua alteridade, mas, também, de constructos relacionais que são fundadores do espaço ético e político, a exemplo da noção de responsabilidade.

O corte, o outro interrompido

A propósito do corte, façamos a leitura de um recorte em particular: da epígrafe como parte apartada e como interrupção que ressignifica o novo texto em que se inscreve.

---

6. Não se trata aqui de desconsiderar a ação dessa lógica lacaniana sobre o eu, trata-se apenas de não restringir o outro à circunscrição especular dessa ação.

Os versos em epígrafe, do poeta Paul Celan, recortam a parte final de um poema publicado no primeiro dos seis ciclos de seu livro *Atemwende*[7]. Em sua ampla recepção, que também incluiria uma atenção para além do campo da crítica literária e dos estudos celaneanos[8], as vias mais frequentes de leitura e tradução do neologismo *Atemwende* apontam claramente para o privilégio de sua acepção física, seja no sentido da alternância de um fluxo de ar, como, por exemplo, em *mudança de ar*, *mudança de respiração*, *mudança de inspiração*, *virada de fôlego*, *giro de fôlego*, *ar-reverso*, *sopro*, *viragem*[9], seja no sentido da pausa de respiração, com ênfase no instante que se interpõe à mudança no fluxo de ar, a exemplo da leitura desenvolvida por Jean-Pierre Lefebvre[10].

De fato, o termo *Atem*[11], já a partir da Alta Idade Média, ocorre dominantemente nessa sua acepção mais sensível, física, com a ideia de respiração, sopro, hálito. No entanto, em estágios anteriores da língua alemã, que remontam a usos ainda mais antigos das línguas germânicas e constituíram sua matriz de formação, também convive com essa ocorrência dominante uma acepção abstrata de *Atem*, mais pontual e instável,[12] que se relaciona semanticamente com noções que vão desde a capacidade

---

7. CELAN, Paul. *Op. cit.*, p. 177. O livro foi publicado originalmente em 1967.

8. É especialmente a partir de poemas deste livro que se organizam os trabalhos *Wer bin Ich und wer bist Du?* (1986), de Hans-Georg Gadamer, assim como *Schiboleth pour Paul Celan* (1986) e *Béliers — Le dialogue ininterrompu* (2003), de Jacques Derrida.

9. Refiro-me aqui às vias de leitura e tradução de tradutores e críticos como Flávio Kothe, João Barrento, Maria João Cantinho, Claudia Cavalcanti, Guilherme Gontijo Flores, Mariana Oliveira, Raquel Abi-Sâmara, Márcio Seligmann-Silva, Vera Lins, entre outros. A recepção em outras línguas como o inglês, o francês, o espanhol e o italiano parecem acompanhar essa mesma tendência.

10. Jean-Pierre Lefebvre em: CELAN, Paul. *Renverse du souffle*, 2003b, p. 128.

11. Vide, por exemplo, o verbete *Athem*, no Dicionário dos Irmãos Grimm: *Deutsches Wörterbuch von Jacob und Wilhelm Grimm*, obra de referência que mantém uma edição online em http://woerterbuchnetz.de/DWB/. Acesso em:

12. Conforme lemos no verbete de Grimm, em *Althochdeutsch* (estágio da língua alemã anterior ao *Mittelhochdeutsch* da Alta Idade Média) haveria indícios de uma hesitação no uso de *Athem* (âtum) ou *Geist* para a tradução da noção de *spiritus sanctus*.

humana da fala até as noções de alma e espírito. Assim, levados em consideração os rastros de seus usos ancestrais — um interesse e uma atenção que não eram nada estranhos a esse poeta tão afeito à pluralidade de nuances e aos usos desacostumados da palavra —, o termo *Atem* passa a circunscrever um campo semântico mais amplo, que vai da noção de sopro (de ar em movimento, respiração, fôlego), passa pela noção de fala e se estende até a noção de alma, de espírito.

Diante dessa complexa rede semântica, a noção de *Atem* acaba se adensando para além de uma realidade física. A acepção como sopro ou respiração recorta metonimicamente sua dimensão dinâmica, mas não exclui uma possibilidade de leitura que enfatiza a dimensão anímica desse ar em movimento (ou em alternância de movimento). Nessa via talvez mais lateral de leitura, a ênfase passa a incidir sobre os ânimos e a *anima* que põem o ar em movimento; ou sobre aquilo que ganha vida, animado pelos movimentos desse ar, por um sopro de vida. *Atem* adquire, assim, a densidade de um sopro que tem sentido e faz sentido, de um sopro que diz, de um sopro que significa: como uma palavra dita. E na condição de um sopro de palavra, *Atem* alcança a densidade semântica de uma voz.

Para Celan, no entanto, trata-se de uma Atem-*Wende*. Mudança, giro, virada, viragem, todos os caminhos mais frequentes de tradução e leitura do termo alemão *Wende* inscrevem-se no campo semântico da mudança de determinada condição. E mesmo sem pensarmos ainda nas nuances de suas diferentes topicalizações — como na ideia de repetição, implícita num termo como *alternância*; na ideia de passagem, implícita num termo como *transição*; ou na ideia de transformação, implícita num termo como *modificação* —, a noção de *Wende*, enquanto mudança, está fortemente ligada a uma ideia de interrupção, de corte e, portanto, de descontinuidade.

A voz é sopro, é ar em movimento, mas é também *anima*, signo de um outro. No campo das possibilidades de leitura,

Atemwende se reescreve, assim, como interrupção de um sopro anímico, como um corte de voz, como descontinuidade do outro.

Essas linhas de força, sintetizadas nas figuras do corte (da descontinuidade) e da voz (do outro), projetam-se menos como um esforço de solução do enigma celaneano do que como uma forma de dar lugar ao que ainda somos capazes de evocar[13] a partir da leitura de *Atemwende* como uma peça sensível de composição.

Atemwende é título, nomeia um livro de poemas, mas é também o termo do qual o poeta se serve para, numa passagem famosa e decisiva de seu *Meridiano*,[14] reposicionar sua visão de poesia. Em tradução de Flávio Kothe, lê-se: "Poesia: isso pode significar uma *mudança de respiração* [*Atemwende*]."[15] Reformulada a partir de uma leitura menos mecânica da noção de *Atemwende*, poderíamos dizer aqui, com Celan: poesia, isso pode significar um corte de voz, uma descontinuidade do outro.

Ora, essa reformulação reverbera fortemente em algumas das hipóteses (questões) que Celan levanta ainda nesse mesmo parágrafo de seu *Meridiano*. Repensando a partir de uma *Atemwende* o campo de possibilidades da poesia (do poético), o poeta propõe: "*vielleicht gelingt es ihr* [à poesia] *hier, zwischen* Fremd *und* Fremd *zu unterscheiden*"[16] (grifo meu). Em outras palavras, como *Atemwende*, como um corte de voz, talvez a poesia consiga diferençar (*unterscheiden*: noção também fortemente marcada pela ideia de separação, de corte) o que, para Celan, parece se manifestar de modo indistinto: como uma aparente continuidade do estranho, do estrangeiro, do outro, ou mesmo do estranho em mim; uma continuidade de *Fremd*

---

13. Sandra Stroparo, no artigo "O caminho do silêncio: Mallarmé e Blanchot", publicado em 2013, destaca, a partir de sua leitura de Mallarmé, a noção de *evocar* como uma forma de *dizer o silêncio*. Diferentemente do *dizer*, que, não raro, parece pressupor um compromisso de totalização no *dito*, o *evocar*, como uma outra forma de dizer — que aceitaria seus silêncios —, parece assumir como condição a impossibilidade dessa totalização.

14. CELAN, Paul. *Der Meridian*, 1999.

15. CELAN, Paul. *O Meridiano*, 2011, p. 52 (grifo meu).

16. Em português: quiçá calhe à poesia, aqui, discernir entre *estranho* e *estranho*.

PENSANDO A POLÍTICA COM DERRIDA

em *Fremd* — diferença apagada pela força da indiferença, outra nuance de manifestação do regime de indistinção. Como *Atemwende*, como alguma forma de corte, talvez a poesia consiga romper com o regime de indistinção entre o outro e o outro.

E o poeta encerra esse movimento de seu pensamento com um novo desdobramento de hipótese, em que justamente o diferençar da indiferença entre *Fremd* e *Fremd* surge como um gesto de liberação (*frei werden*), de libertação (*frei setzen*) da indistinção entre um eu e um outro. Na tradução de Kothe: "Talvez venha a ser aqui, com o eu — com o eu aqui e de tal forma libertado e estranhado —, talvez venha a ser aqui ainda libertado um Outro?"[17] A poesia, reverberando os cortes e as descontinuidades de uma *Atemwende*, torna-se então possibilidade (ocasião) de que um eu e um outro tenham lugar em suas diferenças. O eu, no corte que rompe a indistinção, na percepção da diferença, na atenção que o estranha (*befremdet*), na interrupção que o descontinua de uma aparente continuidade no outro — separando e espaçando um em relação ao outro, um na relação com o outo —, surge então como um eu liberto (*freigesetzt*) da condição de indiferença e, nisso, dá ocasião para que também o outro fique livre (*wird frei*) da condição que, doutro modo, não faria senão aprisioná-lo num regime de indistinção: como um outro-eu. Na poesia como *Atemwende*, um eu não indiferente tem ocasião de dar lugar a um outro como um outro outro.

É essa *Atemwende* — como o corte que descontinua, separa e espaça — que reverbera no primeiro verso de Celan que epigrafa este texto:

> Ein Ohr, abgetrennt, lauscht.

Lauschen é o verbo de uma *escuta* velada e com atenção, como no caso da observação atenta da noção de *espreita*, que, no entanto,

---

17. Ibidem.

parece implicar mais um campo do visual do que o campo auditivo. *Trennen* é o verbo da separação, enquanto *abtrennen* enfatiza a noção de separação de algo que antes se apresentava ligado, de modo indistinto. Mas não podemos fazer ouvidos moucos para o termo *Ohr*, em alemão, que cobre um campo semântico bastante amplo. *Ohr* é a orelha em que se penduram brincos (há em alemão um termo específico, *Ohrmuschel*, mas é mais restrito, técnico). *Ohr* é a parte do corpo que teria sido decepada por Van Gogh. *Ohr* também é o ouvido, no sentido de todo o aparelho auditivo, interno e externo; e também no sentido de se dizer que somos todo ouvidos (*ganz Ohr sein*). O sentido da audição vale-se de um termo diferente (*Gehör*), mas *Ohr* é usado ainda na acepção da capacidade, da habilidade de ouvir (*Hörkraft*), também implícita na disposição, concentração e atenção da ideia de ser todo ouvidos.

De certo modo, estamos diante de um movimento semelhante ao da discussão de *Atem*. Diante do imperativo de sua tradução para o português, também no caso de *Ohr* temos de decidir entre uma acepção que evoca mais centralmente sua dimensão física (orelha) e uma acepção que evoca seu sentido, digamos, mais operativo (ouvido). Para fazer reverberar aqui uma *Atemwende*, o verso pode ser traduzido como:

> Um ouvido, apartado, escuta.

A orelha se aparta de um corpo. O ouvido se aparta de um modo de ouvir, rompendo com alguma forma de indistinção.

Traduzido desse modo, o verso sugere uma determinada condição de escuta, que pressupõe o corte. Para ouvir o outro de outro modo, para escutar o outro em sua alteridade, é preciso romper com um regime de indistinção, é preciso interromper aquela condição de indiferença em que ouvimos o outro, mas sem escutá-lo, sem de fato dar-lhe ouvidos.

PENSANDO A POLÍTICA COM DERRIDA

L'étrange césure: interrupção e diálogo

A interrupção (o corte) como condição da relação com o outro (enquanto um outro), é também uma questão central para Jacques Derrida em *Béliers — Le dialogue interrompu: entre deux infinis, le poème*, originalmente uma conferência proferida em 2005, em Heidelberg, em memória de Hans-Georg Gadamer. Nesse texto, Derrida refere-se, inicialmente, à interrupção imposta pela morte do filósofo alemão, em 2002 — a uma interrupção que, entre amigos, sempre há de se impor a uma das partes: *"un jour la mort devra nous séparer. Loi inflexible et fatale: de deux amis, l'un verra l'autre mourir"*.[18] Mas refere-se também à outra interrupção, datada de um primeiro encontro entre os filósofos em Paris, no ano de 1981, um encontro marcado, como dirá Derrida: por uma *"étrange interruption, autre chose qu'un malentendu, une sorte d'interdit, l'inhibition d'un suspens"*.[19] Trata-se da interrupção de um diálogo que atravessava justamente questões de interpretação (de hermenêutica da obra de arte) e da interpretação (da leitura) de poemas de Celan, uma interrupção que será interpretada por outros filósofos como um mal-entendido, como *"un malentendu originaire"*,[20] mas que, para Derrida: *"Loin de signifier l'échec du dialogue, telle interruption pouvait devenir la condition de la compréhension et de l'entente"*.[21]

Por ocasião daquele primeiro encontro, Derrida havia preparado três perguntas para Gadamer. A terceira delas seria decisiva para o destino de seu diálogo:

Cette question marqua à la fois l'épreuve, sinon la confirmation du malentendu, l'interruption apparente du dialogue mais aussi

---

18. DERRIDA, Jacques. *Béliers — Le dialogue ininterrompu*, 2003, p. 20.

19. Ibidem, p.10.

20. Ibidem, p. 15.

21. Ibidem, p. 21.

le commencement d'un dialogue intérieur en chacun de nous, un dialogue virtuellement sans fin et quasiment continu.[22]

Em *Béliers*, Derrida retoma essa pergunta, então centrada na discussão da condição interpretativa do que Gadamer chama de *Verstehen*:

> [...] on peut encore s'interroger sur cette condition axiomatique du discours interprétatif que le Professeur Gadamer appelle le *Verstehen*, le 'comprendre l'autre', le 'se comprendre l'un l'autre'. [...] on peut se demander si la condition du *Verstehen*, loin d'être le continuum du 'rapport', comme cela fut dit hier soir, n'est pas l'interruption du rapport, un certain rapport d'interruption, le suspens de toute médiation.[23]

Aqui, a descontinuidade e o corte celaneanos reverberam na questão da interrupção derridiana. Colocando em questão o pressuposto de que a relação com o outro seria marcada pelo signo da continuidade, Derrida se pergunta se não seria justamente o oposto, se não seria necessário quebrar esse *continuum*, descontinuá-lo para que uma compreensão do outro (enquanto outro) tivesse lugar. A interrupção da relação reformula-se, assim, como uma étrange césure, nos termos de uma relação como interrupção, de uma relação sob o signo da descontinuidade, do corte — e por que não dizer, de uma *Atemwende*: um corte de voz que dá sentido ao outro como um outro, a um outro interrompido: *"suspendue au souffle de l'autre parole et de la parole de l'autre"*.[24]

---

22. DERRIDA, Jacques. *Op. cit.*, 2003, p. 20-21.

23. Ibidem, p. 21-22.

24. Ibidem, p. 38. Aqui, a formulação de Derrida reverbera, talvez seja mesmo o caso de dizermos que parafraseia a ideia de *Atemwende*.

O corte, a cena, o corte em cena

Tanto na *Atemwende* celaneana quanto na interrupção derridiana, trata-se, num só movimento, de colocar em causa o sentido do corte e o corte como gesto de sentido — poderíamos dizer, em outras palavras, de distinção, de diferenciação. Os dois versos finais do poema de Celan em epígrafe reforçam esse duplo sentido:

> Ein Aug, in Streifen geschnitten,
> wird all dem gerecht.

Se podemos dizer que, noutra via de leitura, o verso anterior poderia evocar indiretamente uma cena ligada ao mundo das artes plásticas — o corte da orelha de Van Gogh —, nesses outros dois versos parece incontornável a evocação da antológica cena da navalha que corta o olho, sequência inicial do curta-metragem *Um cão andaluz* (1929), de Luis Buñuel. E essa cena, por sua vez, já reverberava um verso do poema *Les odeurs de l'amour*,[25] do poeta francês surrealista Benjamin Péret, tão caro a Buñuel e a Dali (que também colaboraria na construção do roteiro desse filme).

Como se já não bastasse a força da cena como cena de um corte — em que o corte é tema: corte do olho, corte de um modo de ver, corte de um modo de se relacionar com o mundo e com a vida —, ao mesmo tempo a sequência representa um caso paradigmático de utilização do corte como recurso de construção fílmica, a exemplo do modo como se entrecortam o plano do homem que olha ao longe, o plano da lua e da nuvem em movimento e o plano da mulher cujo olho é cortado pela navalha. Se aos nossos olhos acostumados à produção filmográfica do século XXI, é possível que a sequência nos pareça quase didática, a impressão, por certo, terá sido muito diferente por parte daqueles

---

25. "S'il est un plaisir/c'est bien celui de faire l'amour/le corps entouré de ficelles/*les yeux clos par des lames de rasoir*" (grifo meu). PÉRET, Benjamin. Œuvres complètes, 1969, p. 167.

outros expectadores do final da década de 20 do século passado, desacostumados ainda a uma sequência tão intensa de cortes e à não linearidade que ela impõe à narrativa.

À semelhança da cena de Buñuel, os versos de Celan não apenas tematizam o corte do olho em tiras (*Ein Aug, in Streifen geschnitten*), como também evocam a ideia do corte como gesto de construção da cena, como *mise en scène* desse olho em corte.

Streifen, para além do sentido de "tiras", tem também uma acepção como "filme" (ainda que bem menos corrente). E em conjunto com o verbo *schneiden*, que aparece no poema na forma do particípio *geschnitten*, esse sintagma, para além de sua acepção mais direta de corte em tiras, evoca também a ideia de um *cortar em filme* como um *fazer um filme*, em que a referência à técnica específica do corte (e da montagem implícita) ganha o sentido mais geral de construção de uma narrativa fílmica. Um movimento semântico semelhante a este ocorre, em português, com a noção de *rodar* na expressão *rodar um filme*. Lido assim, esse mesmo verso evoca, a um só tempo, *o olho cortado em tiras* e a ideia de um *olho cortado em filme*: de um olho cortado, que, nos cortes constitutivos da cena, constrói-se também como o corte em cena.

O poema inteiro pode ser lido nessa perspectiva. Num primeiro plano, o olhar distante, na suspensão de um sentimento tão abrupto — a um só tempo íngreme e interrompido — quanto as escarpas escavadas pela ação do tempo (natureza) e do tempo (cronológico). Os sentimentos escarpados — que evocam falésias numa cena que se assuma praiana — restam apenas como o corte abrupto e como o grisalvo escavado — duas cores que ao mesmo tempo nem branco nem cinza, um furta-cor alegórico no tempo das indecisões, das incisões: das cisões.

> GRISALVO
> escavado de ab-
> rupto sentimento.

PENSANDO A POLÍTICA COM DERRIDA

Corte. No segundo plano, ao invés da lua e a nuvem em movimento, a aveia do mar (*Strandhafer*) — essa planta pioneira que relva a areia da praia — ao mesmo tempo é varrida pelo vento (*Landeinwärts*, costa adentro das terras do eu) e sopra seus veios de areia (deixa seus rastros) sobre o baço embaralhado, sobre o ruço da miragem das lembranças de outrora.

> Costadentro, varrida
> pelo vento a relva sopra
> veios de areia sobre
> o ruço das canções de fontana.

Corte. O plano do ouvido é um plano frontal, todo corte como condição da escuta. Vale lembrar que o curta-metragem de Buñuel é um filme originalmente mudo, em que o ouvido, portanto, é apartado do jogo dos sentidos — mas é também a partir dessa interrupção que se constrói uma nova forma de atenção.

> Um ouvido, apartado, escuta.

Corte. O plano do olho em corte, que faz jus a tudo isso, que dá sentido aos planos todos, *cortados em filme*. Em português, a opção *um olho, cortado em filme* explicita algo que, no sintagma alemão, resiste à explicitação, é mais sutilmente evocado, é dito em seus silêncios. Mas o olho cortado é também o olho que se cega, de que se aparta a vista, o que evoca também o efeito de seu corte, seu sentido. E os acidentes da língua portuguesa nos oferecem um verbo homófono ao verbo *cegar* — *segar*, que significa seccionar, cortar em tiras. A opção por *segar*, é claro, marca o verso a sua maneira, mas também abre uma possibilidade de evocar aquelas nuances do sintagma alemão de um modo menos explícito: a do corte em tiras, como um *segar*; e a do corte como um gesto de sentido, por homofonia, como um *cegar* — o corte como construção dessa condição. Segar o olho para cegar um modo de olhar, provocar sua descontinuidade e, assim, abrir-se a outros sentidos.

> GRISALVO
> escavado de ab-
> rupto sentimento.
>
> Costadentro, varrida
> pelo vento a relva sopra
> veios de areia sobre
> o ruço das canções de fontana.
>
> Um ouvido, apartado, escuta.
>
> Um olho, segado,
> dá sentido a tudo isso.[26]

Responsabilidade: para o outro

As figuras da descontinuidade, do corte e da interrupção do outro, em Celan e Derrida, distanciam-se de uma compreensão mais trivial da relação como mera forma de continuidade — especialmente suscetível aos efeitos dos regimes de indistinção do outro — para aproximar-se de uma ideia de "relação como interrupção", que é também a concepção relacional fundante do modo particular com que Emmanuel Lévinas pensa a noção de responsabilidade.

---

26. WEISSGRAU aus- /geschachteten steilen /Gefühls. //Landeinwärts, hierher- / verwehter Strandhafer bläst /Sandmuster über /den Rauch von Brunnengesängen. // Ein Ohr, abgetrennt, lauscht. //Ein Aug, in Streifen geschnitten, /wird all dem gerecht (CELAN, Paul. Op. cit., 2003a, p.177).

PENSANDO A POLÍTICA COM DERRIDA

Em geral, a questão da responsabilidade impõe-se como questão da resposta e, portanto, também como questão da voz e da escuta enquanto fundadoras de uma dimensão ética do dizer. Nesse sentido, a responsabilidade põe em questão os limites e as possibilidades da voz e da escuta, bem como as consequências (para o eu e para o outro) do modo como entendemos e como lidamos, a cada relação, com esses limites e possibilidades.

"D'habitude, on est responsable de ce qu'on fait soi-même",[27] lembrará Lévinas, em entrevista concedida a Philippe Nemo e publicada em Étique et infini, em 1982. Marcando uma diferença em relação a seu próprio pensamento, o filósofo aponta, nessa passagem, para uma ideia mais corrente de responsabilidade, comumente associada a um eu que responde ora pelos próprios atos e ditos (e pelo implícito de suas consequências), ora pelos atos e ditos de um outro, quando então, ao aceitar tal responsabilidade, a voz do eu assume e assina a resposta do outro.

Trata-se, nesse caso, de uma lógica da responsabilidade centrada na voz de um eu que presume a possibilidade (capacidade) de responder (dizer ou agir em resposta) por seus atos e ditos, via de regra, sem incorporar, ao seu cálculo do eu, aquilo pelo que o eu não é capaz de responder, aquilo que nele resiste e insiste enquanto porção estranha, desconhecida, inapreensível e não controlável de si. Em outras palavras, essa lógica da responsabilidade assume como pressuposto a possibilidade de conhecimento do eu (como uma totalidade), o que, por sua vez, presume a ideia de que o eu possa assumir a condição de objeto de si próprio.

Já do ponto de vista da ideia de uma responsabilidade que o eu assume pelo outro, trata-se igualmente de uma lógica da responsabilidade centrada num dito do eu que, ao assumir a resposta pelo outro (em lugar do outro), presume a possibilidade de dizer o outro em seu dito. Essa lógica da responsabilidade

---

27. LÉVINAS, Emmanuel. Étique et infini, 1982, p. 92.

assume o pressuposto de que o outro, na condição de objeto do conhecimento do eu, possa ser apreendido em sua alteridade, ignorando-se que, no império dessa lógica transitiva, o outro não se nos apresenta senão como uma forma de redução, como diferença limitada ao que cabe ou não cabe nos domínios da relação com um eu.

Talvez possamos pensar a sintaxe geral dessa responsabilidade mais corrente como uma espécie de *responsabilidade transitiva*, fundada no pressuposto da possibilidade (e da necessidade) de se circunscrever um eu ou um outro como objeto de um sujeito responsável, capaz de responder por um eu (objeto de si) ou por um outro (objeto do eu).

À diferença dessa compreensão transitiva e fortemente egótica — em que o outro não se configura senão como objeto do eu, como objeto circunscrito pelo eu —, a noção de responsabilidade para Lévinas implica, desde o início, um corte com essa noção mais corrente e o imperativo de uma *Atemwende*. Sua noção de responsabilidade será, já de partida: *"un pour autrui"*.[28]

Desenvolvida pelo filósofo ao longo de sua obra[29], a noção de *responsabilité pour autrui*, como já evidenciam as diferentes nuances de tradução para o português (responsabilidade para o outro, pelo outro, para outrem, para com o outro), desdobra-se, no esforço de seus inúmeros horizontes de escuta, em diferentes leituras nos mais diversos campos e vertentes do pensamento contemporâneo, distendendo-se desde a inscrição no contexto de uma moral cristã e de uma filosofia teológica (ou mesmo como um discurso da tolerância, ou da piedade, no sentido crítico da leitura de Alain Badiou[30]), passando por seus vieses como

---

28. Ibidem. Vide também: LÉVINAS, Emmanuel. *Autrement qu'être*, 1978, especialmente p. 22-25.

29. Em especial: LÉVINAS, Emmanuel. *Totalité et infini*, 1971 e *Autrement qu'être*, 1978.

30. BADIOU, Alain. *L'étique*, 2003, p. 41-54. Ao mesmo tempo em que identifica no pensamento de Lévinas a matriz de uma reconfiguração da questão ética na

antropologia filosófica ou como modalidade de um humanismo existencialista, até seus desdobramentos como uma forma de fenomenologia do outro ou de uma ética da diferença.

No horizonte desta discussão, por força da limitação a um foco mais pontual de incisão no pensamento de Lévinas e da necessidade de se marcar o contraste com uma acepção mais corrente de responsabilidade, podemos pensar a noção levinassiana, por contraste, como uma forma de *responsabilidade intransitiva* — ou, ao menos, podemos pensá-la no horizonte de uma in-transitividade da noção de responsabilidade: não como uma simples negação da noção de transitividade, mas, sim, como uma forma de resistência, de não-indiferença à transitividade da relação com o outro. Nesse sentido, essa noção assumiria como pressuposto justamente a impossibilidade de circunscrição do outro como objeto — a impossibilidade de totalização do outro, a impossibilidade de alcance total do outro enquanto outro — e flagraria, na violência dos regimes de indistinção que se mostram indiferentes a tais impossibilidades, uma dinâmica egótica de relação, em que o outro é reduzido à condição de um alter-idem, à figura de uma identidade *ex negativo*, de um *autre-Moi*, ignorando-se sua condição de um *autre comme un Moi*, ignorando-se sua diferença para além do axioma da relação com um eu. Vale lembrar, no entanto, que, em *Violence et Métaphysique*, Derrida se referirá a essa redução como sendo, a um só tempo, violenta e não violenta, na medida em que é também por conta da irredutibilidade da violência dessa

---

contemporaneidade, o pensador francês flagra um "valor religioso" por trás do edifício reflexivo de Lévinas. Sua crítica, no entanto, funda-se centralmente numa compreensão do outro levinassiano como diferença do eu, sem admitir uma dimensão de alteridade do outro para além desse eixo egótico — ponto que parece ser decisivo para a construção do estatuto de infinitude do outro em Lévinas. A diferença, em Lévinas, não se restringiria apenas a uma diferença em relação ao outro; a infinitude dessa diferença se impõe justamente por conta daquilo que o outro pode ser para além de uma lógica de relação com o eu. Nesse sentido, é importante considerar que também as consequências de uma ética levinassiana, discutidas por Badiou, limitam-se a essa sua circunscrição particular do outro levinassiano.

relação transitiva e redutora do outro, que se impõe, como forma de resistência, uma abertura ao outro na relação.[31]

Para Lévinas, o outro, em sua alteridade, assume a forma de um outro absoluto, que, na condição de sua infinitude — de um outro que é infinitamente outro —, manifesta-se como uma exterioridade, a que o filósofo chama de *visage*,[32] de rosto. Importante sublinhar aqui, no entanto, que essa exterioridade do outro, em Lévinas, não se desdobra a partir de uma lógica do interno-externo. Para Derrida, o pensamento de Lévinas rompe com um dimensionamento espacial da relação,[33] ruptura sobre a qual o ensaio *Le temps et l'autre*, publicado por Lévinas em 1947, já dá testemunho concreto. A ideia levinassiana de uma infinitude do outro (*l'infiniment autre*) não se apresenta, portanto, na forma de uma infinitude positiva, como no sentido clássico da infinitude de Deus ou de uma infinitude para além, fora da linguagem. A infinitude do outro, em Lévinas, dirá Derrida, impõe-se, antes, como uma negatividade da finitude, como *in-finitude*, *in-défini* e, justamente nesses termos, como resistência à totalização deliberada do outro numa redução finita, como resistência a uma dinâmica egótica da relação, indiferente à redução do outro à condição de um outro-eu. Ao invés de presumir o outro como mero objeto de si num regime indistinto, numa lógica indiferentemente transitiva da relação, para Lévinas, *"la relation avec l'autre est une relation avec un Mystère"*.[34]

Todavia, esse mistério não se apresenta como algo da ordem de um enigma. O pensamento de Lévinas afasta-se justamente de uma ideia de que a relação seja uma espécie de jogo, em que ao eu caberia decifrar o outro em seus ditos e silêncios. Diante desse mistério indecifrável do outro, do outro como mistério,

---

31. DERRIDA, Jacques. *Violence e Métaphysique*, 1967, p. 187-188.

32. LÉVINAS, Emmanuel. *Op. cit.*, 1971, em especial o capítulo *Le visage et l'extériorité*.

33. DERRIDA, Jacques. *Op. cit.*, 1967, p. 165.

34. LÉVINAS, Emmanuel. *Le temps et l'autre*, 1983, p. 63.

PENSANDO A POLÍTICA COM DERRIDA

Celan, em carta ao poeta francês René Char — que ele então traduzia —, dirá:

> Àquilo que em sua obra não — ou ainda não — se abriu à minha compreensão, respondi com respeito e espera: não se pode ter a pretensão de compreender completamente — isso seria desrespeito diante do desconhecido que habita o poeta ou que ainda o habitará.[35]

Também Derrida, a propósito da leitura de um poema de Celan, em *Béliers*, sinaliza sua não-indiferença para com o outro além da redução operada em toda relação: *"La certitude d'une lecture assurée serait la première niaiserie ou la plus grave trahison"*.[36]

De todo o complexo pensamento levinassiano, a partir do qual se organiza essa reformulação in-transitiva da noção de responsabilidade, três traços merecem breve destaque aqui, especialmente pelo que representam como esboço de um pensamento contemporâneo sobre a relação.

Primeiramente, é preciso lembrar que a noção de responsabilidade levinassiana se constrói no contexto de um esforço de distanciamento do primado da ontologia, articulado na forma de uma inversão da tradicional ordem ontologia-ética, a partir da qual, para Lévinas, a ética passa a ter lugar como filosofia primeira. Se nos termos da tradição filosófica ocidental, a questão ética é de segunda ordem, como questão da relação entre duas instâncias já estabelecidas na ordem primeira da ontologia — nesses termos, a questão do *ser* antecederia, portanto, a questão do *ser com* —,

---

35. Dem, was sich meinem Verständnis in Ihrem Werk nicht — oder noch nicht — öffnete, habe ich mit Respekt und Warten geantwortet: man kann nie den Anspruch erheben, vollständig zu begreifen —: das wäre Respektlosigkeit gegenüber dem Unbekannten, das im Dichter ist oder sein wird. KAUSSEN, Wolfgang. Ich verantworte Ich widerstehe Ich verweigere: Celans Shakespeare. In: SHAKESPEARE, William. *Einundzwanzig Sonette*. Tradução de Paul Celan, 2001, p. 57.

36. DERRIDA, Jacques. *Op. cit.*, 2003, p. 45.

uma das consequências diretas de sua proposta de inversão é a ideia de que é na relação — e somente a partir da relação, no primado da ordem ética — que um eu e um outro passam a se constituir como o eu e o outro da relação.

Portanto, vale destacar que, no contexto dessa inversão levinassiana, a responsabilidade para o outro, como imperativo ético da relação, não se limita apenas a uma forma de respeito, cuidado, solidariedade ou piedade para com um outro. Ao contrário, esse modo de relação com o outro assume um papel fundante, é constitutivo do outro da relação. Daí seu caráter imperativo, como não-indiferença, como resistência à transitividade deliberada e indistinta da relação, que se abre então à possibilidade de que o outro tenha lugar como um outro outro, *comme l'infiniment autre*, na irredutibilidade de sua alteridade.

É importante destacar, também, que a responsabilidade levinassiana não representa apenas uma mudança de foco ou de objeto do sujeito responsável — do eu para o outro. Essa reformulação constrói-se no mesmo movimento de uma desconstrução de certa idealização do face a face[37], que pressuporia a possibilidade ideal do encontro, do alcance do outro, da reciprocidade e da simetria na relação eu-outro. É, portanto, contra um pensamento idealizado da relação — e, em especial, contra suas consequências trágicas para o outro — que Lévinas assume a infinitude, a descontinuidade e a irredutibilidade do outro como condições fundamentais de toda relação. É contra o pressuposto da relação como um *continuum* do eu no outro que se impõe, para Lévinas, uma descontinuidade do outro, uma *Atemwende*, um corte capaz de abrir a relação para os assombros e as surpresas da alteridade absoluta do outro.

---

37. Essa posição manifesta-se, por exemplo, nos comentários que Lévinas faz à reflexão de Martin Buber sobre a relação eu-tu. Como diferença em relação ao trabalho desse pensador, Lévinas destaca justamente que, ao contrário de Buber, sua reflexão partiria da ideia do infinito para pensar a relação com o outro. LÉVINAS, Emmanuel. *Op. cit.*, 1971, p. 64-65.

PENSANDO A POLÍTICA COM DERRIDA 309

E vale destacar, ainda, que a noção de responsabilidade para o outro não significa uma simples transferência de responsabilidade, tampouco uma reformulação dos deveres assumidos pela voz responsável. Ao provocar o deslocamento de uma transitividade corrente para o horizonte intransitivo de sua noção de responsabilidade, Lévinas promove o deslocamento de uma responsabilidade centrada na voz (no eu que diz o outro) para uma responsabilidade centrada na escuta (no eu atento ao outro, no outro que se impõe como atenção do eu), provocando, na ordem e na dinâmica da relação, um descentramento do eu — a quem caberá ouvir antes de dizer, dizer a partir da escuta — e uma abertura ao outro — a um outro que não surge mais como mero objeto do dito, mas como o horizonte de uma atenção.

Ouvir, escutar

A escuta do ouvido apartado, no verso de Celan, reverbera, aqui, na possibilidade de leitura do *pour autrui* levinassiano como uma forma de atenção. E, a esse propósito, um comentário pontual de Heidegger, em sua conferência sobre "Hölderlin e a essência da poesia" [*Hölderlin und das Wesen der Dichtung*], de 1937, faz aqui as vezes de anacruse de uma discussão em torno da atenção da escuta: "Saber ouvir não é apenas a consequência de falar um com o outro, ao contrário, é sua condição".[38]

Sublinhe-se que Heidegger não se refere apenas a um ouvir (*Hören*), mas a um saber ouvir (*Hörenkönnen*), ou seja, a um modo particular de dar ouvidos, a um ouvir que não é condição passiva, a um ouvir que não se limita à percepção física de um sentido. Saber ouvir é uma habilidade, é da ordem de um saber fazer.

---

38. Das Hörenkönnen ist nicht erst die Folge des Miteinandersprechens, sondern eher umgekehrt die Voraussetzung dafür. HEIDEGGER, Martin. *Hölderlin und das Wesen der Dichtung*, 1981, p. 39.

Assim, se a noção mais corrente de responsabilidade assume comumente um caráter ativo — em geral, da voz como resposta —, isso não significa que o deslocamento levinassiano na direção de uma responsabilidade para o outro — da atenção, da escuta como resposta — implique um caráter passivo dessa forma de responsabilidade. Atentar ao outro não é apenas aceitar, aceder, receber; a atenção ao outro é uma atividade. É preciso saber atentar ao outro, é preciso construir essa atenção, essa abertura. Nesse sentido, com todas as reservas de uma transição tão imediata entre pontos do pensamento de Heidegger e Lévinas,[39] o comentário heideggeriano parece tocar em uma questão que é também importante na discussão desse *pour autrui* levinassiano, entendido, a partir dessa perspectiva, como uma forma ativa de atenção e de escuta que funda a noção de responsabilidade para o outro.

Mas escutar não é simplesmente ouvir, como podemos ler no ensaio À l'écoute,[40] de Jean-Luc Nancy. O filósofo toma como ponto de partida uma distinção entre o visual e o sonoro, lembrando que a noção de fenômeno é da ordem da manifestação, da aparência, e que, portanto, pode-se dizer que grandes questões da filosofia, de Kant a Heidegger, estariam muito marcadas pelo campo do visual. Ocorre que, enquanto o visual é algo que aparece e desaparece como *imagem*, algo (mimético) que *"persists until its disappearance"*, o sonoro é algo que surge e some como *ressonância*, algo (metético) que *"appears and fades away into its permanence"*.[41] No caso do visual, a imagem (a forma, a ideia) é algo que se nos apresenta, nos vemos diante dela, nós a vemos

---

39. Vale lembrar que o afastamento do pensamento de Lévinas de uma ontologia — de que a noção de responsabilidade para o outro é uma consequência — é também, em grande medida, um afastamento pessoal de Heidegger e do pensamento heideggeriano.

40. NANCY, Jean-Luc. À l'écoute, 2002. Por uma questão meramente circunstancial, as referências, aqui, serão feitas a partir da tradução para o inglês: NANCY, Jean-Luc. *Listening*, 2007.

41. NANCY, Jean-Luc. *Listening*, 2007, p. 2.

em seu diante de nós; já no caso do sonoro, a ressonância (o tom, o timbre) pressupõe alguma forma de repercussão, um vibrar junto, uma participação (*methexis*). Como metáfora da construção de sentido, o sonoro evidenciaria, portanto, uma relação que não pode ser centrada apenas numa das partes, uma relação que só faz sentido enquanto repercussão, reverberação. Nesses termos, ouvir o outro presumiria, já de partida, uma outra forma de relação, marcada por uma abertura à interferência, à reverberação do outro em mim.

A partir dessa diferenciação inicial, Nancy pontua então uma distinção entre o ouvir (*entendre, to hear*) e o escutar (écouter, *to listen*). Enquanto *ouvir* é sobretudo perceber algo pelo sentido da audição, mas sem necessariamente dar atenção a esse algo ouvido, *escutar* é sempre um gesto atento, é dar atenção a esse algo como algo distinto, é esforçar-se para ouvir, é procurar ouvir: "*To listen ist* tendre l'oreille — *literally, to strech the ear* [...] *it is an intensification* [do ouvir] *and a concern, a curiosity or an anxiety.*[42] Diferentemente da distração do ouvir, que tudo percebe indistintamente, a escuta é portanto um esforço, um gesto, uma atenção, um cuidado. Poderíamos mesmo falar de um trabalho de escuta. E é nesse modo de ouvir que Nancy reconhece um modelo para se repensar o sentido da relação — como repercussão de um eu num outro:

> When one is listening, one is on the lookout for a subject, something (itself) that identifies itself by resonating from self to self, in itself and for itself, hence outside of itself, at once the same-as and other-as itself, one in the echo of the other, and this echo is like the very sound of its sense.[43]

Se a partir de Heidegger podemos destacar o caráter ativo do *pour autrui* como forma particular de relação com o outro,

---

42. Ibidem, p. 5.
43. Ibidem, p. 9.

as distinções de Nancy reforçam a leitura da responsabilidade levinassiana como uma forma particular de atenção ao outro, como uma responsabilidade da escuta. Diante do imperativo da não-indiferença, como uma ruptura com o regime de indistinção, impõe-se portanto um *trabalho de escuta*.

A orelha que assina

Podemos dizer, com Lévinas, que a noção mais corrente de responsabilidade — como uma responsabilidade da voz — é pouco marcada pela escuta do outro (uma responsabilidade mouca, se não surda). Mas não podemos deixar de observar também que a responsabilidade para o outro — como uma responsabilidade da escuta — não é uma responsabilidade sem voz (uma responsabilidade rouca, nem mesmo muda).

Ainda que como resistência, como não-indiferença à transitividade da relação com o outro, a responsabilidade levinassiana também se inscreve na ordem de uma resposta, também tem uma voz que necessariamente reduz o outro como um outro da relação, como um valor de outro na dinâmica de relação — não se trata, afinal, de presumir a substituição da transitividade por uma condição idealizada de intransitividade da relação. Porém, à diferença do que ocorre na modalidade mais corrente de responsabilidade, a resposta levinassiana não é indiferente a sua condição de redução, tampouco à in-finitude do outro. E é na medida exata dessa não-indiferença — dessa atenção, dessa escuta que não cede à indistinção — que o outro repercute no eu como alteridade irredutível e que o eu, sob a ação desse impacto, diz o outro.

Nesses termos, podemos dizer que o trabalho de escuta, fundado numa ruptura com o regime de indistinção e numa

PENSANDO A POLÍTICA COM DERRIDA

interrupção do pressuposto da continuidade do eu no outro — numa *Atemwende* —, também configura o outro.

Em *Otobiographies*,[44] Derrida vale-se da figura da orelha do outro (*l'oreille de l'autre*) para, ao longo de uma reflexão sobre a obra de Nietzsche, desenvolver uma discussão sobre questões como biografia (autobiografia), assinatura e nome próprio. Nesse contexto, Derrida trabalha com a ideia de que aquilo a que nos referimos — que assinamos — como Nietzsche e sua obra seria uma construção posterior ao momento em que Nietzsche associa seu nome a seu texto. Para Derrida:

> [...] the signature becomes effective — performed and performing — not at the moment it apparently takes place, but only later, when ears will have managed to receive the message. In some way the signature will take place on the addressee's side, that is, on the side of him or her whose ear will be keen enough to hear my name, for example, or to understand my signature, that with which I sign. [...] Nietzsche's signature does not take place when he writes. [...] In other words, to abbreviate my remarks on a very lapidary fashion, *it is the ear of the other that signs*.[45]

A orelha do outro, não qualquer orelha, mas uma orelha atenta, uma orelha que é também um ouvido à escuta, aquela que se apresenta como *"keen enough to hear my name"*, essa orelha seria a responsável por assinar o outro, por fazer valer o outro como um nome — o nome que a orelha assina em sua escuta. Para Derrida, esta também seria a lógica dos textos e das obras em geral: *"Every text answers to this structure. It is the structure of textuality in general. A text is signed only much later by the other".*[46]

---

44. DERRIDA, Jacques. *Otobiographies*, 1984. Em sua edição canadense, que tomo aqui por referência, são incorporadas ao conjunto as discussões de três mesas redondas realizadas em 1979, na Universidade de Montreal: DERRIDA, Jacques. *The ear od the other*, 1985.

45. DERRIDA, Jacques. *The ear od the other*, 1985, p. 50-51 (grifo meu).

46. Ibidem, p. 51.

Com Derrida, portanto, o trabalho de escuta evidencia-se também como um trabalho de assinatura. Em meu gesto de escuta, circunscrevo o outro como um nome que passa a valer o outro.

A partir disso, podemos pensar que a responsabilidade para o outro se impõe duplamente: há uma responsabilidade pelo que uma atenção e uma não-indiferença ao outro é capaz de representar como resistência à sua redução deliberada a um outro-eu; mas há também uma responsabilidade pelo que essa escuta atenta do outro acaba assinando como um outro: "*Politically* and *historically* [...] *it is we who have been entrusted with the responsibility of the signature of the other's text which we have inherited*".[47]

Tradução e o (ter) *lugar* da relação: *al fine*

Em geral os discursos mais correntes sobre o estatuto da tradução já se articulam, de partida, em torno do eixo de um dever, de um dever dizer, de um dever fazer ou, para dizer o mesmo nos idiomas da especificidade tradutológica: de um dever de transferência, de passagem, de transformação, conforme as afinidades eletivas de cada um. Afinal, abstraindo-se de sua condição tradutória, os fazeres da tradução são sempre também fazeres de outra ordem, da ordem das especialidades técnicas, da criação literária, da crítica — a tradução é sempre tradução discursiva de uma determinada prática social. E é justamente na medida em que esses fazeres se envelopam na forma de um certo dever, que a tradução, enquanto tradução de algo, tem lugar. É quase como se pudéssemos dizer que, no mesmo gesto em que se articula como uma prática — um fazer —, a tradução surge sempre já como um dever e, portanto, como uma forma de responsabilidade.

---

47. Ibidem.

PENSANDO A POLÍTICA COM DERRIDA

A responsabilidade levinassiana, pensada a partir das diferentes reverberações aqui destacadas, coloca-nos diante da tarefa de repensar esses deveres da tradução para além de um centramento no dito, o que, por sua vez, significa também pensar esses deveres a partir da condição de infinitude e descontinuidade do outro e sob o signo duplo de uma responsabilidade de escuta e de assinatura do outro.

Todavia, cabe aqui lembrar, com Derrida, que a ética e a responsabilidade levinassianas não se limitam à ordem dos deveres: *"n'oublions pas que Lévinas ne veut pas nous proposer des lois ou des règles morales, il ne veut pas déterminer une morale mais l'essence du rapport éthique en général [...] il s'agit d'une Étique de l'Étique"*[48]. Nessa perspectiva, repensar os deveres da tradução — e a tradução como um dever — implica menos uma reformulação desses deveres do que uma reorientação do campo de responsabilidades da *poiesis* tradutória. Em outras palavras, para fazer reverberar aqui uma nota celaneana: trata-se de uma reorientação menos outro-afora do que *costadentro*.

Diante da condição de descontinuidade do outro, a relação tradutória não pode ser entendida simplesmente como via de acesso. Aliás, nem como via, nem como acesso. Antes, a tradução é a ocasião de um esforço relacional, é o acontecer de uma *poiesis* da relação com o outro, que, como tal, é sempre, em alguma medida, transformadora do outro e do eu: do outro apartado, recortado, transformado, assinado; e do eu, que ao apartar, recortar, transformar e assinar o outro, opera, também, em si e para si, uma transformação de *seus* valores. Tradução é *trabalho de relação*. Daí ser preciso, levinassianamente falando, repensar o eu para pensar o outro da tradução. Um discurso de defesa do outro que não assuma a possibilidade de transformação de si mesmo não faz muito mais do que perpetuar a ordem relacional transitiva e egótica de um regime de indistinção, fundada numa

---

48. DERRIDA, Jacques. *Op. cit.*, 1967, p. 164.

ética da diferença que limita a diferença ao axioma do eu e que não dá ocasião para que reverberem, na relação, as surpresas e os assombros de um outro para além do espelho.

Diante da condição de infinitude do outro, é preciso pensar a tradução também como uma relação de interrupção, como uma relação de corte. E como todo recorte passa a valer o outro, cabe ao tradutor, então, reconhecer a condição em que ele opera esses cortes que fundam o outro da relação. Traduzir o outro, ao invés da idealização de um compromisso *mimético* com a totalidade e com a fidedignidade — horizonte muito distante da condição real em que a tradução (e qualquer outra prática discursiva) acontece enquanto prática de relação com o outro —, reorienta-se, portanto, na direção de um compromisso *metético* com a atenção ao corte que assina o outro — princípio fundador de uma ética da escuta e de uma política do traduzir.

No entanto, é preciso voltar ainda mais uma vez à ideia do corte para pensar, embora muito preliminarmente, o modo como ele se dá, os termos de seu acontecer — movimento fundamental para entendermos melhor a própria ideia de relação como acontecimento fundado no gesto do corte. Ao longo deste ensaio, associamos o corte à percepção da descontinuidade, pressupusemos uma relação entre o corte e o efeito da interrupção e identificamos no corte um instrumento da ruptura com os regimes de indistinção, o que lhe confere um caráter fundante.

No sentido preciso desse caráter fundacional, podemos dizer que o corte instaura um (modo de) acontecer da relação (um *Geschehen*), a que podemos nos referir também como um (modo de) ter lugar da relação (um *avoir lieu*), valendo-nos aqui dessa expressão, de reverberação francesa, que com tanta frequência traduz as dimensões acontecimentais de um pensamento como o heideggeriano.[49] Nessa expressão particular do "ter lugar", conjuga-se uma ideia de espaço com uma ideia de tempo, a

---

49. Vide HEIDEGGER, 2007, p. 9 e p. 21.

PENSANDO A POLÍTICA COM DERRIDA

dimensão de um lugar com a dimensão de um acontecimento; e não simplesmente nos termos de um espaço "do" acontecer, mas, sim, sob a formulação muito particular e produtiva do espaço "como" um acontecer, um lugar da condição do acontecer.

A última epígrafe que abre este ensaio remete a um texto de Heidegger sobre a relação entre o espaço (*Raum*) e a arte, em que o filósofo alemão procura elaborar uma noção particular de espaço, tão mais distinta da noção usual nos campos da técnica e das ciências quanto mais apropriada a sua forma particular de conceber a arte. Num dos movimentos de seu pensamento, o autor chega à ideia de que a palavra *Raum*, espaço em alemão, falaria de um *Räumen*: de um abrir espaço, de um espaçar, de um espaçamento. E vale observar que essas acepções todas do *Räumen* corroboram uma figura utilizada pelo próprio autor, mais no início de seu texto, quando, ao enumerar possíveis noções de espaço de que ele aos poucos vai tentando se afastar, associa o termo *Raum* à figura de um *Auseinander*[50], termo de cunhagem muito particular em alemão, que remete centralmente à ideia de uma "separação".

Nesse sentido, podemos dizer, com Heidegger e a partir dele, que uma ideia de espaçamento como separação e, portanto, como corte estaria inscrita já na própria ideia de espaço (*Raum*): de novo, não nos termos de um espaço do corte, mas, sim, sob a forma de um espaço como corte, como abertura, como interrupção, como espaçamento (*espacement*), como separação (écart). E a citação do filósofo, em epígrafe, concilia essa noção espacial de "espaço como corte" com aquela noção temporal do "ter lugar", como expressão de um "espaço como acontecimento": "No espaçar [*Räumen*], fala e esconde-se ao mesmo tempo um acontecimento [Geschehen]".[51] Em minhas palavras: nessa manifestação particular do espaço,

---

50. "Der Raum — jenes [...] Auseinander". (idem, p. 6.)

51. Tradução minha para o português, a partir do original: "Im Räumen spricht und verbirgt sich zugleich ein Geschehen."

entendido como corte e abertura, tanto fala quanto se esconde um acontecimento. E trata-se aqui do acontecimento da relação.

A relação, nesse sentido, é o que diz e o que se esconde nesse espaçar, nesse espaçamento, nessa separação: a relação diz, pois é a partir de seu gesto de corte e consequente ruptura com o indistinto que se assinam e tornam-se distintas aquelas que se identificarão, a partir de então, como as partes significativas da relação; mas ela também se esconde, por não constituir ela mesma, além ou depois de sua incidência como corte, nada de distinto em si. Assim, a relação é a própria experiência do corte fundador, da separação e do espaçamento que dá lugar a todo eu e a todo outro em relação, fazendo-os acontecerem como um eu e um outro distintos na relação; e vale lembrar que é também essa relação como experiência de interrupção e descontinuidade que torna possível a percepção de toda forma de continuidade, proximidade e semelhança, que não pode prescindir de um esforço mínimo de espaçamento entre as partes, ao menos o suficiente para que ainda possamos falar de partes distintas — não há percepção de continuidade nos regimes do indistinto.

Nessa perspectiva, traduzir o outro, mais do que simplesmente colocá-lo em relação com nossa língua e cultura — na lógica da tradução como acesso —, é fazê-lo acontecer (dar-lhe lugar) como um outro nessa relação que o recorta não apenas como algo distinto *da* nossa língua e cultura, mas, também, como algo distinto *na* nossa língua e cultura, o que, a um só tempo preserva o outro dos regimes de indistinção e o mantém na condição de força transformadora de nós mesmos. É a partir desse fundamento ético que se projeta, aqui, uma política do traduzir: um modo de ser, um modo de acontecer, um modo de ter e dar lugar em relação, como uma forma de vida.

Entre a certeza da factualidade da existência do outro e as dúvidas de seus por detrás, a relação com o outro se impõe como o próprio gesto da tradução, sempre aquém de todo ouvidos, mas, no horizonte de uma *Atemwende*, quiçá para além de ouvidos

PENSANDO A POLÍTICA COM DERRIDA

moucos: como um gesto imperativo de corte no horizonte de uma escuta com menos indiferença; como um gesto que assina o outro como nome do outro na relação; como um gesto que transforma o outro para mantê-lo como força de ressignificação de nós mesmos — para manter o outro em epígrafe.

Referências

BADIOU, Alain. *L'éthique*: essai sur la conscience du mal. Caen: Nous, 2003.

BERMAN, Antoine. *L'épreuve de l'étranger*: culture et traduction dans l'Allemagne romantique: Herder, Goethe, Schlegel, Novalis, Humboldt, Schleiermacher, Hölderlin. Paris: Gallimard, 1984.

CARDOZO, Mauricio Mendonça. Tradução, apropriação e o desafio ético da relação. In: OLIVEIRA, Maria Clara Castellões de; LAGE, Verônica Lucy Coutinho (Org.). *Literatura, crítica, cultura I*. 1. ed. Juiz de Fora: Editora UFJF, 2008. v. I, p. 179-190.

CELAN, Paul. *Der Meridian*. Endfassung, Entwürfe, Materialien, organizado por Bernhard Böschenstein e Heino Schmull. Frankfurt: Suhrkamp, 1999.

_____. *Die Gedichte*: Kommentierte Gesammtausgabe in einem Band. Organização e comentários de Barbara Wiedemann. Frankfurt: Suhrkamp, 2003.

_____. *Renverse du souffle*. Tradução e notas de Jean-Pierre Lefebvre. Paris: Seuil, 2003.

_____. O Meridiano. Tradução de Flávio Kothe. *Guará*, Goiânia, v. 1, n. 1, p. 47-57, jul./dez. 2011.

DERRIDA, Jacques. Violence et métaphysique: essai sur la pensée d'Emmanuel Lévinas. In: *L'écriture et la différance*. Paris: Seuil, 1967, p.117-228.

_____. *Otobiographies*: l'enseignement de Nietzsche et la politique du nom propre. Paris: Galilée, 1984

_____. *The ear of the other*: Otobiography, Transference, Translation. Tradução de Avital Ronell, organização de Christie V. McDonald. New York: Schocken Books, 1985, p. 1-38.

DERRIDA, Jacques. *Schiboleth pour Paul Celan*. Paris: Galilée, 1986.

_____. *Béliers — Le dialogue ininterrompu*: entre deux infinis, le poème. Paris: Galilée, 2003.

FROTA, Maria Paula. *A singularidade na escrita tradutora*: linguagem e subjetividade nos estudos da tradução, na linguística e na psicanálise. São Paulo/Campinas: FAPESP/Pontes, 2000.

GADAMER, Hans-Georg. *Wer bin Ich und wer bist Du?* Frankfurt: Suhrkamp, 1986.

_____. *Quem sou eu, quem és tu?* Tradução de Raquel Abi-Sâmara. Rio de Janeiro: EdUERJ, 2005.

GUIMARÃES ROSA, João. *Grande Sertão: Veredas*. 27. ed. Rio de Janeiro: Nova Fronteira, 1986.

HEIDEGGER, Martin. *Die Kunst und der Raum — L'art e l'espace*. Frankfurt, Vittorio Klostermann, 2007.

_____. Hölderlin und das Wesen der Dichtung. In: HEIDEGGER, Martin. *Erläuterungen zu Hölderlins Dichtung*. Frankfurt: Vittorio Klostermann, 1981, p. 33-48.

KAUSSEN, Wolfgang. Ich verantworte Ich widerstehe Ich veweigere: Celans Shakespeare, posfácio. In: SHAKESPEARE, William. *Einundzwanzig Sonette*. Tradução de Paul Celan. Frankfurt, Leipzig: Insel, 2001, p. 49-90.

LÉVINAS, Emmanuel. *Totalité et infini*. Paris: Martinus Nijhoff, 1971.

_____. *Autrement qu'être*. Paris: Martinus Nijhoff, 1978.

_____. *Éthique et infini*. Paris: Librairie Arthème Fayard et Radio France, 1982.

_____. *Le temps et l'autre*, 9. ed. Paris: Quadrige-Puf, 1983.

_____. *Alterité et transcendence*. Paris: Fata Morgana, 1995.

NANCY, Jean-Luc. *À l'écoute*. Paris: Galilée, 2002.

_____. *Listening*. Tradução de Charlotte Mandell. Nova Iorque: Fordham University Press, 2007.

_____. A contribuição de filósofos judaicos para a ética do traduzir na contemporaneidade. *Revista Letras*, Curitiba, n. 85, p. 151-161, 2012.

PÉRET, Benjamin. *Œuvres complètes*, v. 1. Paris: Association des amis de Benjamin Péret; Éric Losfeld, 1969.

RODRIGUES, Cristina Carneiro. A ética da apropriação. *Tradução & Comunicação*. Revista Brasileira de Tradutores, São Paulo, n. 17, p. 21-28, 2008.

ROUSSEAU, Jean-Jacques. *Emile ou De l'éducation*. Paris: Pourrat Frères, 1841.

SCHLEIERMACHER, Friedrich. Sobre os diferentes métodos de tradução. Tradução de Margarete von Mühen Poll. In: HEIDERMANN, Werner (Org.). *Clássicos da teoria da tradução*. Florianópolis: UFSC, Núcleo de Tradução, 2001, p. 26-87.

STROPARO, Sandra Mara. O caminho do silêncio: Mallarmé e Blanchot. *Letras de Hoje*, Porto Alegre, v. 48, n. 2, p. 191-198, abr./jun. 2013.

VENUTI, Lawrence. *The translator's invisibility*: a history of translation. London e New York: Routledge, 1995.

Sobre os autores

ALICE CASIMIRO LOPES é Professora do Programa de Pós-graduação em Educação (ProPEd) da Universidade do Estado do Rio de Janeiro (UERJ) e Procientista nesta mesma instituição. É Cientista do Nosso Estado Faperj e bolsista PQ 1B do CNPq. Realizou pós-doutorado no IEL/Unicamp em 2017, estágio sênior na Northwestern University com Ernesto Laclau e coordenou uma Escola de Altos Estudos Capes de Laclau na UERJ em 2013. Suas pesquisas focalizam as políticas de currículo, operando com a teoria do discurso. E-mail: alicecasimirolopes@gmail.com

ELIZABETH MACEDO é Professora do Programa de Pós-graduação em Educação (ProPEd) da Universidade do Estado do Rio de Janeiro (UERJ) e Procientista nesta mesma instituição. É Cientista do Nosso Estado Faperj e bolsista PQ 1B do CNPq. Realizou pós-doutorado na University of British Columbia e na Columbia University. Suas pesquisas recentes têm buscado definir o currículo como espaço-tempo de enunciação cultural num diálogo entre a teoria do currículo e as abordagens pós-coloniais da contemporaneidade. E-mail: bethmacedo@pobox.com

ÉRIKA VIRGÍLIO RODRIGUES DA CUNHA é Professora Doutora na Universidade Federal de Mato Grosso (UFMT). É mestre pela Universidade Federal de Mato Grosso e doutora pelo Programa de Pós-graduação em Educação da Universidade do Estado do Rio de Janeiro (ProPEd/UERJ). Atualmente, é coordenadora do Programa de Pós-graduação em Educação (PPGEdu) da UFMT, Campus de Rondonópolis — MT. Suas investigações no campo currículo focam políticas autodenominadas democráticas a partir da perspectiva discursiva. E-mail: erikavrcunha@gmail.com

EVANDO NASCIMENTO é ensaísta, escritor e professor universitário. Nos anos 1990, foi aluno de Jacques Derrida na École des Hautes Études en Sciences Sociales, Paris, tendo traduzido para o português alguns dos livros deste autor. Em 2007, realizou um Pós-Doutorado em Filosofia na Universidade Livre de Berlim. Foi organizador do último colóquio de que Derrida participou, o "Jacques Derrida: pensar a desconstrução", realizado no Rio de Janeiro em agosto de 2004, numa parceria da Universidade Federal de Juiz de Fora (UFJF) e do Consulado Francês. E-mail: evandobn@uol.com.br

HUGO HELENO CAMILO COSTA é Professor na Universidade Federal de Mato Grosso (UFMT). É mestre e doutor pelo Programa de Pós-graduação em Educação da Universidade do Estado do Rio de Janeiro (ProPEd/UERJ). Suas investigações se concentram no campo currículo, no qual pensa a produção de políticas em uma perspectiva desconstrucionista. E-mail: hugoguimel@yahoo.com.br

JOANILDO BURITY é cientista político, com doutorado pela Universidade de Essex, Inglaterra. É pesquisador titular no Centro de Estudos sobre Cultura, Identidade e Memória da Fundação Joaquim Nabuco, onde também coordena o Mestrado Profissional de Sociologia em Rede Nacional/Fundaj. É professor colaborador dos Programas de Pós-Graduação em Sociologia e em Ciência Política da Universidade Federal de Pernambuco (UFPE). Investiga centralmente as parcerias e a participação religiosa nas políticas sociais no Brasil. E-mail: jaburity@gmail.com

MARCOS SISCAR é professor do Programa de Pós-graduação em Teoria e História Literária no Instituto de Estudos da Linguagem (IEL) na Universidade Estadual de Campinas (Unicamp), tradutor e poeta. Desenvolveu estudos de pós-doutorado com supervisão de Jacques Derrida (2003), Michel Deguy (2008) e Jean-Michel Maulpoix (2015).

É bolsista de produtividade em pesquisa nível 1C do CNPq. Suas publicações versam sobre poesia, crítica literária e desconstrução. E-mail: marcos_siscar@yahoo.com.br

MAURICIO MENDONÇA CARDOZO é tradutor de literatura e professor do Programa de Pós-graduação em Letras da Universidade Federal do Paraná (UFPR). Realizou estágios de pós-doutorado na PUC-Rio (2009, com Maria Paula Frota) e na Universidade de Mainz, Alemanha (2013, com Dilek Dizdar e Jean-Luc Nancy). Como pesquisador (PQ2 — CNPq), atua diretamente nos campos da Teoria da Tradução e Teoria literária, Tradução e Poesia, Tradução e Filosofia. Atualmente é bolsista de Pós-doutorado Sênior (CNPq) na Unicamp e na UFRJ, sob a supervisão de Marcos Siscar e Marcelo Jacques de Moraes. E-mail: maumeluco@gmail.com

MILENA MAGALHÃES é professora na Universidade Federal do Sul da Bahia (UFSB) — Campus de Itabuna e líder do GEPŒC — Grupo de Pesquisa em Poética Brasileira Contemporânea. Suas pesquisas estão relacionadas aos temas: prosa e poesia contemporâneas e representações autobiográficas do/no presente. Desenvolve o projeto de pesquisa *Partilhas literárias para a elaboração de práticas de leitura interdisciplinares: proposta de mediação em escolas públicas dos estados da Bahia e de Rondônia*, como parte da inserção no Grupo de Estudos do Discurso e Ensino de leitura/escrita no Ensino Superior. E-mail: milena@ufsb.edu.br

NABIL ARAÚJO é professor do Programa de Pós-graduação em Letras da Universidade do Estado do Rio de Janeiro (UERJ). Pela sua tese, "O evento comparatista: na história da crítica/no ensino de literatura", recebeu o Prêmio UFMG de Teses, em 2014, e o Prêmio ANPOLL de Teses, em 2016. Teve projeto premiado pela Fundação Carlos Chagas como a melhor experiência educativa inovadora realizada por docente de Licenciatura em 2014. Pesquisa sobre os temas Teoria da Literatura, História da Crítica, Ensino de Literatura. E-mail: nabil.araujo@gmail.com

PAULO CESAR DUQUE-ESTRADA é professor do Programa de Pós-graduação em Filosofia da PUC-Rio. Foi visiting scholar na New School for Social Research, New York, onde também participou do seminário de Jacques Derrida sobre o perdão. Organizou três coletâneas sobre o pensamento de Derrida. Nos últimos anos, participou de diversos seminários e congressos sobre desconstrução, no Brasil e no exterior, entre eles, Derrida Today Congress, e, como palestrante convidado, no Instituto de Humanidades da Birkbeck, University of London e no Instituto Internacional de Filosofia, Bonn Universität. E-mail: pcde@puc-rio.br

VERONICA BORGES é professora do Programa de Pós-graduação em Educação da Universidade do Estado do Rio de Janeiro (ProPEd/UERJ). Suas investigações no campo currículo focalizam políticas curriculares para a formação de professores em uma perspectiva discursiva. Tem ampla experiência também na docência e gestão na Rede de Ensino do Rio de Janeiro. E-mail: borges.veronica@gmail.com

VIVIANE VERAS é Coordenadora da Pós-graduação do Instituto de Estudos da Linguagem da Universidade Estadual de Campinas (Unicamp). Coordenadora-associada do Centro de Pesquisas em Tradução (Unicamp). Membro do Centro de Pesquisas *Outrarte* (arte/psicanálise). É editora da Revista *Trabalhos em Linguística Aplicada*. Tem experiência em Teoria e Análise Linguística, Tradução e Psicanálise, Tradução, Revisão e Preparação de textos, tendo sido organizadora do livro *Vozes da tradução, Éticas do traduzir*, com Lenita Esteves, pela editora Humanitas, de São Paulo. E-mail: viveras@gmail.com

GRÁFICA PAYM
Tel. [11] 4392-3344
paym@graficapaym.com.br